牵手"阅动"大舞台　共享约会小时光

# 校长有约

奚一琴　编著

·南京·

图书在版编目(CIP)数据

校长有约 / 奚一琴编著． -- 南京：河海大学出版社，2023.3
 ISBN 978-7-5630-7887-5

Ⅰ.①校… Ⅱ.①奚… Ⅲ.①阅读教学-教学研究-文集 Ⅳ.①H09-53

中国版本图书馆CIP数据核字(2023)第045736号

| 书　　名 | 校长有约 |
|---|---|
| 书　　号 | ISBN 978-7-5630-7887-5 |
| 责任编辑 | 杜文渊 |
| 特约校对 | 李　浪　杜彩平 |
| 装帧设计 | 秦永诚 |
| 出版发行 | 河海大学出版社 |
| 地　　址 | 南京市西康路1号(邮编:210098) |
| 电　　话 | (025)83737852(总编室)　(025)83722833(营销部) |
| | (025)83787763(编辑室) |
| 经　　销 | 江苏省新华发行集团有限公司 |
| 印　　刷 | 广东虎彩云印刷有限公司 |
| 开　　本 | 710毫米×1000毫米　1/16 |
| 印　　张 | 14.5 |
| 字　　数 | 240千字 |
| 版　　次 | 2023年3月第1版 |
| 印　　次 | 2023年3月第1次印刷 |
| 定　　价 | 78.00元 |

# 目　录

## 校长有约·上篇

| | |
|---|---|
| 引言：我们的"阅动"大舞台 | / 1 |
| 执"爱"播种·沐浴春风 | / 3 |
| 友谊之歌·唱响童年 | / 18 |
| 红色阅读·筑梦远航 | / 40 |
| 诗意童年·泽润你我 | / 61 |
| 天籁润童心·经典"咏"流传 | / 72 |
| 遇见你·读到美 | / 92 |
| 校长有约——撬动学校活力发展的支点 | / 115 |

## 校长有约·下篇

| | |
|---|---|
| 引言：我们的约会小时光 | / 119 |
| 三十三篇讲话稿 | / 121 |
| "琴"系教育，一往情深 | / 221 |

# 自　序

有人说，回忆是单薄的，像沙漏，兜不住闪着光的时刻。于是，很多人试着用各种方式记录生活：照片、视频、诗歌、散文、微电影……每一种方式似乎都在呼唤悠远的时光能够停驻。

在教育的桃林里耕耘三十一载，我也在寻找一种记录方式，可以将岁月的芬芳永久地定格在记忆深处，可以在岁月的奔逝流淌中看到青春奋斗的模样，不断地品味耕耘、收获的醇香。什么样的记录方式才最好呢？

一年岁末，感慨颇多，我打开手机里的"锤子便签"随手记录下了那一年的工作足迹。一千字左右的短文发至朋友圈，出乎意料地引发了一群教育同仁的情感共鸣。于是，我在想：在这个物欲横流的大千世界，原来，我们对文字的敏感与热爱一直温存在心底，我们的精神世界一直需要文字的慰藉。从那以后，我便习惯了用文字去记录教育生活的点点滴滴，文字也成了我将时光绕成记忆桃花源最享受的方式。

这本书的诞生并非我刻意为之，它是我带着一群老师在编织教育之梦的征途中边实践边回望、边反思边整理的文字麦田。在这方麦田之上，"阅读"是一个高频出现的字眼。阅书、阅人、阅己、阅自然、阅世界，我们在广袤的天地用"阅读"的方式去构筑自己的精神金字塔，去追寻属于每个人的"星辰大海"。如果要问什么样的生活方式才能让人看到生命的意义？我想，一定是"阅读"。阅读就像黑暗中的一丝光亮，在照见自我的同时也能照见明天；它是我们每一人脚下的路径，能带着我们越过山河大海，快乐地筑起疲惫生活的英雄梦。因此，在学校这方神圣的原野上，我始终在创造一种适宜老师和孩子们共享的阅读生活。2019年春天，继学校承办江苏省"整本书阅读活动"和"全科阅读活动"以后，我大胆提出在校园里开设"校长有约"大型阅读文化活动。从一开始围绕一本书的阅读，到对一类书的阅读，后来再到阅读文本的自主构建、舞台共享，可

以说,"校长有约"阅读专题活动成了连接人与人精神世界的文化平台,为每一位师生探寻到了可以让灵魂栖息的诗意乐园。

慢慢地,"校长有约"逐渐成为一所学校的文化标识,成为了这所百年老校在新时代发展洪流中的一座美丽"华表"。它的内涵在逐渐扩大,它的形式也呈现出了多种诱人的姿态:"校长邀约",是"校长有约"的原始样态;今天,每一位老师和学生走进"校长书屋",主动约读,让"校长有约"在校园里拥有了蓬勃发展的形态。

令人欣喜的是,"校长有约"还突破了时空的限制,跨越了"阅读"的狭小天地,它约上所有的学生和老师,来到绿茵草地上,在鲜艳的五星红旗下奏响新学期的号角;它来到了家长群中,约上家长面对面,用真情的话语呼唤家校携手,共谱育人新篇章;它来到了青年教师成长营,约上教师,把教育考察的成果与之共享,让大家透过一扇窗可以欣赏异地的教育风光;它一次次随着学生的足迹,去探秘山河大地,用一段段镶着初心的话语激励孩子们向着梦想前进……这些在岁月里沉淀的瞬间都在回望中整理成文字,这些温馨的约会小时光都在回忆中凝成了教育生涯中散落的珠粒。我把它一粒粒拾起,一粒粒串起,待自己鹤发银丝时,告诉自己:我曾创造过一方醉人的风景!我曾在悠长的时光里遇见快乐的自己!

奚一琴

写于2022年7月22日

# 代 序

校长有约,约出彩霞漫天,约出春光无限。

校长的约定,邀约出童心;校长的约定,启约出善心;校长的约定,诚约出仁心;校长的约定,相约出圆心;校长的约定,践约出信心;校长的约定,志约出红心。

童心,仰望儿童、服务儿童、活成儿童;善心,明大德、守公德、严私德;仁心,博学而笃志,切问而近思;圆心,家校协同,守望相助;信心,立己达人,自知自治;红心,国之大者,筑梦百年。《文心雕龙·物色》有云:山沓水匝,树杂云合,目既往还,心亦吐纳,春日迟迟,秋风飒飒,情往似赠,兴来如答。校长有约,追求的正是儿童天性中"兴来如答"之天人合一的境界。

扬中市实验小学(简称扬中实小)的奚一琴校长,以"自我沉醉"的方式带领一群人陶醉,以"自我淬炼"的方式志领一群人历练,以"自我磨镜"的方式悟领一群人"擦拭内心之镜"。那些领航的人们,随时光的沉淀,都会成为:专精一业的"经师"、博观约取的"明师"、文理贯通的"人师"。

校长有约是读书人的温情约定。学校设计的海报邀约,让阅读在校园精彩亮相,让阅读的馨香浸润家校时空。"海报"助推了阅读氛围,"海报"展示了校长对所推荐书籍的独特理解,"海报"使书籍这个独特的精神载体散发独特魅力。老师们被吸引了,孩子们被圈粉了,家长们也行动起来了,海报像一枚五彩的石子,激发了人们对阅读的向往,激起了"阅读清潭的阵阵涟漪"。海报邀约成为校长引领师生、家长阅读的引擎。

校长有约是读书人的恬默约定。沉浸阅读,静思默想,让读书人沉静书中、濡染书香。学校设计的一年级"午间持续默读",让低年级孩子"坐得住""想得到""说得好";奚校长指导老师们精心制作阅读微课,"有声有色、有理有据、有

情有义"的阅读微课,给孩子们提供了一种美妙的"音画阅读"模式;奚校长引领的"红色读本,传承红色精神"的主题阅读,让老师们坚定理想信念,激发了孩子们的责任担当豪情,激活了孩子们的爱国主义精神和家国情怀。

校长有约是读书人的深情约定。学校积极推进共享阅读,使扬中实小的读书活动多姿多彩起来,特别值得一提的是"校长有约"主题活动,奚校长将"校长有约"设计为五个特色主题展示活动。"阅读团亮相"以故事讲述或情景表演的方式再现教师的阅读历程;"阅读明星秀""快乐聊书吧"以校长与阅读明星聊书的方式,深度对话、思维碰撞、心灵默享;"亲子悦读苑"以校长访谈的方式,推介家庭阅读的优秀典范;"朗读芳草园"或"经典小剧场""我从书中走来"给教师、学生、家长提供了艺术创造的舞台。舞台剧、音乐剧、绘本展演等多种艺术形式激发了读书人美轮美奂的创造激情。

美国诗人艾米莉·狄金森在一首诗中写道:没有一艘船能像一本书/也没有一匹骏马能像一页跳跃着的诗行/那样——把人带向远方/这条道最穷的人也能走/不必为通行税伤神——这是何等节俭的车/承载着人的灵魂。"校长有约",就是一艘要将儿童带向精神圣地的"巨轮",就是一匹要将师生和家长们送往至善境地的"骐骥",而这些通过阅读私人订制的"巨轮""骐骥",将承载着"长大的儿童"和"新时代的儿童"的高贵灵魂。

这本凝聚童心的小册子,是璀璨童心的闪耀。欣赏《我们的"阅动"大舞台》,群星闪耀、才华熠熠、同心向党。在"友谊之歌·唱响童年"中追忆纯真童年;在"遇见你·读到美"中追寻人类煌煌文明;在"红色阅读·筑梦远航"中追思先烈先贤耿耿丹心;在"诗意童年·泽润你我"中追逐新时代灿灿荣光;在"天籁润童心·经典咏流传"中追慕古今巨匠灼灼其华;在"执'爱'播种·沐浴春风"中追享厚德大爱的责任担当。

这本散发爱心的小册子,是温润爱心的守望。回首《我们的约会小时光》,串串珍珠、光芒辉耀、阅之如昨。十二篇开学典礼讲话,篇篇浸润着大爱;入队仪式发言、毕业典礼发言,涌动着少年激情和责任;家长会发言、各种重大仪式的教师讲话,殷殷期待、拳拳忠心、炽热担当。

最为感人的是,这本书还配有《翰墨油韵》阅读文本,十个篇章,浸润着"校长有约"团队的智慧和才气。有金石之雅韵,有韶乐之庄肃,有名画之深邃,有生活之温润……大美育人,悦然其间。

《孟子·尽心下》:可欲之谓善,有诸己之谓信;充实之谓美,充实而有光辉之谓大,大而化之之谓圣,圣而不可知之之谓神。"校长有约",约出儿童的善,约出儿童的信,约出儿童的美,约出儿童的实。充满信仰的设计,"大而化之";充满敬仰的期待,"神而化之"。

校长有约,如切如磋;校长有约,如琢如磨。诵后畅然,阅后酣然。

2022 年 8 月

(赵华,江苏省中小学教研室教研员,江苏省教育厅品格提升工程项目指导负责人。江苏省特级教师,正高级教师,教育部教学指导委员会化学专委会副秘书长,省化学专委会副理事长,省特级教师专委会副秘书长。主要研究方向:基础教育课程管理及教材开发、基础教育课程研发、德育理论与实践研究等。)

# 引言

## 我们的"阅动"大舞台

阅,是向内的输入;动,是向外的勃发。如何在"阅"与"动"之间建设一座促进素养提升的桥梁,让美丽的种子得以浇灌,茁壮成长?"校长有约"各类阅读专题活动的开展为学生搭建了素养提升的阶梯。这样一个融阅读、表达、交流、反思、具身表演为一体,教师、学生、家长以及社会各界人士共同参与的"阅动"大舞台,成了学生"向阳"生长的加油站。

校长有约·上篇

执"爱"播种·沐浴春风

# 执"爱"播种·沐浴春风
## ——"校长有约"第一期阅读专题活动

### 阅读内容:《花婆婆》

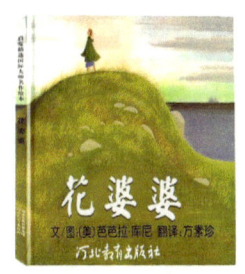

"春有百花秋有月,夏有凉风冬有雪。"寒来暑往,四季轮回,每一个季节总有它独特的姿态和旖旎的风景!漫步三月,春天的气息愈来愈浓,愈来愈烈——它是属于花和鸟的,是"千里莺啼绿映红,水村山郭酒旗风";它是属于鱼和虫的,是"细雨鱼儿出,微风燕子斜";它是属于男和女的,是"去年今日此门中,人面桃花相映红";它是属于每一个读书人的,那是"读书不觉已春深,一寸光阴一寸金";它更是属于我们实小教育集团每一个学生、每一位老师的,那是"闲门向山路,深柳读书堂。幽映每白日,清辉照衣裳。"……在这如诗如画的三月里,我和一年级的孩子们相约《花婆婆》,一起执"爱"播种,沐浴春风!

### 阅读团亮相

有人说,一个人读书是寻景;一群人读书,则是一道永不褪色的风景……这一期活动,学校共有 21 位老师组成了绘本故事《花婆婆》阅读团队,让我们随王婷老师的讲述走近这群可爱的人!

3

大家好！我是《花婆婆》阅读团队中的一名语文老师。这个春天，我和团队的18位老师拥有了一段美丽的读书旅程……

记得那一天，新春佳节的余温还未消散，奚校长走进了我们低段语文办公室，在一番寒暄问候之后，她将《花婆婆》的绘本放到我们面前："咱们带孩子们来读读这本书吧！寒假里，我已经读过很多遍了，非常适合一年级小朋友读，也适合在这个春天里读！"姐妹们浏览了绘本以后，一致赞同将这本书作为新学期的第一本必读书目。

在我们实验小学，读书从来不是一个人的事，而是一群人的生活。所以，我们期待有更多热爱读书、热爱绘本的老师加入我们的阅读团队。"校长有约"第一期海报出现在校园里的第一天，朱老师来报名了，魏老师在QQ上给我们留了言，林老师也特地从分部打来电话："我也报个名！"……只一天的时间，我们18位老师组成了《花婆婆》绘本故事阅读团队。这其中，不仅有语文老师，还有数学老师、英语老师、计算机老师、美术老师……全学科教师主动参与阅读，相信，我们的脚步一定会在彼此的思维碰撞中走向藕花深处。

怎么才能点燃孩子们的阅读激情，让孩子们和《花婆婆》来一场热情的拥抱呢？此时，奚校长又来了，她为我们送来了这样一段导读视频。那天中午，我们在班级里播放……没几日，奇迹出现了，小李的书包里多了一本《花婆婆》，小安的课桌里也有了一本《花婆婆》，平时不爱读书的小凡也捧起了《花婆婆》，他还说："校长妈妈推荐的这本书一定好看！"……现在，每一个孩子的书包里都有一本《花婆婆》。

我记得浙江师范大学儿童文学理论家方卫平教授曾经说过："儿童文学的价值，始终要落实在最具体的儿童阅读实践中。"一年级的孩子识字量不多，而《花婆婆》又是非注音版的。为了帮助孩子们更好地阅读，我们利用午间阅读时间带着他们读，读着，猜着，说着，议着……孩子们沉浸在《花婆婆》的故事中，一双双小眼睛透着欣喜，闪着光芒。一切美好的故事如果从"父母的膝上"开始，我们和孩子的生命就会相互交融，相互关照。很多家长朋友们也非常"给力"，

执"爱"播种·沐浴春风

他们在灯光下,在斜阳下,陪着孩子一遍又一遍地朗读。在一遍又一遍的文字浸润中,孩子们的心灵被花婆婆的举动感化了,孩子们的语言在与文字的亲密接触中逐渐丰盈起来……孩子们把自己的所思所想凝成一句句话,绘成一幅幅图,制作成精美的小报。

师生共读、亲子阅读是一种常态化的阅读活动,而聊书,则是我们追求趣味阅读、深度阅读的美丽姿态。《花婆婆》这本书,我们可以和孩子们聊什么呢?在奚校长的召集下,我们又聚在了一起,从这部绘本的绘画特色到它的思想内涵,从它的语言特质到作家的创作背景……老师们各抒己见,设计了丰富的阅读交流话题。周五的阅读交流课上,当孩子们围坐在一起进行交流的时候,我们仿佛看见,孩子们已经循着花婆婆撒下的花种小径嗅到了阅读的芬芳……

孩子们爱上了《花婆婆》,也爱上了阅读。我们相信:今天,在学生的心田里播下"爱"的种子,明天,这颗种子一定会成长为爱心流淌、枝繁叶茂的参天大树。

### 阅读明星秀

读书,对我们而言,选择了它,就像是选择了一生的伴侣,此生不渝,不离不弃;选择了它,就像是选择了一处桃花源地,赏落英缤纷,怡然自得……可以说,书是送给我们自己最好的礼物,读书则是我们追求诗意人生的真情坚守!在这一期阅读活动中,一年级共涌现出了6位阅读小明星,他们在老师的带领下,在爸爸妈妈的陪伴下,于文字中品香,在书海中徜徉!

### 阅读明星自我介绍

于子玥:时隔三个月,我又一次来到了这个舞台上,我很享受这种与大家品书的感觉。大家好,我是来自一(3)班的于子玥,我最喜欢读超过我年龄的书啦,所以大家就叫我"小大人",谢谢大家。

印宸阅:大家好,我是来自一(9)班的印宸阅。爸爸妈妈在我的名字中加入了"阅读"的"阅"字,寄托了他们美好的愿望。也确实如父母所愿,今天的我成了一个不折不扣的"小书虫"。

5

孔雅卉：书山有路勤为径，学海无涯苦作舟。大家好，我是一(6)班的孔雅卉，我热爱读书，读书让我变得自信开朗，活泼大方。谢谢大家。

杨承翰：大家好，我是分部江洲小学一(5)班的杨承翰。我活泼、开朗、自信，大家都亲切地称我为"开心果"，这些都归于阅读。我特别喜欢阅读，最近我被《花婆婆》这本书给迷上啦！请大家期待我的分享哟！谢谢大家。

陈昱彤：如果你要问我，你最开心的事是什么？我会毫不犹豫地回答你："阅读！"如果你要问我，你最享受的一件事是什么？我会骄傲地告诉你："阅读！"没错，阅读已经成了我的习惯、我的生活姿态。请大家记住我，一(8)班与众不同的陈昱彤。

林泊含："窗含西岭千秋雪，门泊东吴万里船"。我的名字取诗句中的两个字——"泊"和"含"，我叫林泊含。我热爱诗词，喜欢读书，希望大家能像我一样爱上阅读。谢谢大家！

### 校长小结

你看，读书的孩子就是不一样，始终充满自信、阳光。在我们的眼里，读书的孩子本身就是一道亮丽的风景。

### 快乐聊书吧

孩子们，欢迎你们，也祝贺你们成为"校长有约"第一期节目的阅读小明星。下面，让我们一起走进"快乐聊书吧"，共同来聊聊《花婆婆》这本书吧！

### 话题一

奚一琴校长：花婆婆，也就是爱丽丝，小时候经常听爷爷讲故事，她答应爷爷做的第一件事情就是去很远的地方旅行。那么，爱丽丝都去过哪些地方旅行呢？

陈昱彤：爱丽丝爬过高高的雪山，走过沙漠，还去了一座真正的热带小岛。

奚一琴校长：爱丽丝去的地方可真多，也挺远的。孩子们，你们都去过哪些地方？

孔雅卉：我去过丹阳，去吃酒的。

奚一琴校长：吃酒也是阅读，在生活中阅读，能接触很多亲朋好友。

**于子玥**：我去过北京，爬了长城，看了故宫。

**奚一琴校长**：北京，中国首都，到北京能够了解历史，了解中国。

**印宸阅**：我去过动物园。

**奚一琴校长**：哪个地方的动物园？（学生想不起来）一时想不起来了。其实，很多地方都有动物园。小朋友们经常去动物园走走，能够了解很多关于动物的知识。

**林泊含**：我去过上海城隍庙。

**奚一琴校长**：那里都有些什么？

**林泊含**：那边有一些古币。

**奚一琴校长**：嗯，收集古币也是一种兴趣爱好。

**杨承翰**：我去过普吉岛。

**奚一琴校长**：那真的是到了很远的地方旅行了，有什么收获？

**杨承翰**：在那儿我吃了很多榴莲干。

**林泊含**：我去过海南，喝过海南的椰子汁。

**奚一琴校长**：海南岛是我们祖国的第二大岛，那里特别的热，盛产水果，还有蓝蓝的大海，非常漂亮。

**杨承翰**：我去过三亚，那里的海水碧蓝碧蓝的。

**奚一琴校长**：如果要看大海啊，到海南去是最好的了。孩子们，在假日里跟着爸爸妈妈去旅行，旅行中的所见所闻会在我们的心中埋下一颗种子，这颗种子在你心里生根了，发芽了，将来长大了，可能会在某一处，某一时，发挥它的作用，然后就会开花结果。我记得哈佛大学的校长德鲁·福斯特讲过，自己每年给自己一个规划——去一个陌生的地方。旅行的意义在于什么呢？就是跟陌生的世界打交道，来丰富自己、成长自己。

## 话题二

**奚一琴校长**：孩子们，花婆婆后来在旅行的过程中，骑骆驼受了一点伤，她就住在了海边，她在海边做了什么事呢？

**印宸阅**：让世界变得更美丽的事。

**孔雅卉**：她在房子周围开辟了一座花园，让它万紫千红。她希望开花的时候，花朵都能装点各个角落。

**陈昱彤**：她在高高的石墙下面撒了花种。

**印宸阅**：她在学校附近撒了花种。

**杨承翰**：她走到哪儿就撒到哪儿,走到高山就撒到高山。

**于子玥**：乡间小路,还有她走过的那座桥,那个街道。

**奚一琴校长**：那是什么花的种子?

**孩子们**：鲁冰花。

**奚一琴校长**：鲁冰花的颜色可多啦!紫色的、蓝色的、粉色的,可漂亮了。说到鲁冰花,校长对它印象可深啦!小时候,我还会唱《鲁冰花》这首歌。我们这一代人是在《鲁冰花》的歌声中成长起来的。想不想听校长来唱一唱啊?

**孩子们**：想!

**奚一琴校长**：夜夜想起妈妈的话,闪闪的泪光鲁冰花……

（观众鼓掌）

**奚一琴校长**：《鲁冰花》这首歌谁唱得最好呢——我们学校合唱团的小歌唱家们唱得最好啦!今天啊,我请来了我们合唱团的小歌唱家们,我们一起来听他们给我们献上的这首《鲁冰花》。有请小歌唱家。

**合唱团**：

啊……啊……
夜夜想起妈妈的话
闪闪的泪光 鲁冰花
天上的星星不说话
地上的娃娃想妈妈
天上的眼睛眨呀眨
妈妈的心啊鲁冰花
家乡的茶园开满花
妈妈的心肝在天涯
夜夜想起妈妈的话
闪闪的泪光 鲁冰花

## 话题三

**奚一琴校长**：孩子们,花婆婆撒下了鲁冰花的花种,让世界变得更美丽了。你们读了这个绘本故事以后,有没有想过,将来也要做一件让世界变得更美丽的事?

**于子玥**：我觉得我们可以骑自行车,少开汽车,因为这样的话,可以减少二氧化碳的排放。

执"爱"播种·沐浴春风

奚一琴校长：于子玥想让世界变得更美，就是希望家里人行动起来，低碳出行，骑自行车，这个愿望挺好。

印宸阅：我想像花婆婆一样种花，因为花儿五彩缤纷的，看我们上次植树节种的那些花，五颜六色的，好多人都在欣赏我们种的花呢！

奚一琴校长：3月12日，我们集团800多位小朋友随着父母一起在校园里种下了美丽的花，我们校园变得更美了。

杨承翰：看见小朋友摔倒了，我会主动去扶他；看见有老人在过马路，我会主动去扶他过马路。

奚一琴校长：你真善良，要用自己的善心让世界变得更美丽。心有大善，天地佑之，相信你未来的人生一定会非常精彩！

陈昱彤：我想捐款给山区的小朋友，这样他们就能过上幸福的日子啦。

奚一琴校长：为山区的孩子送去幸福，你也很善良！

孔雅卉：如果是我的话，我会多给别人一些微笑。

奚一琴校长：让世界变得更美，首先从微笑开始，非常棒！

杨承翰：我们要让那些没钱上学的孩子有钱上学。

奚一琴校长：让每个孩子都享有读书的权利，非常棒！孩子们，我记得这本书的封面上有作者芭芭拉·库尼说过的这样一句话："谨以此书献给让世界变得更美的每一个人。"假如你现在手中这本绘本故事要送给某一个人，你想送给谁？

于子玥：我想送给我妈。因为有一次，我们要去比较远的地方上课。我妈本来想开车，我觉得会排放很多的二氧化碳，所以，妈妈决定带着我走过去。

奚一琴校长：她想把这个绘本送给妈妈，让世界变得更美丽的妈妈。她刚才出的这个低碳出行的主意其实是妈妈给她的启发。

孔雅卉：我会把这本书送给一些志愿者，他们每天去养老院为老人们服务，还有一些环卫工作者，他们每天把大街扫得干干净净，为我们的城市辛勤地劳动。

奚一琴校长：你看这位孩子，有一双发现美的眼睛，发现环卫工人把世界变得更美，发现了志愿者到养老院做志愿服务，去献爱心。

杨承翰：我要把《花婆婆》这本书送给我一个朋友，希望他看了这本书，也像我一样热爱生活，热爱这个世界，不断追求自己的梦想。

奚一琴校长：杨承翰说的也正是校长当初看了这本书的想法，我读到这本

9

书,我就想,我一定要把这本书读给很多的小朋友听,读给我的朋友听,让他们知道怎么让世界变得更美。

**陈昱彤**:我想把《花婆婆》读给全世界的人听,因为别人都没听过这本故事,我要像花婆婆一样将种子撒遍全世界,就跟她一模一样,读给全世界的人听。

**奚一琴校长**:今天,我们的小朋友把《花婆婆》介绍给我们现场的观众,就是在做一件让世界变得更美的事。

## 话题四

**奚一琴校长**:孩子们,其实这本故事还有一个特点,就是书中的插图特别的美。你最喜欢其中的哪一幅插图?

**林泊含**:我最喜欢山上的花都开啦,小朋友们在采鲁冰花的那一幅图。

**奚一琴校长**:请我们的工作人员把大屏切换到那幅图。你看,漫山遍野都长满了鲁冰花,孩子们在其中嬉戏、采摘、奔跑,是不是非常漂亮?我也特别喜欢这幅画,色彩特别和谐,春天的气息特别浓郁:淡淡的绿,浓浓的绿,很和谐的一种春色,非常的美!

**印宸阅**:我最喜欢花婆婆给大家讲故事那一幅,因为花婆婆会给大家讲故事。他们也一定在心里想:长大了也要答应花婆婆做好第三件事。爷爷去世以后,花婆婆把爷爷的东西都搬到家里来,还有那三个贝壳,是她在热带小岛上捡的。那个雕刻的小娃娃是爷爷帮她雕的。你看,还有爷爷的照片呢!

**奚一琴校长**:小朋友读书的时候真细心!墙上的两幅画是关于大海的,爷爷就是希望爱丽丝到海边旅行。这两幅画在爱丽丝小时候,爷爷就挂在家里了,还有爷爷给她雕刻的那个小人儿和爷爷的那个相册,都是爷爷留给她的遗物。其实,校长也喜欢这幅画,这幅画色彩暖暖的,火炉里的火跟整个画面的红色特别协调。

**于子玥**:我最喜欢爱丽丝去热带小岛的那幅画。因为我觉得那个百瑞加村长和爱丽丝的相处很融洽,其乐融融。

**奚一琴校长**:村长在这个贝壳上还刻上了字送给了爱丽丝。你看,旅行的最大的意义就是能够——

**于子玥**:收获知识,也能交到很多的朋友。

执"爱"播种·沐浴春风

孔雅卉：我最喜欢的插图是爱丽丝帮爷爷画白云的那一幅。因为爱丽丝的爷爷非常忙，没法管他，爱丽丝就帮他在爷爷的画布上画了几朵白云，这幅图表明爱丽丝是一个助人为乐和善良的小女孩儿。

陈昱彤：我最喜欢花婆婆种花的那幅图。别人都叫她"又老又疯的怪婆婆"，她还是当没听见一样继续种花。

奚一琴校长：一个人执着做一件事的时候，是不在乎别人的看法的。有人说她又老又怪，但是她心中有一个梦想，就是让世界变得更美，所以她就不停地撒呀撒呀，你看来年的春天，世界变得很美了。

杨承翰：我最喜欢花婆婆的孙女捧着鲜花往山下跑的那幅图。满山的孩子在花丛中享受着世界的美。花婆婆的小孙女捧着鲜花往山下跑，似乎要跑出画面，进入一个辽阔的世界，开始一段新的美丽的旅程。我感觉身临其境，也闻到了花香，我觉得这世界真的很美丽。

奚一琴校长：读书的孩子就是不一样，他的语言丰富了，心地也很宽大。

## 校长小结

曾经获得"金话筒"奖的中央电视台主持人劳春燕说过：读书不只是为了求知，更是为了一种体验，一种快乐的体验。那么，我相信在这一期阅读活动中，绘本故事《花婆婆》一定引领孩子们走过了一段快乐的旅程，一定享受到了一段幸福的时光。好，谢谢孩子们！期待你们在今后的阅读之路上，越走越远，越走越充实！

## 亲子悦读苑

"以身教者从，以言教者讼"这句流行千古的箴言向我们传达了"身教重于言传"的思想。身行一例，胜似千言。在我们的"校长有约"读书活动中，很多家长都能自觉自愿地参与到活动中来，不仅给孩子们树立了榜样，还在家庭中营造了一种"读书为乐"的良好家风，同时，对我校的读书活动也起到了推波助澜的作用。这一期节目，我们邀请到了一(1)班秦格格同学的家长，一(5)班张承泽同学的家长，分

11

部江洲小学一(1)班张涵玥同学的家长,让我们和他们一起走进"亲子悦读苑",来聆听他们和孩子共同读书的故事。

**奚一琴校长**:我突然发现今天上台的家长都是妈妈,我们爸爸去哪儿了?(观众大笑)我期待下一次的"校长有约",爸爸们能坐到台上来跟大家分享阅读经验。您是张涵玥小朋友的妈妈,今天,您有什么样的亲子阅读经验来跟大家分享一下?

**张涵玥妈妈**:其实呢,我不仅仅是江洲小学一(1)班张涵玥的妈妈,同时呢,也是本部实验小学二(4)班顾晨睿的妈妈,他们都是喜爱阅读的孩子,无论走到哪里,她们都会带上一本书。刚才王婷老师讲了一句话特别好,她说:读书不是一个人的事情,读书是一群人的事情。在我们的家庭里面,读书是我们全家人的事情。为了给孩子营造一个阅读的环境,我们在孩子的面前总是会减少手机、电脑以及电视的观看,在我家里已经两年没有开启过电视了。闲下来的时候呢,我们会拿上一本书或者一份报纸,大家围坐在一起讨论着阅读着。有的时候呢,我们会分角色朗读,有的时候我们也会分段落朗读,大家特别喜欢这种阅读时光吧。去年呢,为了给孩子一个更好的阅读环境,我们把家里原有的一些旧家具都给撤掉了,在客厅里面换上了一组书柜,为的就是给她们营造一个家庭式的图书馆,孩子们特别喜欢。有一天,两个孩子对我讲:"妈妈,你知道最享受最幸福的事情是什么吗?"我真的没有想到她们居然会说,最喜欢的一件事情就是待在家里的客厅里读上一整天的书。当我听到他们这样说的时候,我很感动,也很欣慰,因为我知道孩子长大了,我觉得之前所有的付出和努力都是值得的。为了培养他们的阅读兴趣,我花了很多的时间和精力,也动了很多很多的小心思。我简单地说一下他们的爸爸,爸爸长期在外地工作,很少回来,每个月只回来一两天。但是对于孩子的教育,他从来没有缺席过,每隔两三个星期都会往家里寄一些书,孩子收到这些神秘的礼物时,总是很兴奋,每一次都是你争我抢地去把那些书读完。爸爸跟孩子交流沟通的时候,更多地会问:"爸爸寄的书收到了吗?你们喜欢吗?里面都讲了什么呀?能不能告诉我,下次爸爸给你们寄书的时候,你们希望是什么样的书……"每年的寒暑假是孩子们最期待的,因为孩子们不仅可以和爸爸团聚,还可以去爸爸工作的城市。因为爸爸工作的那个城市有一个特别大的书店,一共有五层楼,每层都有1000平方米,环境特别好,有咖啡屋,有绘本馆,有手工坊,孩子们总喜欢在那边读书。那种环境会让你情不自禁地拿上一本书,点上一杯橙汁,在里面待上一整天。

执"爱"播种·沐浴春风

**奚一琴校长**：张涵玥妈妈在分享中提到了一点——经常会带孩子到外面一些大书店读书。我去她家里家访时，妈妈跟我说：特别期待我们周围有更多这样的书店出现，能够让孩子们在里面尽情地阅读。让我们一起来期待，期待有更多的人走进书店，可以随心所欲地读上一整天。感谢您的分享。下面，我们请一(1)班秦格格的妈妈来给大家做一个分享。

**秦格格妈妈**：秦格格从小好奇心特别的重，跟大多数的孩子都一样，所以我当时给她买过一套《十万个为什么》。记得陪她看到"分娩"这个话题的时候，她特别的感兴趣，问我："妈妈，我是怎么生出来的？"然后我就给她看我的剖宫产刀疤，跟她讲医生是怎么给我做手术的。当时有一个综艺节目叫《生门》，我又给她找各种视频看。后来，我怀小女儿的时候，每一次产检，每一次做B超，都是格格陪着我去的。后来，她又问我："妈妈，为什么男人不生孩子？"我就跟她说，男生跟女生是不一样的。我打开书，边翻书边给她讲，女生的肚子里面有一个小房子，叫"子宫"，小朋友是可以住在那个小房子里面慢慢长大的，还会有一个像电话线一样的，给孩子输送营养的东西，那个东西叫"脐带"，有了这两样东西，小朋友在妈妈的肚子里住得就很安稳。后来，过了一段时间，她又跟我说："妈妈，我也想做妈妈，现在就要做妈妈。"我没有办法，就在网上给她买了20个泰和乌鸡的受精蛋，给她做了一个孵化箱，我说，每六个小时你翻一次蛋，恒温必须四十二度，温度不能高。她自己折腾了21天，一共孵了12只小鸡出来。有了这样的体验，她跟我说，做妈妈真不容易。其实，在孩子的成长过程中，我就是这样，不仅带她读纸质书，还带她到生活中去阅读。我带她去过很多地方，首都博物馆、南京博物院、迪士尼乐园……生活阅读，增长了她的见识，增进了我们母女的感情。我觉得，陪伴孩子真的很重要，陪他们读书，陪他们写字，陪他们聊天，陪他们出去走走看看，陪着他们成长，我们也在成长。

**奚一琴校长**：一边读书，一边到生活中去实践，把阅读和生活、旅行、实践结合在一起，让我想到了一位著名的心理学者说过的一句话：阅读是内心的旅行，而旅行呢，是内心的阅读。最后，我们来听一听张承泽妈妈给大家带来的阅读故事。

**张承泽妈妈**：我跟大家来交流一下阅读《花婆婆》过程中和小孩子的一些共读的体会和感受。应该说《花婆婆》这本绘本跟孩子之前所选择的大部分绘本形式不一样，它不是那么有趣味性，故事情节冲突也没有那么强。但是，我们经常说共读，共读，"共"大于"读"。也就是说，亲子一起的意义比阅读本身的意义更为深远。我和孩子的第一次共读呢，主要就是解决生字，我们在一起遇到他

13

不认识的字,我大声读,她负责注音,这样呢,差不多三到四天的时间就能把整本书连贯地疏通下来了。所以,我说第一次共读呢,叫"一见倾心",绘本中非常温暖的文字和清新的插图让我们都非常喜欢。那第二次共读呢,我叫"二见倾情",也就是说投入更大的热情。这一类绘本呢,孩子在第一次接触的时候,读完可能就放下了,她不会像过去读绘本那样,一边读一边笑。所以,我引导他再去读,去看好词好句,我发现,孩子有热情了,他在寻找好词好句的同时,开始关注细节。其实,一关注细节,交流就多了。他开始问我:书中的烟卷店前面为什么要摆放印第安人的像呢?其实我也不是很了解,我就跟他一起去查阅资料,发现原来这个制造香烟的烟叶,最早就是印第安人,闲着无聊的时候拿来咀嚼,用来提神醒脑。孩子又问:在烟草店前面放印第安人像,是不是就意味着这家店的烟是最正宗的?你看,这一过程其实就是我们常说的"阅读的延伸"。在阅读的时候,孩子还问我:我们扬中有鲁冰花吗?作为我们这一代的父母在小时候就看过《鲁冰花》电影,也听过《鲁冰花》歌曲,但是我们从来没有条件去上网了解鲁冰花长什么样。那这一次借着共读呢,我们也一起去查阅了资料,确实如插图上所画的,鲁冰花非常漂亮,色彩绚丽,而且不艳俗,它是很清新的那种颜色。我给孩子也听了《鲁冰花》这首歌,他觉得歌曲很美。我觉得美丽的事物都是相通的,孩子通过阅读,通过阅读的延伸之后,她对于"美丽"的理解不那么狭隘了。所以,到了第三次共读的时候,我们说"三见如初",什么叫"如初"呢?这是说绘本所要表达的最本初的一个意义就显现出来了。我们说,读书百遍,其义自见。第三遍,我们可能不需要引导孩子了,他自己能够去总结。从他自身来讲,什么叫"做一件让世界变得更美丽的事情",他自己就能对此表态。他说,我作为学生,就要团结同学,帮助别人。语言非常稚嫩,但是,由小及大,由少及多,这也是让他将来成为能够"让世界更美丽"的一个人的小小前提。所以,在那个岛屿上,这个村长和他的太太也在做让世界更美丽的事情,孩子对比提到了一个短语"人与人之间的关系"。我就立马跟他说,你们背"社会主义核心价值观",你知道"和谐"是什么意思吗?这就是"和谐"。他后来又问我,"自由"到底是什么意思,我相信通过未来的阅读之路,他对于人生的理解应该会越来越深刻。

**奚一琴校长**:张承泽的妈妈分享了跟孩子怎么读《花婆婆》,其实,要想陪孩子深度阅读,自己首先要有丰富的积淀,腹有诗书气自华,只有自己有了积淀,才能陪着孩子去把书读薄、读透。

执"爱"播种·沐浴春风

如果我们要给这个环节确定一个主题词的话,那一定是"陪伴"。三位妈妈的亲子"悦"读故事其实是在向我们传达:陪伴,是最好的家教;陪伴,是最温暖的阳光;陪伴,也是最激励人心的鼓点!谢谢你们给我们带来这么多美好的故事和温馨的画面。最后,我想说:你们是实小教育集团最宝贵的财富!谢谢!

## 朗 读 芳 草 园

宋代大理学家朱熹说:凡读书,须读得字字响亮……诵之宜舒缓不迫,字字分明。这样可以深刻领会文章的意义、气韵、节奏,产生一种"立体学习"的感觉。对于我们而言,读出文字背后的美,读出文字背后的灵魂和人生,让我们的心随之律动,与之交融,是享受一段有关阅读的美的历程……

**画外音:** 没有一艘船能像一本书,把我们带到遥远的地方,也没有任何一匹骏马能像一本书,最贫穷的人也可以如此跨越远航。亲爱的同学们,持续阅读的时间到了,来,让我们捧起书本,进入书的王国,尽情遨游吧!

**徐熔忆老师:** 同学们,今天我们继续读《花婆婆》。当爱丽丝还是个小女孩的时候,常常坐在爷爷的大腿上,听他说很远的地方所发生的事情,每次,爷爷说完故事,爱丽丝就接着说……

**小朋友1:** 爷爷,我长大以后要像你一样去很远的地方旅行,等我老了要像你一样坐在海边。

**徐熔忆老师:** 很好,但你一定要记得做第三件事。

**小朋友1:** 什么事?

**徐熔忆老师:** 大家来说说。

**大家:** 做一件让世界变得更美丽的事。

**徐熔忆老师:** 渐渐地,爱丽丝长大了,她决定去做答应爷爷的三件事。她去过图书馆工作,又去了一座真正的热带小岛,她到处去旅行。

**小朋友2:** 爬过高高的雪山,走过沙漠,穿过热带丛林。

**徐熔忆老师**：她还结交了一些难忘的好朋友。有一次，在她受伤后，她决定去做第二件事。

**小朋友3**：到海边找个房子住下来。

**顾燕老师**：爱丽丝在新房子的前面开辟了一个花园，当她撒下花种子的时候，心里非常快乐。

**小朋友1**：对了，我答应过爷爷要做一件让世界变得更美丽的事。

**小朋友2**：但是，做什么好呢？这世界已经很美啦。

**顾燕老师**：第二年春天，她躺在床上，透过窗口望出去。

**齐说**：鲁冰花，我最喜欢这种花了，希望今年夏天，我播撒更多种子，那么，明年就会开出更多的鲁冰花了。

**丁彦之妈妈**：冬天过去，春天又来了。花婆婆看着满山坡的鲁冰花，想到了一个很棒的点子。

**丁彦之**：她立刻回家写信订购了一大包鲁冰花种子。

**丁彦之妈妈**：整个夏天，她的口袋里装满了种子。她一面散步，一面撒种子。

**丁彦之**：她把种子撒在小路边，撒在学校附近，教堂后面，撒在空地或高墙下面。只要她经过的地方，她就不停地撒种子，这里撒一点儿，那里撒一点儿，大家都叫她"又老又疯的怪婆婆"。

**潘星睿妈妈**：到了春天，那些种子几乎同时开花了。

**潘星睿姐姐**：弟弟，你看，原野上，山坡上，到处都开满了蓝色、紫色和粉红色的鲁冰花。

**潘星睿**：它们沿着公路和乡间小路盛开着，明亮地点缀在教室和教堂后面，连空地上和高高的石墙下面都开满了美丽的鲁冰花。

**徐熔忆老师**：是啊，读了这本书，她终于完成了第三件事，也是最困难的一件事。同学们都有好多的话想对花婆婆说呢！

**小朋友1**：花婆婆，我们给您写信了。花婆婆，您去的那座热带小岛，房子都是建在木架子上的吗？海风吹在身上，一定很舒服吧？我也想去赤脚踩踩沙滩、捡捡贝壳，和岛上的小朋友一起训练小猴儿，爬上高大的椰子树摘椰子。

**小朋友2**：我想去北京城看雄伟的天安门，参加壮观的升旗仪式。

**小朋友3**：我想去新疆看美丽的天山，看天山上盛开的雪莲。

**小朋友4**：我想去大草原，看风吹草低见牛羊，无边翠绿马蹄响。

**齐说**：好多好多的地方我们都想去看一看。

**小朋友1**：花婆婆，前段时间的植树节，我们学校举行了盛大的种植活动，我和爸爸一起在校园里种下一棵美丽的丁香树，希望这些树明年能开出美丽的花来，就像奚校长说的，"最是一年春好处，繁花簇拥校园路"。

**小朋友2**：花婆婆，读了您的故事，我和我的好朋友商量，也要做一件让我们的校园更美丽的事，我们的校园里有很多图书吧，我俩一有时间就去把书本排整齐，把书架擦干净，有破的书我们用胶带补好，这样能够让同学们看书的时候更加快乐。

**小朋友3**：花婆婆，现在是春天啦，你种的鲁冰花盛开在你房子周围，盛开在原野和山坡上。

**小朋友4**：春雨淅淅地飘洒着，花儿绽开美丽的脸庞。

**小朋友5**：春风轻轻地吹拂着，风中飘来甜蜜蜜的花香。

**小朋友6**：花婆婆，您终于实现了自己从小的愿望，让世界变得更美丽。

**徐熔忆老师**：同学们，那我们的梦想是什么呢？

**小朋友1**：花婆婆，虽然我们还不知道将来会做什么样的事，但是，我们一定会努力让世界变得更美丽！

## 结 语

读书看世界，品书绘人生。繁花满枝的三月，我们首先从《花婆婆》撒下花种的小径开始启程……这本蕴着"爱"、溢满"爱"的绘本一直在激励着我们去做一件事情，那就是把更多诠释"爱"的优秀儿童作品带到孩子们身边，汇编成以"爱"为主题的阅读成长书单。我们实践着，也在思考着，我们的目的只有一个，让好书成为孩子们的"心头之爱"，让阅读成为孩子们的"人生挚爱"，让"爱"伴随孩子们茁壮成长！

即使足不出户，也可以遍历山河；虽然生活朴素，也可以内心丰富！三月，我们在读书中遇见生活，遇见真理，遇见奇迹，遇见这人世间的一切浪漫与美好……六月，我们再见！

校长有约·上篇

# 友谊之歌·唱响童年
## ——"校长有约"第二期阅读专题活动

### 阅读内容:《时代广场的蟋蟀》

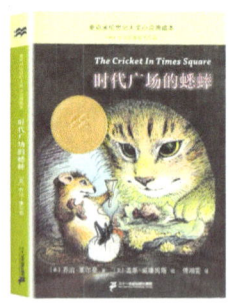

相交成"友",合宜为"谊"!古往今来,有太多太多的文字,在描写着各种各样的友谊。"生我者父母,知我者鲍子也,"这是管仲和鲍叔牙之间经历风雨但日渐笃厚的友谊;"桃花潭水深千尺,不及汪伦送我情",这是李白和汪伦之间不拘俗礼、自由洒脱的友谊。"通过帮助你,也许可以提升一点我生命的价值。"这是《夏洛的网》中,夏洛对威尔伯舍身相助也幸福在心的友谊……在这栀子飘香的初夏,我们的"校长有约"阅读专题活动又和大家见面了!

烟雨朦胧的暮春,我们遇见了《时代广场的蟋蟀》。这只不同凡响的蟋蟀和他的伙伴们在时代广场为我们奏响了一曲又一曲感人肺腑的乐章……因此,这一季"校长有约"阅读专题活动的主题便是:六月,友谊之歌,唱响童年!

友谊之歌·唱响童年

## 阅读团亮相

相信大家一定还记得这句话:在实小,读书从来不是一个人的事,而是一群人的生活!那在我们这一季的"校长有约"阅读专题活动中,又有哪些老师参与了阅读?他们又是如何带着孩子们牵手《时代广场的蟋蟀》的呢?让我们首先来欣赏阅读团队老师们制作的导读微课!

### 《时代广场的蟋蟀》微课脚本

**背景音乐**:小提琴曲《蓝色多瑙河》。

**郭凯艳老师**(阅读组核心成员):孩子们,听过这首曲子吗?没错,这首旋律优美的小提琴曲曲名叫《蓝色多瑙河》(出示演奏大师演奏图片),怎么样,是不是陶醉其中啦?有一只叫柴斯特的蟋蟀,它也会演奏这首曲子呢!(出示柴斯特图像)这是美国著名作家乔治·赛尔登童年时期饲养过的一只蟋蟀,后来,作者把它写进一部有趣的童书里,书中的柴斯特非常有音乐天赋,它不仅会经典的乐曲(呈现曲名),而且能演奏流行的曲目,更让人称奇的是它还能作歌作曲,因此成为震惊整个纽约的音乐家!同学们,蟋蟀怎么能成为音乐家呢?你们想知道这本书的名字吗?

这本书就是——《时代广场的蟋蟀》(出示书的封面图)。它曾获得1961年纽伯瑞儿童文学奖银奖,经历了半个多世纪仍然受到人们的喜爱,是一本值得阅读的好书。

书中的柴斯特还有几个好朋友呢!瞧,这是老鼠塔克(出示图片)。这是亨利(出示图片),一只忠厚老实的猫(出示图片)。这位呢,就是柴斯特的主人——玛利欧(出示图片)。他们是怎么认识的呢?他们之间又会发生怎样的故事呢?下面,让我们来听听老师们的介绍吧!

**语文老师**(孔晓燕):孩子们,孔老师一拿到这本书,就被书中的老鼠塔克吸引住了,你知道吗?老鼠塔克住在纽约时代广场的地铁站里,他除了四下挖宝,最大的享受就数偷听人类谈话了。都说猫和老鼠是一对冤家,在这个故事里,塔克老鼠和亨利猫居然是朋友。当我读到:"柴斯特把头埋在面巾纸里,它可不想看到它新交的朋友——塔克老鼠,就这样遭到杀身之祸。"我不禁和柴斯特有一样的想法呢!而看到"我们早就冰释前嫌了"这一句时,我终于明白原来

猫和老鼠居然可以这么亲密无间,真是太有趣了!

**语文老师(祝艺嘉)**:孩子们,你们看,这是祝老师读了这本书后,给蟋蟀柴斯特画的"奇妙的旅途"。原来,柴斯特可不是住在纽约的时代广场,他的老家在康涅狄格州,那他是怎样来到时代广场的地铁站的呢?后来他还去过哪些地方?都做了哪些事情?最后有没有回到他的老家呢?看完书,绘制一张这样的思维导图,你一定会豁然开朗!

**语文老师(吴玉轩)**:孩子们,不动笔墨不读书。读书的时候,在描写精彩、触动心灵的地方,圈一圈,画一画,写一写,留下自己思考的痕迹,相信你的收获一定很多哦!瞧,这是老师的阅读手迹!

**语文老师(郭霞)**:文学与艺术是相通的!我在读这本书的时候,故事中那些有趣的情节就像放电影一样,在我的眼前一幕一幕地闪过……读完这本书有没有兴趣把故事编成剧本去演一演呢?如果你们真能做到,那一定会吸引很多观众哦!

**郭凯艳老师**:孩子们,此刻你是不是有些跃跃欲试呢!别急,我们的数学老师也爱读这本书呢!

**数学老师(钱克娟)**:孩子们,我是钱老师。在阅读这本书时,我发现了一位学霸!书的第八章里写:"我的朋友,因为我现在已经有了两个五角钱、五个两角五分、两个一角钱、六个五分钱和十八个一分钱……"当塔克报出自己积攒的各种硬币的数量后,它能很快就报出总金额是两块钱又九十三分,算得又对又快,计算能力"杠杠的"。更让人不可思议的是,在保证塔克每种硬币都能保留一个的情况下,它能迅速凑出两元钱,这"妥妥的"就是一道思考题啊,可它却能轻松搞定。它是谁呢?它就是会解题的猫咪亨利,时代广场三剑客的智慧担当。钱老师觉得以它的数学素养,到咱们中间来当个数学课代表也是可以的!

**英语老师(何宇梅)**:钱老师,你在读书的时候关注了数学元素,我呢,是一名英语老师,也有不一样的收获。

孩子们,我原以为这是一部美国的儿童小说,写的都应该是外国的风土人情,可是我发现,书中却有很多中国元素,中国味道呢!你看,玛利欧在唐人街上找到了蟋蟀笼子,而且还是中国古代的七层宝塔(出示笼子)。说到这蟋蟀笼

友谊之歌·唱响童年

子啊,我就想到了古代中国宫廷里的一种游戏——斗蟋蟀。此外,书中还写到了:中国蟋蟀的传说,中国的袍子,中国菜……中国味十足!最让老师感动的是中国绅士风度:两位老人,穿上中国传统唐装,对小孩玛利欧鞠躬行礼。咱们中国自古以来就有着"礼仪之邦"的美称。四大文明古国中,文化没有断过流、始终传承下来的只有中国。孩子们,你们在读这本书的时候,可要好好琢磨琢磨其中的中国元素哦!

**音乐老师(张金岭)**:最优秀的音乐家靠优美的曲子打动人,柴斯特的音乐也是如此。当报摊失火后,白利尼妈妈认为柴斯特是不祥之物,要让他滚开时,他演奏了一首很特别的曲子——《重归苏莲托》,这使得白利尼妈妈把它留了下来。他演奏的音乐为何具有如此大的魅力?认真读书的孩子一定会有发现……除了这首曲子,书中还提到了很多优美的名曲呢!你也可以上网去查一查,去欣赏欣赏这些曲子!

**美术老师(刘清晨)**:好热闹啊!

**郭凯艳老师**:刘老师,这本书你也读过了?

**美术老师(刘清晨)**:是的,听说你们都在聊《时代广场的蟋蟀》,我也忍不住想和大家分享分享。读了这本书,除了被蟋蟀的经历吸引,被它们之间的友谊打动,我更喜欢书中这些精美的插图。画家盖斯·威廉姆斯用真实而细腻的笔触描绘这些形象,让我们的脑海里浮现出一幕幕充满温情的场景。这些精妙的插画,配上这"不涸的文字",美丽着每一双阅读的眼睛!所以,我觉得大家在读书的时候,可以将插图与文字对应起来阅读,当文字和图一起进入你的视野时,你定会觉得妙趣横生!

**郭凯艳老师**:孩子们,听了这么多老师的介绍,相信你已经迫不及待地想读这本书啦!别着急,咱们的"童书迷"奚校长最近也在读这本书,来听听她是怎么说的。

**奚一琴校长**:孩子们,《时代广场的蟋蟀》这本书,我最近在读第3遍了,每读一遍我都有不一样的收获,不一样的感受,真所谓:好书不厌百回读啊!书越

校长有约·上篇

读越有意思的时候,我就特别想跟别人交流交流。这一期,咱们就来好好读一读《时代广场的蟋蟀》,期待在夏季"校长有约"活动中,能和你们一起来聊聊这本书,聊聊柴斯特,聊聊塔克,聊聊玛利欧,聊聊唐人街,聊聊音乐……我在"快乐聊书吧"等着你们哦!

### 校长小结

谢谢这一群可亲可敬的老师们!今天,台下坐着许多四年级的孩子们,我知道你们在读这本书之前,老师已经带着你们在班级里观看了"录音版"的导读微课。那今天坐在这儿看"现场版",有什么不一样的感受呢?(适时与台下互动,采访个别同学)

孩子们,你们知道吗?"校长有约"每一次向你们推荐的书籍,都是在我们反复阅读、斟酌再三的基础之上推出的。同学们欣赏到的导读微课更是凝结了阅读团队老师们的智慧,也饱含着他们的心血,让我们再次把掌声送给他们!

### 阅读明星秀

这是一个"时尚"风靡全球的时代,这也是一个满是"追星族"的时代。在实验小学教育集团,有一种时尚叫:"我最近又读了一本好书!"有一群追星族叫:"We all want to be reading stars!(我们都想成为阅读小明星!)"在这一季的"校长有约"阅读专题活动中,共涌现出了22

位阅读小明星。让我们随着大屏幕来认识一下他们。(大屏呈现阅读小明星照片及姓名)这22位阅读小明星今天也在我们的活动现场,孩子们,祝贺你们!

### 快乐聊书吧

有一首诗写道:"有一个孩子每天向前走去,他看见最初的东西,他就变成那东西,那东西就变成了他的一部分……"如果是早开的紫丁香,那么它会变成

这个孩子的一部分；如果是杂乱的野草，那么它也会变成这个孩子的一部分……我们都想看见孩子一步一步走进经典，走进优秀。与经典牵手，与《时代广场的蟋蟀》同行，我们又收获了怎样的芬芳呢？接下来，让我们以热烈的掌声邀请本期6位阅读小明星走进"快乐聊书吧"。

**奚一琴校长**：能不能简单地介绍一下自己？

**苏钰涵**：尊敬的各位领导、老师、同学们，大家好！我是四(1)班的苏钰涵，父母希望我成为一个有内涵有教养的人。我最喜欢的就是沉下心来徜徉在奇幻至美的阅读世界，感受古人的凭栏读书，在书的世界里天马行空，希望大家记住我——一个酷爱读书的女孩儿。

**严紫菲**：紫气东来，非同一般，我叫严紫菲。我为书狂，什么也挡不住我对书的热爱。我疯狂地阅读着，如同一条小鱼，快乐地游走在书的海洋里，贪婪地吮吸着知识的营养，一点儿也不夸张地说，饭可以一日不吃，觉也可以一日不睡，但在我严紫菲的生活里，不可以一日没有书。

**郭欣悦**：我是四(3)班的郭欣悦。我的"欣"出自陶渊明的那句"奇文共欣赏，疑义相与析"，我的"悦"与"阅读"的"阅"谐音，爸爸妈妈是希望我在阅读中收获知识和友谊。

**周继韬**：粗缯大布裹生涯，腹有诗书气自华。大家好，我是来自四(4)中队的周继韬。我认为人生之华由气生，而气之根本为诗书，一个人想要有美好的人生，首先要饱读诗书。吸诗书之气，塑诗书之魂，才能有所成就，有所作为。

**钱昱文**："校长有约"大舞台，今日再度为君开，读书聊书乐趣多，别样人生携相来，携相来！我一直觉得，书就像一片辽阔的、可以任由我泛舟之上的大海。在书海中遨游，可以排除杂念，沉心静气，去往一个奇幻美好的世外桃源，少年自有少年狂，对我而言，自由地读书，疯狂地读书是我最享受的生活方式！请大家记住我，来自四(2)班的钱昱文，谢谢！

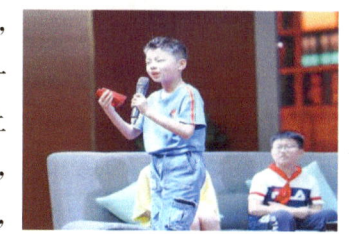

**王科涵**：俗话说得好，知之者不如好之者，好之者不如乐之者。我就是一个以书为乐的人，我叫王科涵，来自四(8)中队，希望大家能够记住我，谢谢！

**季思睿**：听了前几位同学的自我介绍，我真切地感受到，阅读之风吹校园，实小佳人真叫绝！你们爱读书，爱吟诗，我也不例外。好书对我而言是一处令

23

人流连的佳景,阅读对我而言是人生中最耀眼的繁花。繁花绽放,满园春来!大家好,我就是四(4)班第二次登台聊书的季思睿。

## 话题一

**奚一琴校长**:读书的孩子就是不一样,非常自信,心中灿烂,自带阳光。《时代广场的蟋蟀》这本书你们花了多少时间读完了呢?

**严紫菲**:这本书,我是四天读完的。

**郭欣悦**:这本书我一个星期就读完了。

**钱昱文**:我是一个星期零两天读完的。

**王科涵**:我三天就读完了。

**周继韬**:我六天读完的。

**奚一琴校长**:孩子们大概都用了三到六天的时间。每读一遍是不是都有不一样的收获?

**季思睿**:读第二遍时,我发现那里面的情节特别有趣,还有主人公的经历也非常有趣。读第三遍、第四遍的时候,我关注的就是人物的性格和他们的品质,这样就可以更清楚地了解到作者想要表达的感情。后来,我又读了一遍,对作者表达的情感有了更深的体会。

**钱昱文**:我读了三遍,每一遍感受是不一样的。读第一遍的时候呢,我就发现了每位人物的品格,比如塔克的品格比较仗义,而亨利是忠厚老实的,柴斯特则很高尚。读第二遍的时候,我紧紧地抓住"友谊"这个主题,在书中寻找友谊的画面。读第三遍的时候,我就发现作者乔治·赛尔登,是在借助柴斯特这个角色去怀念家乡康涅狄格州。

**苏钰涵**:读第一遍的时候,我主要是了解这个故事的情节;读第二遍和第三遍时,我是看每个人物的性格;读第四遍和第五遍时,我主要把创作背景、作者的身世、还有插图结合起来一起看的。

**严紫菲**:第一遍读,我感受到柴斯特和塔克都特别爱讲话,比较热情开朗,而亨利就不怎么说话。第二遍,我就去发现亨利猫的特点,其实他遇事沉着冷静,而且数学也学得特别好。第三遍,我特地上网下载了蟋蟀的叫声,和《重归苏莲托》这首曲子比较起来,我觉得蟋蟀的叫声没有《重归苏莲托》那么好听,但是它在夜晚的叫声给人一种凉爽宁静的感觉。

**奚一琴校长**:孩子们每读一遍,都有不同的收获。文章不厌百回读,书越是往下读,往往收获越多。我也有这样的感受,初次读的时候,可能花两三天就读完了。重复再读,你会发现自己越往下读,越不容易读下去,因为你需要上网查

查相关资料,去深度了解作者为什么这么写。

**王柯涵**:我也读了三遍。读第一遍的时候只是关注文字表面呈现的故事情节;读第二遍时会去感受文字背后想表达的情感;读第三遍时我就上网查资料,比如乔治·赛尔登创作的背景,书中提到的歌曲,等等。

## 话题二

**奚一琴校长**:《时代广场的蟋蟀》这本书,我们读着读着,就会被书中的一些情节所打动。相信你们在读这本书的时候,打动自己的那个点一定是不一样的。能跟大家说说这本书最打动你的是什么地方吗?

**郭欣悦**:最打动我的,就是柴斯特吃掉那两美元之后,塔克用自己一生的积蓄换回了他的自由。其实呢,坦克是很小气的,但是在朋友面前却能这么大方,看来,相互谅解、相互支援和朋友间的友谊,比什么都重要。

**奚一琴校长**:塔克行侠仗义,虽然自己一生的积蓄不多,但是为了朋友愿意倾囊相助。我们身边有没有这样的同学?

**严紫菲**:吴知锦是我同学,坐我前面。他有一次生病,我帮他把作业全部都整理好了放在他的桌子上。他回来看见了就特别感谢我,而且还送了一个小礼物给我。

**周继韬**:打动我的是柴斯特那天做梦梦到他在啃一块很干涩的树叶(其实是那两美元),他在心里盼望着那干涩的树叶味道会变得越来越好。这让我想起了一个故事:有一个乐观者和一个悲观者,看到桌上有半杯水,乐观者说桌上还有半杯水呢,而悲观的人却说桌上只有半杯水了。我想,如果每个人都乐观积极地对待明天的话,生活会更加美好。

**奚一琴校长**:这就是我们通常所说的看问题的角度,我们需要一个好心态。曾经,我也看过一个类似的故事:一个妈妈生了两个儿子,一个儿子是开染布坊的,一个是卖伞的。下雨的时候她就担心:这个染布坊的儿子怎么办?天晴的时候,她又担心:卖伞的儿子怎么办呢?如果换个角度思考,她就不会这样想了。所以,人的心态很重要。这是读书给予你的收获!

**王科涵**:奚校长,我觉得人生还是要抱有一点悲观的。

**奚一琴校长**:为什么?

**王科涵**:因为太过乐观的话就是过于自信,也不好。

**奚一琴校长**:你的意思就是要理性一点,理性对待生活?

**王科涵**:是的。

**季思睿**：在这本书中，有两处最打动我的地方。一处是柴斯特临走的时候，他觉得这座地铁车站挺美的。我也有这样的经历，每旅游到一个地方的时候，我就会特别想家，但是快要离开这个城市的时候，又会特别恋恋不舍，会用力

呼吸这座城市的空气，甚至捡一片树叶带走，希望能记住这个城市。还有一处地方就是列车长保罗，他想要买一份报纸，可是他给了玛利欧五角钱，但是那份报纸只要两角五分，并且保罗还没有等玛利欧找完钱就走了，这就说明了保罗非常喜欢玛利欧，特别想帮助他，这就是人与人之间的爱。

**奚一琴校长**：真的是这样。有时候你去一个地方旅行，乍一看，不太喜欢这个地方，可是，当你因为一个人爱上一座城的时候，你会觉得它特别的美。我想，柴斯特应该是因为一群朋友爱上了时代广场，所以，它离开的时候心中充满了不舍。

# 话题三

**奚一琴校长**：既然柴斯特和塔克、亨利建立了这么深厚的友谊，而且他歌唱得这么好，又成了明星，他最后为什么选择离开时代广场，回到康涅狄格州呢？假如你是他们的朋友，你舍得他离开吗？

**苏钰涵**：我是希望他回去的。因为人总是要回家的，无论你多么留恋这个地方，还是会觉得家乡胜过一切。其实，柴斯特在纽约并不是真正的快乐，他虽然喜欢那么多人来欣赏自己的音乐，但是他更喜欢在乡下，就在康涅狄格州的大树桩上，把好听的音乐演奏献给动物们，而不是把歌唱当作任务，一遍又一遍地演奏。本来是一种享受的事情，变成了一种任务，换作是谁都不会愿意的。

**严紫菲**：如果是我的话，我作为柴斯特的朋友，我肯定是希望他回去的。因为他的老家在康涅狄格州，他在时代广场虽然得到了很多荣誉，得到了很多人的追捧，可是呢，他并没有得到快乐和自由。"生命诚可贵，爱情价更高，若为自由故，两者皆可抛。"由此可见，自由是多么的重要啊。一个人如果没有了自由，那就像鸟儿没有了翅膀。柴斯特也是如此，他的命运由自己主宰，我希望他回去。

**周继韬**：我也愿意让柴斯特回去，因为毕竟康涅狄格州才是他的故乡，他在那里能获得更多的音乐灵感，就算柴斯特愿意留在时代广场的话，他对音乐的兴趣会逐渐丧失，音乐的灵感也会枯竭。这样他就不会再成名了，来看他演出

的人也会越来越少。

**奚一琴校长**:你们刚才所说的归结到一点上,那就是:一个人在成功的时候要善于急流勇退。对于柴斯特而言,回到乡下,能够帮助他寻找到音乐的灵感,然后才能把最美的音乐表现出来。

## 话题四

**奚一琴校长**:大家在读书的时候,有没有发现书中反复提到意大利音乐、奥地利音乐,你对书中演奏的哪一首音乐特别感兴趣啊?

**钱昱文**:我对柴斯特演奏的《小夜曲》特别感兴趣。有两个人演奏过《小夜曲》,一个是舒伯特,一个是莫扎特。让我比较着迷的是莫扎特的《小夜曲》。莫扎特的小夜曲听起来特别清脆,特别婉转,特别动听。

**奚一琴校长**:柴斯特在离开时代广场的时候,有一首音乐打动了整个时代广场的听众,大家都屏住了呼吸在听,是哪首曲子,还记得吧?

**季思睿**:《拉美莫尔的露西娅》。

**奚一琴校长**:我去网上查过这首曲子的背景,它像《罗密欧与朱丽叶》一样,是一个悲剧,两个相爱的人最终身亡了,没能在一起。当时,时代广场的人为什么都屏住呼吸听这首曲子,我想一定是被这曲子背后的故事打动了。其实,这本书之所以吸引人,还有一个很重要的元素,那就是你能够在这本书中欣赏到异域风情。这其实与作者乔治·赛尔登的人生经历有关。

**钱昱文**:作者出生于美国,后来去了意大利罗马留学。

## 话题五

**奚一琴校长**:在这本书的结尾有这样一句话:这本书适合9到90岁的人阅读。我们今天的活动现场请来了两位年长的退休老师——丁老师和吴老师,他们也在读这本书,想不想听听在他们这个年龄读这本书的感受?

**丁老师**:我今天已经是第二次来到"校长有约"的现场了,就跟上次一样,当我看到孩子们拿着这话筒侃侃而谈的时候,我心里异常感动。真的,读书的孩子是最美的。我自己也断断续续花了两天的时间把《时代广场的蟋蟀》读完了。在读这本书的时候,我总能在塔克老鼠、柴斯特和亨利猫之间看到我们孩子的身影。每次我读这本书的时候,我总有一种感觉,好像我又回到了年轻的时候,给孩子们上课,和孩子们一起嬉戏玩耍。所以在我看来呀,书就像是一座桥,在自我和文字之间架起了一座回忆的桥;它又像一剂返老还童的药,就是让你变得年轻而富有活力；书更像一扇门，能够让我们穿越其间去了解孩子丰富的内心世界。

**吴老师**：今天，参加"校长有约"活动，和大家共同度过这美好的时光，我非常开心。前几天，我到党政办看到苏老师桌上放了一本书，你们说是什么书？对了，就是《时代广场的蟋蟀》。我随手翻阅，越读越有味。苏老师看我读得很投入，就把书送给了我，我如获至宝，带回家一字一句读了起来。在这本书中，有好多好多动人的故事感动着我。特别是小蟋蟀初到时代广场，他的肚子有点饿，很想吃块腊肠，小老鼠知道了，就飞快地跑回家，拿来他仅有的一块腊肠跟小蟋蟀分享。我觉得这是一种可贵的关爱，是一种令人欣赏的给予，我们应该为小老鼠点赞，也要学习小老鼠乐于奉献的品质。

**奚一琴校长**：听大家分享阅读感受的时候，我突然发现，乔治·塞尔登这个作家的魅力就在于他用儿童读物唤回了大人迷失的那颗童心，我们在不知不觉中，仿佛回到了童年时代。

## 校长小结

当一个人与书成为挚友，他的生活便多了一位可以倾诉的对象；当一本经典的书走进我们的生活，那我们的人生便注入了一束阳光……我相信，我们对书的热爱不是叶公好龙，不是浅尝辄止，更不是朝三暮四，而是在嘈杂中坚守内心的那份宁静，是"弱水三千只取一瓢"的专一和执着。所以，在阅读之路上继续走下去，这才是我们最不辜负光阴的选择。

## 亲子悦读苑

在这一季的阅读小明星中，有一个男孩，书对他而言，是一种诱惑；阅读对他而言，是一种享受。属于他的个人藏书，目前已达到了1000多册。在深入家庭走访的过程中，我们还看到了这几幕情景：老少三代五口人，人人参与阅读，人人热爱阅读，"阅读"成了这个家庭的"家常便饭"。接下来，让我们有请四(8)班王科涵一家走进我们的"亲子悦读苑"！

**奚一琴校长**：我想替我们台下的家长来问问：你们这个家庭是如何培养王科涵如此浓厚的阅读兴趣的，能给大家分享一下吗？

**王科涵妈妈：**其实对于孩子阅读习惯的培养，我们也没有刻意做些什么，主要还是围绕着孩子的兴趣爱好来的。在他牙牙学语的时候，我们会给他买很多色彩明亮的图画书，当他捧起书阅读的时候，阅读就给了他初始的信号，就在他的心里产生了萌芽。在他蹒跚学步的时候呢，我们在家里的墙面上贴上很多的识字挂图，让他自己去探索，也不刻意去教。那时，他个子跟识字挂图差不多高，自己会蹲下来跟那些图案对话。再大一点的时候呢，他对路边的灯箱、广告牌产生兴趣，我们往往是一边散步一边认字。再到幼儿园的时候，他对动物，特别是恐龙产生了非常浓厚的兴趣，我就给他买了一系列的百科全书，然后带他去各地的动物园、博物馆，再给他看一些动物小说、探险小说。后来，他能自主阅读了，阅读的种类越来越多，范围也越来越广。还有另外一个原因，我觉得可能就是家人的陪伴，从王科涵上幼儿园开始，每个周末、寒暑假的下午，我们家都会有一个人准备一杯水，带上他去新华书店。那个时候，我们会让他随心所欲地看他喜欢看的书。他很小的时候在书店一待就能待上两个多小时。记得他上幼儿园中班的时候，在新华书店发现了两本关于似鸟龙的书，两本书记录的似鸟龙出现的时间不一致。他就拿了两本书来跟我求证，当时我就觉得很欣慰，就觉得这孩子看书一定是看进去了。

**奚一琴校长：**你这样一讲，我就想到上次《科学大众》给我们打了一个电话，说我们学校有个学生找出了杂志上的一个错别字。王科涵，是你吗？

**王科涵：**是的。那一期杂志，他们把"佳境"打成了"佳庆"。

**奚一琴校长：**看来，你读书真的非常仔细！刚才，我们听了王科涵妈妈的介绍以后，我就发现，每个孩子可能天生会对阅读、识字产生兴趣，关键就是家庭怎么去发现、呵护它，这点很重要，而且还要陪着他，给他创造机会。接下来，我想了解一下，你们一家人平时都喜欢读什么样的书籍呢？

**王科涵爷爷：**我喜欢读历史方面的书籍和人物传记，有时候会买些成语故事之类的书籍放在书架上，没事的时候就会翻翻看看。

**奚一琴校长：**我们在家庭走访的时候听说了一个小插曲：爷爷在进行房子装修的时候准备设计一个棋牌室，后来考虑到王科涵的学习，就把这个念头打消了，一直到目前，爷爷每天坚持在家陪孩子读书，听说家里的电视已经几年没有开了。

**王科涵妈妈：**我们家客厅的电视常年不开，怕影响孩子学习。

**奚一琴校长：**那平常要看电视怎么办？

**王科涵妈妈**：平时我们很少看电视。因为我们平常下班到家时间也比较晚，陪他吃过晚饭都会进行饭后阅读。如果我们看电视的话，我想，孩子心里应该不会平衡。

**奚一琴校长**：这次，我们推荐的书籍《时代广场的蟋蟀》，你们一家人都读了吗？

**王科涵爷爷**：看过了。

**奚一琴校长**：奶奶也看过啦？能跟大家分享一下，你们在读的时候都有什么感受？或者有什么小故事？

**王科涵**：我们全家看完之后会进行一些讨论，还闹出过一些笑话。比如奶奶在说外国人名的时候，把"塔克"说成"它克"，"史麦德利"说成"史德麦利"……

**奚一琴校长**：哈哈，外国人的名字确实难记，奶奶已经很不容易了。

**王科涵奶奶**：年纪大了，记性不好，有时候看书不怎么记得住。

**奚一琴校长**：爸爸有什么想跟大家分享的？

**王科涵爸爸**：前不久，王科涵向我推荐了《时代广场的蟋蟀》，我读了两遍。从我个人的角度来说，这本书对我最大的启发，就是今天"校长有约"的主题——友谊。这本书中的"友谊"有两点值得回味：第一，我觉得"友谊"超越了物种。书中的猫和老鼠，是一对生死冤家，蟋蟀对于猫和老鼠来讲又是微不足道的一个小动物，但是他们从开始认识到互相鼓励，到相互间的各种帮忙，我们都可以看出来，友谊弥足珍贵，所以我说他们是跨越了物种的家人。第二点，在今天的"快乐聊书吧"中，大家讲到了书中有很多中国的元素，我觉得这一点发现很了不起，塔克老鼠和亨利猫把柴斯特送上火车的时候，我脑海里就在想，如果亨利猫和塔克老鼠出生在中国，他们对柴斯特会不会有一个中国式的美好祝愿？我就想到了一句唐诗：莫愁前路无知己，天下谁人不识君。当柴斯特坐上了归乡的火车的时候，他看到塔克和亨利猫会不会想到：桃花潭水深千尺，不及汪伦送我情？

**奚一琴校长：**中国古诗词的魅力在哪里？我想，就在你体味到这种跨越种族的情感后，你能够脱口而出一句古诗词去表达这份情感，而这份情感跨越了国界，跨越了千山万水。王科涵，你几次去我办公室找我交谈，非常有倾吐欲望，那现在这个舞台就交给你了，你最想对大家说些什么？

**王科涵：**我想说的就是，现在很多家长已经基本上不陪孩子读书了，特别喜欢看什么朋友圈，追剧。其实家长朋友们，你们可以想一想，陪孩子读半个小时的书很难吗？半个小时对你们来说就是刷朋友圈的时间，就是追剧的时间，就是上淘宝买东西的时间，你完全可以把这些时间用于陪孩子阅读，这样做不仅给他们树立了一个榜样，还能让他们收获更多的知识。

**奚一琴校长：**人虽小但想法却不少哇！说得很有道理！王科涵，读了这么多的书，1000多册了，如果让你给大家推荐一本书，你最想推荐什么样的书？

**王科涵：**我可以按年龄，还有他们现在所在的岗位来推荐吗？（得到允许）我知道今天来了很多教育局的领导，我想给你们推荐一套名为《漫画世界》的书。你别小看这套书，它虽然是一本漫画，但它涵盖了13个发达国家的政治、风土人情、教育历史等知识，特别是其中提到的很多国家的教育制度值得我们学习借鉴。我想给家长们推荐一本《我要做好孩子》，这本书的作者是黄蓓佳，她很尊重孩子，还能理解孩子，要是看了这本书，我相信各位家长们也能更好地跟孩子沟通，缩小你和孩子们之间的代沟。我想给所有的大朋友、小朋友们推荐一本名为《希利尔讲世界史》的书，虽然这本书特别厚，但是作者希利尔用幽默风趣、简单通俗的语言概括了这个世界发展的过程，很值得我们去读一读哦，可以说是历史的启蒙书。

**奚一琴校长：**王科涵在向大家推荐书的时候非常具有层次性，能根据不同的年龄、不同的职业推荐不同的书。一个四年级的孩子个人藏书量达到一千多册，我就想到了梁启超，他家藏书几十万册，他给子女留下的宝贵财富就是书。梁启超教孩子读书很有方法，先要通读、大致浏览，接着精读，把书读透，然后举一反三。梁启超一共拥有九个子女，个个都很出色，大儿子梁思成是著名的建筑学家，二儿子梁思永是考古学家，第五个儿子梁思礼是火箭系统控制专家，次女梁思庄是著名图书馆学家，一门三院士，我想，对这个家庭而言，书是送给孩子最好的礼物，是他们成长最好的养料。

## 校长小结

再好的教育,都好不过上一代的以身作则;再好的说教,都好不过点滴的潜移默化;再大的影响,都大不过成人的言传身教。所以,教育是从家开始的;读书,可以让家庭中的每一个人拥有最美的芳华!感谢王科涵一家的精彩分享,谢谢你们!

## 创意小剧场

文学,本身就是一种适合表演的艺术。经典的文学作品,不仅适合表演,更应该通过表演传播作品精神,展现作品魅力。孩子们在阅读《时代广场的蟋蟀》这部作品时,将他们对作品的理解、人物的认识通过剧本的形式呈现出来,这便是我们所期待的"创造性阅读"。今天,孩子们还将在这个舞台上,发挥他们的才情,给我们以立体的艺术享受!

### 《时代广场的蟋蟀》剧本

**第一篇章**

【主题一】所谓友情就是好东西一起吃,好风景一起看,美好的东西都想一起分享。

【旁白】这天晚上,柴斯特因为吃了那两元美金的一小半,玛利欧被妈妈惩罚关在笼子里,非常沮丧,它的好朋友塔克和亨利走过来。

柴斯特:嗨,我是柴斯特,来自康涅狄格州的蟋蟀。

塔克:嗨,朋友,你现在可是在纽约哦。

柴斯特(伤心地):如果不是我贪吃,我就不会被压在烤牛肉三明治下而来到纽约了。

亨利:可是那样的话你就不会认识玛利欧,也不会认识我们了。

柴斯特(抬起头,眼里发亮):对,认识你们是我来纽约最大的收获!还记得我刚下火车时,一切都是那么的陌生,我冻得瑟瑟发抖,是玛利欧带我回家,让我有了一个栖身之地,是你们陪伴我,让我不再孤独,塔克送给我的腊肠,我至今还记得它的美味,亨利你带我去看时代广场的美景,那绚丽的夜景会一辈子印在我的脑海里(回忆吃腊肠、看时代广场的夜景)。

【大屏同时出现画面】

**柴斯特**:一切都越来越好了,如果不是我吃了那两块钱,玛利欧也不会被妈妈责备,每天东奔西跑打工挣钱,塔克你也不会伤了腿(塔克下意识地去揉了揉他的残腿),我也不会被关在这里,失去自由。(柴斯特即兴唱了一段忧伤的渴望自由的音乐)唉,(垂着头)我是柴斯特,一只来自纽约时代广场笼子里的蟋蟀。

### 第二篇章

**【主题二】所谓友情,就是有困难一起面对,倾其所有帮朋友渡过难关。**

**塔克**(安慰道):朋友,至少你有个金碧辉煌的房子,昨晚我待在里面,感觉自己像皇帝一样。那样的感觉太美妙了。(塔克陶醉其间,不由自主地学起皇帝大摇大摆地来回踱步的样子。)

(亨利望着塔克——长久地凝视着,好像在期待塔克说出别的什么来。塔克看到亨利的眼神,顿时停下了脚步,开始装愣,一脸谄媚的笑。)

**塔克**(立刻转向柴斯特):喂,柴斯特,你想不想逃走?我们能够打开笼子,你可以跟我们一起住在排水管里。

**柴斯特**:不行(摇着头),那样做,对玛利欧太不公道了,我情愿被关到服役期满。

**亨利**:我倒是有个主意……

**塔克**:什么主意?

**亨利**:你有钱嘛,你是纽约最有钱的老鼠,绰号"旧钱袋老鼠",谁都知道。你可以把钱拿出来。

**柴斯特**:你怎会有这么多钱?

**塔克**(清清喉咙,开始用两条前腿画来画去):多年以前(又清了清嗓子),多年以前,我那时还是一只小老鼠,我亲眼看到很多很多年纪老了的老鼠因为没有攒下什么钱,无人理睬,孤苦伶仃地爬向穷老鼠的坟墓里去。我下了决心,决不让那样可悲的命运落到自己头上。

**亨利**:这无非是说你攒了一堆钱,放在排水管里。

**塔克**:请等一下,如果你不见怪,我自己来说吧。(他的声音再一次变得又尖又可怜)因此,在青年时代全部漫长的岁月里,我当时本来可以跟别的老鼠一道去蹦蹦跳跳,玩个痛快,我却去积攒东西。我积攒纸张,我积攒食物,我积攒衣服……【呈现塔克的家塞满了东西】

**亨利**:节省时间,拣最关键的东西说吧。

**塔克:**(朝着亨利露出酸溜溜的苦笑)当然也积攒了点钱,长年累月,东拿西摸,找到了一点零钱,那当然是自然而然的事啊。我的朋友啊(这时把手按住胸口),我总是坐在排水管的口子上,注视着来来往往的人,等待着。无论什么时候掉下一个硬币——哪怕小得可怜!——一分钱我也爱——我就冲出去,冒着生命危险,冒着受伤的危险,把那个小钱弄回家来。唉,真危险呵,当我一想到皮鞋重重地踩下来,还有那些可怕的高筒橡皮靴子!有好多次,踩伤了我的脚趾,扯掉了我的胡须,都是为了搞到钱啊。

【大屏呈现车来车往,很危险,塔克小心翼翼地穿梭其中。】

**塔克:**不过,冒险也值得!值得啊,我的朋友,因为我现在已经攒下了两个五角钱,五个二角五分钱,两个一角钱,六个五分钱,还有十八个一分钱,都藏在排水管里啦!

【大屏呈现一堆闪闪发光的硬币】

**亨利:**替你算好了,总共两块九角三分。

**塔克:**有这笔钱,我是多么自豪啊!

【亨利唱起来了】

**亨利:**你可以拿钱赎回柴斯特的自由,还可以留下九角三分美金。

**塔克:**那样,我就破产啦!(呜咽着)我会被扫地出门,谁会照顾我的晚年生活呢?

**亨利:**我会照顾你!不要再像小气鬼那样舍不得啦,让我们去把钱拿来吧。

【这时,柴斯特把银铃摇得叮当响,引起他们的注意。】

**柴斯特:**我认为塔克没有必要牺牲他一生攒下来的钱,钱是他的,他想怎么用就怎么用。

**塔克**(戳戳亨利的肋骨)**:**听听蟋蟀怎么说吧,他行为高尚,倒使我显得像个要饭的了。我当然要把这笔钱拿出来!不管人们在什么地方谈到老鼠,决不能让他们说老鼠塔克吝啬小气,一毛不拔。

【与台下观众互动】

**亨利:**朋友们,为了使我的老朋友塔克在每一种硬币中至少都能留一个下来,应该怎么拿呢?大家一起来动动脑筋!

【大屏出示数学题,请台下的一位观众来回答。】

友谊之歌·唱响童年

亨利:谢谢你朋友,你太聪明了。

塔克:算术这么好,他一定是来自中国的朋友。

【猫儿和老鼠在排水管和报摊之间来回跑了好几趟,把钱衔来。他们把硬币一个一个传进蟋蟀笼内,柴斯特接过钱,把钱统统码好。】

**第三篇章**

【主题三】所谓友情就是在朋友取得成功时真心地祝福他,由衷地为他高兴。

【玛利欧跟妈妈一前一后走进报刊亭时,玛利欧发现柴斯特正坐在一堆零钱码成的圆柱顶上,快乐地叫着,开心地晃着腿。】

玛利欧:哦,天哪!柴斯特,你哪来这么多钱?(转身拉着妈妈)妈妈,妈妈,快来看,柴斯特有钱了。

妈妈(捂着嘴):钱?多少?

玛利欧:不多不少,正好两美元!妈妈,你可以放柴斯特出来了。

妈妈:虽然我不知道一只蟋蟀怎么会有这么多钱,不过既然他已经筹到了,我就该遵守诺言放他出来。但我保持我的怀疑。

【玛利欧迅速地打开笼子放柴斯特出来,柴斯特走出笼子,舒展开身体,深深地吸了一口气。舞台一角,一位小提琴手拉起了《重回苏莲托》,悠扬的琴声吸引了从报亭经过的人。】

史麦德利先生(停下了选杂志的手,认真地倾听):他的音抓得非常准,我从来没有过这么美好的时光。

路人甲:这个小家伙唱得很美,我都准备放弃这一季的交响乐,不买月票了。

路人乙:(正听得起劲,对着台上和台下的人做了个"嘘"的动作)

妈妈(做陶醉状):现在我相信了,一个能唱出《重回苏莲托》的蟋蟀,绝不是一个坏蟋蟀。

玛利欧(听了妈妈的话,玛利欧情不自禁地抱起柴斯特转圈,大声地喊道):柴斯特,你听到了吗?妈妈这是接受你了,太好了!

【柴斯特唱起《小夜曲》,台上所有人伴着音乐跳起了舞,舞台两边群众演员上台加入群舞……塔克和亨利也跳着。】

塔克:嗨,老兄,你看他多棒,我就说过他是天才,他是我的朋友——天才音乐家柴斯特。

亨利：是呢，我真为我的朋友高兴！他不仅获得了自由，还得到了所有人的认可！我希望以后的每一天他都能这么开心。

塔克：我决定了，我要做他的经纪人，我要让他在时代广场大放光彩，相信我，他一定会是纽约最棒的音乐家！

【就这样，柴斯特出名了。他每天在时代广场演奏，每场演奏都吸引了慕名而来的粉丝们。】

**第四篇章**

【主题四】所谓友情就是在朋友有愿望时，尊重他的选择，并努力去帮他实现。

塔克：嗨，朋友，明天你要演奏新的曲目了，趁着今晚月色很好，咱们再好好练练。

柴斯特(悠悠地)：我不想演奏了。

塔克(叫喊起来)：你不想演奏！那就等于太阳说"我不想发光了"。

柴斯特：嗯，有时候是有阴天的，难道我就不能休息一下吗？

亨利：让他休假一天吧，你怎么啦，柴斯特？荣誉开始使你情绪低落了吧？

柴斯特(叹息着)：我想我是害了"九月的怀乡病"啦，秋天快来啦！在康涅狄格州，秋天多美啊！树叶全换了颜色，白昼晴朗明亮，地平线上升起了一缕树叶烧起来的轻烟，南瓜开始成熟。

塔克：我们可以到中央公园去，那儿的树叶也换了颜色。

柴斯特：那可不一样，我还想看看竖在田地里的玉米堆呢！(他停了下来，神态不安)我本来还不想告诉你，不过你知道了也好，我打算——我打算退休。

塔克：退休！(尖声叫了起来)

柴斯特：(轻声地)我爱纽约，我喜欢有那么多人听我演奏，但我更爱康涅狄格，我要回家去。

塔克(气急败坏，无能为力地)：可是——可是——可是——

柴斯特：对不起，塔克，不过我已经打定了主意。

塔克：玛利欧怎么办呢？

柴斯特：他希望我幸福，他说过，要是我感到不幸，他宁愿我不到纽约来。"

塔克(挥动着前腿)：可是还有你的那些粉丝们，你的演奏给他们带来了快乐,他们怎么办呢?

**塔克**(回转头对亨利说):亨利,你说说吧!劝他留下来!

**柴斯特**:对啦,亨利,你的意见呢?

【亨利一动不动地坐了一会儿。他的胡须不停地颤动,那是一个信号,表明他在苦苦思考。】

**亨利**(想了一会儿):我的意见是,这是柴斯特自己的生活,他想怎么办就怎么办。如果荣誉只能使人不快乐,出名又有什么好处呢?有些人在事业达到顶峰时就退休了。不过,说老实话,我还得说,要是看到他离开这儿,我会万分难过。

**塔克**:那……好吧,既然你已经做好决定,那从现在起,我们就分头行动,为你回家做准备。你记住,我会想你的,玛利欧也会想你的,大家都会想你的。

【柴斯特把报摊的上上下下都看了一眼——装纸手绢的盒子啦,闹钟啦,爸爸的烟斗啦。当他来到现金出纳机前的时候,他停住不动,飞快地跳上抽屉的边缘,消失在黑暗的抽屉里。等他再从抽屉里出来的时候,那个小小的银铃已经挂在他的左前腿上。他把银铃紧紧靠在身上,捂住铃子的叮当声,跳到凳子上、地板上,走出报摊的裂口。】

**塔克**:要这个铃子干什么?

**柴斯特**:玛利欧这样说过的。我需要它,让它使我回忆起这里的一切。

**塔克**(拿出了用胶带捆好的一个小包):我包了一点晚餐,给你带到火车上去吃。当然喽,也没有什么好吃的,一块牛肉片夹心面包,一个巧克力小甜饼。

**柴斯特**:谢谢你,塔克。(有点哽哽咽咽)

**亨利**:好啦,我看我们得走啦!

**柴斯特**:我也这样想。【他再望了一眼排水管。轨道上传来了区间火车在远处行驶的哐哐声。玛利欧仍然熟睡在报摊里。霓虹灯吐出无穷无尽的蓝绿色光辉。蟋蟀想记住这一切情景。】多有趣啊!有时候,这地下车站看来还似乎很漂亮呢。

**塔克**:我一直是这样想的。

**亨利**:快!快!【亨利、塔克都和柴斯特一起赶到了车站。晚班快车要在第18股道上离站。柴斯特跳上最后一节车厢的后门平台,在车厢里一个背风的角落里安顿下来。只有几分钟,火车就要开了。】

亨利：你明年夏天可以再来访问纽约吧，你已经认得路了。

塔克：约好再回到报摊里来。

柴斯特：我也许能来。

【又出现了片刻沉默。这时，火车向前颠簸了一下。汽笛响起，火车一开动，这三位朋友就觉得他们每个人还有千言万语要倾吐出来。】

亨利（大声叫喊）：柴斯特保重！保重！别为白利尼一家担心，我会照顾他们的！你放心！

柴斯特：再见！再见！再见了！我的朋友（喃喃地）再见，再见，再……见……

【张金龄老师演唱离别的歌曲。】

【全体演员全部走上舞台，一起朗诵友谊的小诗。】

那声清脆的啼鸣

像一个快乐的小精灵

跳跃在眼前

像一束午后的斜阳

闪耀在心间

时代广场

我们拥有了一段倾心的遇见……


那段用翅膀交叠演奏的音乐

像三月的小溪

流淌在心田

像六月的清风

撩起绵绵的情思

报刊亭

我们尽情享受着芬芳的音韵……


九月的秋风

吹落了一片枝头的黄叶

叶面上

有家乡的召唤

有泥土的气息

有如水的月光……

九月的时代广场

飘溢着小夜曲、圆舞曲、进行曲……

悠扬的乐声中

有你的精心呵护

有你的倾囊相助

有我们载歌载舞

更有我们一起相携走过……

九月的家乡

在眼前

越来越清晰

越来越明媚

而你我之间的友谊

却似六月的骄阳愈来愈烈

如深涧的清泉甘冽纯洁

## 结 语

　　春天把花香送给鸣蝉，夏天把细雨留给秋月，秋季把繁华落尽，让那个冬季的荒芜银装素裹……这就是我们渴盼的一种友谊——至纯至真，无怨无悔！亲爱的同学们、老师们、家长朋友们：即使足不出户，也可以遍历山河；虽然生活朴素，也可以内心丰富！六月，我们在时代广场，聆听蟋蟀的鸣奏，聆听友谊的乐章，聆听童年最动人的欢唱………这一季的"校长有约"就要和大家说再见了，感谢大家的参与！缤纷绚丽的九月，我们再见！

# 红色阅读·筑梦远航
## ——"校长有约"第三期阅读专题活动

### 阅读内容:红色读本

**一年级读本:《小英雄王二小》《闪闪的红星》**

《小英雄王二小》用富于张力的图文重述抗战英雄王二小掩护乡亲和八路军的英雄事迹,全书画面运用视角转换突出多与少、大人与孩子、侵略者与被侵略者的对比,烘托战争的残酷。

《闪闪的红星》讲述了年仅七岁的潘冬子参加红军的故事。冬子的爸爸随着红军队伍奔赴抗战前线,临行时给了冬子一颗闪闪的红星。在冬子的妈妈英勇牺牲后,怀着为亲人报仇、参加红军的愿望,冬子巧妙地与敌人周旋,在残酷的斗争中不断磨练自己,终于成长为了一名红军战士。

**二年级读本:《刘胡兰的故事》**

本书讲述女英雄刘胡兰短暂而光辉一生,讲述了她在革命工作中坚强勇敢、认真负责,以及被捕后面对敌人屠刀大义凛然、英勇就义的光辉事迹。

**三年级读本:《延安的故事》**

本书描写了在烽火岁月和艰苦年代里的一代代中国少年的成长传奇。

**四年级读本:《寻找中国未来地图上的你》**

2018年新年前夕,习近平总书记向全国和全世界人民发表了令人振奋的新年贺词。习近平总书记在贺词中列举了我国在科技创新、重大工程建设领域里的十大成果。本书写的就是这十大成果的故事。

**五年级读本:《中共历史的杰出领导人毛泽东》**

本书通过一个个小故事带我们了解毛泽东怎样树立理想,勤奋探索,走上革命历程。

**六年级读本:《中共历史的杰出领导人邓小平》**

本书选取大量珍贵历史图片、美术作品、实物手记等资料,全景式展现邓小平的工作与生活点滴。

## 引 子

《不能忘记》(诗朗诵)

怎能忘记,

八十八年前,

侵华日军罪恶的炮弹,

射向北大营、炸响在沈阳人家里。

怎能忘记,

八十八年前,

一味地妥协、不抵抗,

助长了日本法西斯蛇吞象的野心和口气。

怎能忘记,

八十八年前,

日本法西斯侵华炮火隆急,

烧到了辽河两岸、长白山地,

遍处插上了丑陋的膏药旗!

不能忘记!

不能忘记!

不能忘记!

不能忘记，
日寇肆意屠我同胞战友、杀我兄弟姐妹！
不能忘记，
三千万的骨肉同胞做了亡国奴隶！
不能忘记，
这血泪仇、这民族恨，那山河破碎、满目疮痍！

不能忘记啊不能忘记，
邪恶打不过正义的真理。
地道战、地雷战，阵地战，
战战都战出了中华儿女的骨气与豪气！
坚韧勇敢的炎黄子孙，
终于赢得了抗日战争全面彻底的胜利！

不能忘记啊不能忘记，
八十八年后的今天，
人民再不允许历史的丑剧、闹剧、悲剧重演，
和平与发展才是当今时代的主题。

不能忘记啊不能忘记，
不能忘记"九·一八"哀号的历史，
不能忘记我们民族的尊严与骨气！

我们爱好和平！
我们无所畏惧！
我们万众一心！
我们众志成城！

看当今盛世中国，
览民族屹然崛起，
赞华夏威武雄姿，
那是因为我们永远——不会忘记！

［原文出自百度文库（阅读项目组成员根据活动要求做了修改）］

不能忘记,意味着"昭昭前事,惕惕后人";不能忘记,诠释着"慎终追远,民德归厚";不能忘记,再现了"中华民族精神,岿然屹立"！我们不能忘记也绝不会忘记！亲爱的老师们、同学们、家长朋友们,当枝头的枫叶染上红晕,当南归的大雁回首遥望时,"校长有约"又和您见面了！这个秋天啊,你会发现:红色,成了生活中最令人迷醉的色彩;爱国之歌,成了你我心中最动听的音乐。这个秋天啊,我们赴约的是一本本用生命书写红色传奇、用大爱传递红色基因的"读本";我们赴约的是一处处蕴含着革命豪情、透着民族文化的红色基地。让"红色"流淌心间,让"爱国"融进血液,用"阅读"筑起我们矢志报国的梦想。因此,我们把这次校长有约的主题确定为"红色阅读·筑梦远航"。

## 阅读团亮相

当万千种红色读本呈于我们眼前时,我们首先应该做些什么呢？接下来,让我们一起来欣赏"阅读团亮相",走近一群阅读"点灯人"。

### 情景剧《点灯人》

#### 第一幕:选书

【屏幕背景呈现阅读团开会场景】

**韩颖**(手持笔记本):杭老师,刚才奚校长提到《毛泽东传记》,你读过吗？

**杭元媛**:毛泽东的诗词我读过,可《毛泽东传记》嘛,我还真没读过！(摇头)

**韩颖**(着急):是呀,我也没读过,这可怎么办呢？要让孩子读起来,我们得先行动起来呀！

**杭元媛**:没错！《毛泽东传记》应该有很多版本,那哪一个版本适合我们五年级的孩子读呢？

**韩颖**(思考,停下脚步,拍手,故作神秘):有了！走,我们一起去阅览室！

**杭元媛**(拉住韩老师,不解):哎,等等！你呀,就是急性子！要不要喊上我们的好伙伴？

**韩颖**(嬉笑、撒娇状):哎呀,忘记咱们的公约了——"有事一起商量",还是杭老师考虑得周到！

【屏幕背景为教师办公室,舞台上放置课桌椅,乔飞老师手捧作业本,走进办公室批作业,韩颖、杭元媛齐上。】

**韩颖**（一溜烟蹦到乔飞一侧）：嘿！

**乔飞**（受到惊吓，跳起来）：哎呀妈呀，"吓死"宝宝了！两位美女，今天大驾光临，有何贵干？

**韩颖**：刚才的会议上，奚校长不是让我们赶快行动起来，要在新中国成立70周年之际带着孩子们进行红色阅读吗？我们五年级读《毛泽东传记》，可版本太多，想拉上你和我们一起去阅览室选书呢！

**乔飞**（一脸严肃、认真）：行，孩子阅读的事可一点儿都不能马虎，再说了，学校的事情就是我们的事情！要不要约上其他新教师，一起？

【屏幕呈现阅读团教师在学校阅览室选书照片，韩颖、杭元媛、乔飞、梅婷、吴梦、朱益成、姚雯老师一起上台。】

**韩颖**（旋转、陶醉）：枕上诗书闲处好，门前风景雨来佳！还是最喜欢这阅览室的书香！

**姚雯**：行了，大诗人！你就别再散发魅力啦！咱们赶紧选书吧！

【音乐响起，所有人默默翻书，静静阅读……】

【音乐停止】

**朱益成**（很激动，挥舞着手中的书）：你们看，《毛泽东传记》！

（所有人手持挑选的书聚在一起，看朱益成手中的书……）

**所有人**（一脸不屑）：切……

**梅婷**（嘲讽）：你这是注音版，太小儿科啦！这可是给五年级的学生读呀！

**朱益成**（垂头丧气、羞涩）：我们音乐老师都有一个职业病，看到汉语拼音就像是看到了五线谱！

**姚雯**（兴奋）：来来来，看我这本！内容翔实、思想理论性强、语言文字还——（摇头）意蕴悠长……就这本！

**乔飞**：这本书我刚才读过了，语言有些晦涩难懂，恐怕——我们五年级的孩子难以理解啊。

**吴梦**：没错，我们给孩子选书既不能过于浅显，也不能过分深奥，要遵循儿童的年龄特点、心理特点、语言特点。

**杭元媛**：说得好！大家看我手里的这本——《中共历史上的杰出领导人毛泽东》，它是由北京儿童出版社出版的。它以毛泽东诗词中著名的诗句来串联毛泽东的故事。你看,毛泽东挑着简单的行李,走出韶山冲,走向一个广阔的新天地,这不就是一种"敢叫日月换新天"的豪情壮志吗?他智退败兵、护卫校园、保住长沙;他带领红军四渡赤水、调虎离山、出奇制胜……这不正反映了他"乱云飞渡仍从容"的军事才能吗?总之,每一个小故事啊,都是围绕不同主题来选编的。

**朱益成**(欣赏的目光看着杭老师):不愧是语文老师,今天,我们也算长知识了!

**杭元媛**:你们再看,这本书图文并茂、小资料、阅读拓展也补充得恰到好处呢!

**梅婷**:确实如此!要不,五年级就读这本?

**乔飞**:我看行!

**其他人**(纷纷点头):行!

**吴梦**:走,和校长去商量商量!

【屏幕背景为学校门口照、学生围观海报,韩颖、杭元媛两位老师背着包登场……】

**韩颖**:你看,"校长有约"海报出来啦!看来,其他年级的老师也和我们一样都行动起来了!

**杭元媛**:看看去!

**韩颖**(看着海报,朗读书名):一年级——《小英雄王二小》《闪闪的红星》,这两本都是绘本,孩子们肯定很喜欢;二年级——《刘胡兰的故事》,这本我读过,拼音版的,其中有很多的故事都在我们小时候的语文教材中出现过,很适合二年级的孩子读。

**杭元媛**:看看三年级呢?——《延安的故事》。延安,红色圣地,革命的摇篮,让孩子们怀着一颗朝圣的心开启红色阅读,非常有必要。

**韩颖**:四年级——《寻找中国未来地图上的你》,这个倒没听说。

**杭元媛**:我读过,它呀,讲的是科学家、工程师们在实现中国梦的征途中创造的一个又一个奇迹。

**韩颖**(恍然大悟):哦——这两天,我得来读读!六年级,《中共历史上的杰出领导人邓小平》。"改革开放"的总设计师,嗯,是要带孩子们好好了解了解!

**杭元媛**:接下来啊,我相信,咱们的校园一定会是书香浓郁,处处别样红!

### 第二幕：赠书

【屏幕背景为校长赠书照片，进行曲响起……】

韩颖（捧着一摞书上台，气喘吁吁）：伙伴们，校长赠的书领来啦！

（其他老师从对面迎来，一人拿一本，爱不释手。）

韩颖：同志们，赶紧和孩子们一起读起来吧！

### 第三幕：共阅

【屏幕背景为班级师生共阅图，午间阅读铃声响起，七位教师在舞台上阅读。午间阅读召唤结束，抒情音乐响起……】

韩颖：阅读，是我们一生不变的选择；

杭元媛：阅读，使我们从贫瘠的荒漠走向丰饶的绿洲；

梅婷：阅读，让我们的教育生涯诗意弥漫、真情流淌……

吴梦：我们爱阅读！

乔飞：我们爱阅读！

姚雯：我们爱阅读！

朱益成：我们爱阅读！

韩颖：我们愿意做孩子——

齐：阅读的点灯人！

## 校长小结

人在一起叫相聚，心在一起才叫团队！从"选书"到"赠书"，从"赠书"到"共阅"，在红色阅读之路上，我们手挽手，心连心，阅读着，思考着，实践着……我们将红色的种子播在孩子们的心间，呵护它成长，期盼它繁茂茁壮！前方路漫漫，但我们始终坚信：聚萤火之光，可堪比皓月之辉！感谢阅读团队中每一位辛勤工作的老师，谢谢你们！

### 阅读明星秀

从"盈盈绿果挂枝头"到"红叶飘零融净土"，我们的"红色阅读"从初秋的"明丽"慢慢走向深秋的"恬静"……那么，在此次阅读活动中，各年级每个班，都涌现出了哪些阅读小明星呢？让我们一起通过大屏幕来认识他们！

这67位阅读小明星今天也在我们的活动现场，祝贺你们！这一季的阅读小明星在我看来好像格外自信，笑容也格外灿烂，我很想采访一下其中的几位。

**奚一琴校长**：成为我们这一期"校长有约"阅读小明星,家里人知道吗?

**学生1**：知道!

**奚一琴校长**：爸爸妈妈对你说了什么?

**学生1**：爸爸妈妈告诉我啊,以后要多阅读,多读书,能让我增长知识,开阔视野,受益终身。

**奚一琴校长**：那你想对自己说些什么呢?

**学生1**：我以后要养成每天阅读的好习惯,多读书,多思考,掌握更多的知识。

**奚一琴校长**：你几年级呀?

**学生1**：一年级。

**奚一琴校长**：哇,我们一年级的小朋友都这么棒!祝贺你成为本期阅读小明星!我再找一个同学。(老师把话筒递给这位同学)我想问你,你是第一次被评为阅读小明星吗?

**学生2**：是的,我能成为这次的阅读小明星,感到十分的荣幸。

**奚一琴校长**：这是学校给你们阅读小明星颁发的金灿灿的金牌,你戴在脖子上有什么样的感觉?

**学生2**：戴上这块奖牌,我感到非常的自豪。虽然我知道这块奖牌不是金子做的,但是在我心中她比金子还要宝贵。人们都说"腹有诗书气自华",我只要花更多的时间多去读书,相信自己一定会在书香中茁壮成长。

**奚一琴校长**：说得好!孩子们,当读书成为你每日生活必不可少的一部分时,当读书给予的养分渗入到你的骨髓、肢体、言语上时,我们也嗅到了阅读世界里溢出的缕缕芬芳……谢谢你们!

## 快乐聊书吧

如果我们把"读书"的过程比作是蜜蜂采蜜,那"聊书"则是我们酿蜜、品蜜的快乐旅程。今天,会有哪些同学走入"快乐聊书吧"呢?有请各年级的阅读小明星代表随我一起走上舞台……

**奚一琴校长：**此情此景，让我想到了《神童诗》里的这样一句话：自小多才学，平生志气高！看到你们自信从容地走上舞台，我想，这一定是阅读给予你们的勇气与志气。孙易同学，成了这一期的阅读小明星，走上校长有约的舞台，和你们班前两位阅读小明星比，你觉得自己是不是更厉害一些？

**孙易：**我觉得呢，作为一个六年级的学生，和我们班往届的阅读小明星比，读书自然多一些，见解也更独到，我想，今天的我会是这个舞台上最靓的阅读小明星。

## 话题一

**奚一琴校长：**期待你今天有出色的表现！孩子们，我们这一次的红色阅读一共有七本书，读了一个多月了，首先，我想问问你们：你觉得什么样的书才能够称为"红色读本"呢？你对"红色"是怎么理解的？

**杜雨潼：**我认为红色是太阳的颜色，是青春的颜色，是梦想的颜色，更是老一辈共产党员用自己的青春报效祖国，用生命换来今天幸福生活的代表色，我觉得展现他们这一奋斗过程的书籍都可以被称为红色书籍。

**姚柯如：**我觉得红色是国旗的颜色，而国旗又是我们伟大祖国的标志。红色书籍能够让我们了解新中国从成立到发展的过程，这些红色读本还能让我们了解伟人们浓浓的爱国情怀。

**张珈诚：**我认为红色是一种革命精神，我读了《小英雄雨来》《闪闪的红星》《刘胡兰的故事》等书籍，从这些书中，我认识了许多革命战士，他们为了今天的幸福生活抛头颅、洒热血，我认为这样的书就可以称为红色读本。

**奚一琴校长：**看来红色不再是一种普通的颜色。它是一段刻骨铭心的历史，一种勇往直前的精神，它更是我们中华民族生生不息的火种。

## 话题二

**奚一琴校长：**你们在读这些读本的时候，会不会有这样的一种感觉，读到某处心潮澎湃，甚至不能呼吸，有时会情不自禁地潸然泪下……有没有这样的时刻，你能结合某一个故事来和大家说一说吗？

**张泽春：**三年级必读红色读本是《延安的故事》，其中有一个故事的名字叫《红星照耀中国》。前两年，我读过《红星照耀中国》，它是美国记者埃德加·斯诺在访问延安之后写的，书中有这样一个片段令我印象深刻。斯诺在会见周恩来时，想和身边的少先队员要一杯水喝，就说："喂，给我拿点冷水。"但是这位少先队员没有反应。李克农就说:"这里什么人都是同志。这些孩子是少年先锋队员。"我觉得"同志"二字,就反映了共产党秉持的人人平等的原则,这应该就是"兄弟们上"和"同志们跟我冲"的区别,我觉得这种"同志的原则"就是共产党成功的重要原因之一。

**张珈诚**:我最敬佩的是小英雄雨来,他非常积极勇敢。有一天,雨来落到了敌人的手里,敌人让雨来带路,雨来想跑可是跑不掉了。雨来心里想:不就是带路吗?我把你们带到地雷阵里去。雨来怕鬼子怀疑,就带他们在假的地雷阵中转了半天,再到真的地雷阵去。雨来很聪明,他故意脚一滑,掉到了河里,逃走了。鬼子呢,他们以为前面是无雷区,迈着大步向前走,结果没走几步地雷响了。他们死的死,伤的伤,成了我们的俘虏。

**张宴源**:在读《延安的故事》时,有关"红烧肉"的故事给我的印象最深刻。毛泽东三天两夜没有合眼地指挥战斗,终于大获全胜。战斗结束后,毛泽东只是问旁边的警卫员要了一点红烧肉来"补脑"。在我们今天看来,吃一些红烧肉是一件普通的事。而毛泽东还笑了笑说自己的要求太高了。读到这里的时候,我感动了,因为我知道毛泽东时刻牵挂着千千万万的人民和每一位战士。

**姚柯如**:我觉得袁隆平爷爷研发海水稻的故事感动了我。袁隆平爷爷大半辈子都在田野里研究农作物的种子,他知道中国的人口非常多,但是耕地又少,粮食不够吃,那就是大问题。于是,30出头的他就扎根于田野,和各种水稻打交道,经过一次次的失败,终于培育出了南优2号杂交水稻品种。但是他还是不满意,又继续培育出了海水稻。我觉得这样的人真是我们国家的大功臣。

**杜雨潼**:我是六年级的学生,不过我也读了四年级必读读本《寻找中国未来地图上的你》。在这本书中,我印象最深刻的是最后一章——像风一样飞驰在祖国的大地上。这篇文章讲述了中国百年的铁路梦。从詹天佑设计了京张铁路,再到中国建造的"和谐号",最后再到今天的"复兴号",我国铁路人为了中国的铁路事业做出了巨大的贡献,他们也是国家的栋梁,民族的希望。

**奚一琴校长**:"复兴号"是我们中国人自主建造的。前段时间,我到白水去看望我们学校的支教老师。回来的时候,我坐的是"复兴号",里面非常宽敞,功能也很齐全,每隔一个座位还有一个充电装置,WiFi覆盖全车厢,可以说,设计更加科学,更加先进了。这是我们祖国的骄傲。

**田东锴**:我们五年级读的是《中共历史上的杰出领导人毛泽东》。这本书中有一个章节让我特别震惊,讲的是毛泽东少年时期"智退败兵保长沙",具体内容是当时的军阀要来攻打他们所在的学校。毛泽东就跟校长说,我来帮助你们保住学校吧。他先派部分同学在学校周围守卫,然后再让剩余的同学找来木棍、竹子加工成武器,然后拿着学校的公函去警察局调派了二十多名警员,最后他们埋伏在猴子石,军阀就在猴子石附近。趁军阀们睡了,他们这些学生就点燃了爆竹,把这些军阀惊醒了,然后他们用桂林话喊了一遍:"傅良佐逃跑啦,你们已经被包围了,快点投降吧!"军阀们都很震惊,最后都成了俘虏。

**奚一琴校长**:年轻时候的毛泽东是那样的机智,难怪后来能够领导共产党打了那么多的胜仗。毛泽东青年时期就离开了家,有哪个小朋友记得他在临别时给他爸爸写的那首压在枕头底下的诗?

**田东锴**:孩儿立志出乡关,学不成名誓不还。埋骨何须桑梓地,人生无处不青山。

**孙易**:我印象深刻的是《中共历史上的杰出领导人邓小平》这本书。一支有纪律性的军队才能打胜仗。我觉得邓小平爷爷是一个非常有原则的人。

**奚一琴校长**:邓小平爷爷特别强调部队的纪律性。孙易同学,你作为一名六年级的学生,你来说说你所知道的邓小平爷爷所作的贡献。

**孙易**:让香港回到了祖国母亲的怀抱。

**田东锴**:我还知道"改革开放"。这本书中提到的刘老汉就是在改革开放的浪潮下的受益者,过去是计划经济,后来变成了社会主义市场经济,刘老汉做起了服装生意,这与改革开放的总设计师邓小平密切相关。

**孙易**:邓小平爷爷还恢复了高考制度。

**奚一琴校长**:恢复了高考之后,更多的知识分子报效祖国。

## 话题三

**奚一琴校长**:同学们,无论是邓小平爷爷,还是毛泽东爷爷,或者是我们书中的刘胡兰,甚至是毛泽东写的《为人民服务》的张思德,他们都有一个共同的身份,那就是中国共产党员。读了这些书,我想问问你们:你们觉得共产党员应该是什么样的人?

**张珈诚**:我觉得共产党员应该是处处为别人着想。

**奚一琴校长**:说得言简意赅。

**张泽春**：我觉得共产党员就像孙易刚才说的那样，纪律性是非常强的。

**孙易**：我觉得吧，在战争年代，共产党员勇于牺牲、顾全大局，就像烈火金刚邱少云，面对熊熊大火，他一点声音都没发出来，一动也不动。后来，有人发现他的手指已经深深地插入了土地。他为的是什么？为的是不暴露战友。在和平年代，共产党员C919飞行员蔡俊也是如此，有人问他，"飞机离开地面什么事情都有可能发生，你不害怕吗？"蔡俊却笑了笑说："害怕倒是真的害怕，但那样就不会登上大飞机，生与死都不在考虑范围之内。"以上这些人都是优秀的共产党员。

**奚一琴校长**：C919是我国自主研发的国产大飞机，作为首飞人员蔡俊，舍小家为大家，为了国家，将自己的生命放在国家事业之后，这就是我们心中优秀的共产党员。

**张珈诚**：我的妈妈是一名共产党员，因为我的奶奶得了骨髓炎之后，行动不便坐在轮椅上，我妈妈每天在吃饭的时候把饭端到她的面前给她吃，妈妈怕奶奶在家里闷得慌，还会推她出去散散心。我们顾老师也是一名共产党员。她教育学生非常有耐心。有一次，我们班一个小朋友不会做作业，顾老师耐心地给他讲解，一遍又一遍，直到他会了为止。当时，我发现顾老师胸前的党徽熠熠生辉。

**张彦源**：我的爸爸就是一名共产党员，春节、元宵节等这些节日他都不回来，我不怪他，因为我知道他这是在为人民服务。

**奚一琴校长**：你爸爸是派出所的一位民警，他为大家舍小家，这是在践行一名共产党员的使命。

## 话题四

**奚一琴校长**：孩子们，你们长大之后想不想加入中国共产党？

**杜雨潼**：我长大之后，想要加入中国共产党。记得在去年教师节，我在爸爸手机上看到一则记录扬中教师的微视频，叫做《榜样》。这些老师大多数都是党员，我看到了他们一如既往地坚守在教育教学岗位上，我长大之后也想成为他们那样的人。

## 话题五

**奚一琴校长：** 我们身边的优秀党员，书中写到的优秀党员，都在我们孩子的心中埋下一颗种子，并且深深扎下了根。走进新时代，我们的生活水平提高了，科技发展了，国力增强了，今天再来读这些红色读本，你们觉得有什么样的现实意义呢？

**孙易：** 虽然战争时代已经离我们远去，但是我们要学习革命前辈的革命精神，让红色基因传承下去，要接过革命前辈手中的接力棒，把国家建设得更好。

**奚一琴校长：** 读红色书籍，学的是红色精神，传的是爱国情怀。

**钱治洲：** 我们还要读这些红色读本，这些书能够让我们体会过去的苦，不要忘记现在的美好生活是先烈用鲜血换来的。

**奚一琴校长：** 这些书让我们更加珍惜现在来之不易的生活。

**姚柯如：** 我觉得读这些书对于我们来说，有非常大的现实意义。习近平总书记说过："红色基因就是要传承。中华民族从站起来、富起来到强起来，经历了多少坎坷，创造了多少奇迹，要让后代牢记，我们要不忘初心，永远不可迷失了方向和道路。"我们这一辈出生在和平、富强的年代，如果不了解祖国这些奋斗史，就不会理解我们现在的生活是多么的来之不易，就不知道现在这一份幸福是多少中华儿女创造而来的。

**田东锴：** 读了这些红色读物，就可以认识许多的英雄人物，我们就可以以这些英雄人物作为榜样，奋勇前进。

### 校长小结

孩子们，今天我们读"红色故事"，它绝不应该是一时之风，绝不应该图一时之快。它应该成为我们阅读世界中常去拜访的"朋友"，它应该成为我们阅读生活里最尊贵的"引领者"。今天我们的聊书活动到此结束，谢谢孩子们！

### 亲子悦读苑

在扬中实小，总有一群这样的家长，他们带着孩子看山看水看文化，自然山水中有他们踏过的足迹，人类文明的遗址上有他们停留的身影，他们把每一次旅途绘成了自己想要的模样！这一期的"亲子悦读苑"我们邀请到了两位同学的家长，他们在此次"红色阅读"之旅中，又和孩子们经历了什么呢？一起来倾听他们的故事!

**奚一琴校长**:欢迎两位爸爸参加我们的活动。这位就是张宴源的爸爸。我听说你今天刚出院,做了一个小手术,是吧?

**张宴源爸爸**:前两天做了一个胃部小手术。

**奚一琴校长**:很感动您能来参加我们今天的活动,我们"校长有约"工作组的老师当时劝您不要参加,但是您却坚持要参加,您说这也是在给孩子树立榜样。我们家长总是在温暖着我们,激励着我们做得更好。这位是波日特的爸爸,欢迎您走进我们的亲子悦读苑!首先,我想问问张宴源的爸爸,听说您经常带孩子去做红色旅行,我想知道平日里你是怎样和他一起去做红色文化之旅的?

**张宴源爸爸**:张宴源对军事比较感兴趣,特别爱读军事题材的书籍。发现他这样的兴趣爱好之后,我非常注意保护他的兴趣,先是带他去靠近我们这儿的海军诞生地参观,让他近距离地去感受军事设备,比如飞机、坦克、大炮、军舰等等,获得一种直观的体验。当然,在他参观前,我们家长也是提前做好功课的,比如海军诞生地的历史由来,我特地去查阅了相关资料,在他参观的时候适时介绍给他听,他不仅了解了这些军事装备,更重要的是他了解了中国海军是怎样一步一步地建设起来的。今年又是新中国成立70周年,所以我们前段时间又带他去了沙家浜、茅山新四军纪念馆。之前,他去过一次茅山新四军纪念馆,那时候他还比较小,只是单纯地去玩。现在,当他有了一定的军事知识去故地重游,那种体会是非常深刻的,那种潜藏在内心的爱国之情、民族自豪感会更加强烈。

**奚一琴校长**:做足功课,实地参观,甚至是故地重游,孩子对于红色文化有了更直观、更立体的认识和理解。作为一名人民警察,工作繁忙,却能够腾出时间带孩子进行红色文化之旅,值得每一个家庭去学习。波日特爸爸,听说您带孩子进行红色阅读之旅的方式很特别,能跟我们分享一下吗?

**波日特爸爸**:我是一名出境领队,对于祖国的大好河山和国外的一些著名景点是比较了解的。今年是新中国成立70周年,我很想利用这个机会对波日特进行爱国主义教育。我给他的爱国主义教育分成两个部分。一部分是国史教育,我带着他从边境走起的,从中蒙边境一直到我国黑龙江的漠河,又从漠河走到黑河,黑河有一个重要的遗迹——瑷珲古城。然后,我们又从瑷珲走到抚

远,抚远被称为东城,太阳升起照耀的第一个中国城市。之后,我们又走到了吉林省延边自治州珲春这个地方,它是一个非常重要的国史教育基地。后来,我们从吉林省一路走下来,来到辽宁丹东。这一路,我带着波日特边走边讲中俄曾经签订的三个条约,波日特感触很深。在行走的四十多天里,我还带着他认识了吉林省珲春的著名人物——吴大澂。我向波日特介绍,在第二次鸦片战争后的1886年,吴大澂与沙俄谈判,据理力争,迫使沙俄重立土字碑,迫使沙俄归还了黑顶子山地区,就是今天的吉林珲春敬信镇。另外,在整个游览的过程中,我还给他讲了邱少云、黄继光、毛岸英等英雄的故事。所以,这一路,我们从中蒙边界到中俄边界,再到中朝边界,这是一个非常有意思的国史教育过程。

**奚一琴校长**:波日特的爸爸沿着国境线对孩子进行爱国主义教育,通过实地走一走,看一看,再讲一讲的方式,更好地激发了孩子的爱国热情。

### 校长小结

行万里路,才能走回内心深处!我相信:今天,你们陪着孩子走的每一段旅程,摄取的每一段风景必将化作涓涓细流,浸润孩子的心田,激励着孩子向着光明前行!谢谢你们的分享!

## 我从书中走来

这次的"红色阅读"活动中,7本书,153个故事,当那些可歌可泣的壮歌随着书页的翻动在我们的耳边奏响,当那些为民族崛起而舍生忘死的人物浮现于眼前,带给每一个孩子的是震撼,是骄傲,是力量!接下来,让我们"从书中走来",一起来感受书中那些扣人心弦的场景。

### 《我从书中走来》表演脚本

**篇章一**

【播放《小英雄王二小》书本片头,王二小扮演者上台。】

**画外音1**:1942年,抗日的烽火燃遍了华北大地。

**画外音2**:我们的儿童团员拿起了红缨枪,投入到抗日的洪流中。你听,集集号吹响了!

(响起吹号声,王二小扮演者表演两个吹号动作。《共产主义儿童团团歌》音乐响起,十二个同学原地表演动作,六个同学扛着红缨枪踏步走一圈。)

**画外音** 2：王二小是儿童团团长。他常常一边在山坡上放牛，一边给八路军放哨。(王二小甩起牛鞭放牛。)一天早晨，13岁的王二小忽然看见一队鬼子进山扫荡了。(播放音乐。王二小眺望，神情警觉起来。)

**"王二小"**：不好！这是日军来扫荡了！回去报信已经来不及了！我必须想办法把日军引开！(转身，拍脑门)对了，我把日军引进八路军的埋伏圈不就行了吗？

**画外音** 1：嗨，小孩儿，八路军在哪里？

**"王二小"**（故作害怕状）：八路军，八路军……

**画外音** 1：快说！

**"王二小"**（思考状，眼珠一转）：哦，八路军，我知道，我知道。八路军就在前面的山沟里。

**画外音** 1（恶狠狠）：前面开路！

（王二小英勇往前走，突然，枪声响起！）

**"王二小"**（回头轻蔑一笑）：哼哼，我们儿童团的任务就是配合八路军把你们鬼子赶出中国！（下场）

**画外音** 2（伴着音乐《歌唱二小放牛郎》）：抗日的故事代代相传，抗日英雄人人敬仰！王二小把敌人带进了八路军的埋伏圈，而他却倒在了敌人的刺刀之下。王二小就是人们所敬仰的抗日小英雄！

### 篇章二

【播放《刘胡兰的故事》书本片头，刘胡兰扮演者上台。】

**画外音** 1：1947年1月的一天凌晨，国民党反动派包围了山西省文水县的云周西村，封锁了所有的路口，不允许任何人出村，开始了他们惨无人道的搜捕。刘胡兰及六位同志不幸被捕。

**画外音** 1：你就是刘胡兰？

**"刘胡兰"**：我就是刘胡兰！

**画外音** 1：你们区的解放军都到哪里去了？

**"刘胡兰"**：我不知道！

**画外音** 1：有人供出你是共产党。

**"刘胡兰"**：是，我就是共产党员。

**画外音1**：你还会为共产党办事不？

**"刘胡兰"**：只要我活着就会干到底。

**画外音1**：只要你招供我就给你一份好地，然后……

**"刘胡兰"**：呸，给我一个金人也不要。

**画外音1**：你不怕死吗？

**"刘胡兰"**：怕死不当共产党员！

**画外音1**（气急败坏，声音颤抖）：你……你到底投不投降？

**"刘胡兰"**（轻蔑一笑）：哼哼，废话少说！开始动手吧！

**画外音2**：就这样，年仅15岁的共产党员刘胡兰，不受敌人的诱惑，不怕敌人的威逼，英勇牺牲在敌人的铡刀下。为了纪念刘胡兰的英勇事迹，毛主席亲笔题词：生的伟大，死的光荣。

### 篇章三

【翻开《刘胡兰的故事》到相应书页，刘胡兰扮演者下场，方志敏扮演者上台，坐在舞台一侧。】

**画外音1**（播放视频）：1934年11月初，方志敏奉命率部队北上抗日，遭国民党军重兵围追堵截，最终被捕。在狱中，方志敏随时可能面临极刑，但他心心念念的却是祖国的安危，他写下《可爱的中国》，将祖国誉为生育我们的母亲。

**"方志敏"**（朗诵）：目前的中国固然是江山破碎，国弊民穷，但谁能断言，中国没有一个光明的前途呢？不，决不会的！我们相信，中国一定有个可赞美的光明前途！

【其他四位阅读小明星上场，起音乐，边做动作边朗诵，大屏幕同时显示朗诵内容。】

**四位学生**：未来的中国，到处都是活跃跃的创造，到处都是日新月异的进步！欢歌将代替了悲叹，笑脸将代替了哭脸，明媚的花园将代替了凄凉的荒地！

**画外音2**：这首饱含革命深情和对祖国无限忠诚的作品——《可爱的中国》成为方志敏为垂危的中国发出的最后呐喊！（所有演员伴着旁白下场。）

## 篇章四

【播放《延安的故事》书本片头。】

**画外音1**：1940年，抗日战争进入第四个年头。3月，爱国华侨陈嘉庚先行来到重庆，受到当局的热烈欢迎。蒋介石拨巨款隆重接待了陈嘉庚。

【幕启，呈现酒席图片，陈嘉庚扮演者上场。】

**"陈嘉庚"**（怒斥道）：蒋介石一桌招待酒宴就花掉800银元。此等虚浮乏实，与抗战艰难时际不甚适耳。（拂袖离开，绕场一圈）

**画外音1**：随后，陈嘉庚一行到达延安。毛泽东（毛泽东扮演者上场）在杨家岭会见并"宴请"陈嘉庚。（背景呈现：院子里摆放着一张桌子，桌子上是简单的饭菜，只有豆角、西红柿和一只鸡。）

**"毛泽东"**（握住陈嘉庚的手并真诚地问候）：嘉庚同志，我没有钱买鸡，这只鸡还是邻居老大娘知道我有远客，送给我的。

**"陈嘉庚"**（看了一眼，意味深长地）：得天下者，共产党也。

**"陈嘉庚"**（掷地有声并感动地）：经过实地考察，我发现延安边区军民一致，官兵一致，人们只有分工不同，没有高低贵贱之分。我觉得苦难的中华民族有希望，中华民族的希望在延安。（越说越激动，越说越高昂）

## 篇章五

【播放《中共历史上的杰出领导人毛泽东》书本片头，陈嘉庚扮演者、毛泽东扮演者从东侧下场，柳亚子扮演者、毛泽东扮演者从西侧上台，走一圈。】

**画外音2**：《沁园春·雪》是毛泽东诗词作品中的一首代表作。在词中，毛泽东热情赞美了祖国的壮丽山河，表现了革命英豪的伟大抱负。可是，很少有人知道，这首原写于1936年的词，却在1945年震动了重庆，也引起了国共两党和全国各界的一场大争论。（柳亚子和毛泽东扮演者走到舞台中央。）

**"柳亚子"**：润之，你心怀人民，胸有大义，前几日，我还想将你的《七律·长征》编进一本诗集中，不知你今日能否为我誊抄一次呢？

**"毛泽东"**：哦，先生诗才斐然，珠玉在前，我还有一首旧作，请先生指教吧。

（柳亚子做出请的动作）

（毛泽东来到一张桌子前提笔书写《沁园春·雪》，柳亚子来到桌前看，背景出示《沁园春·雪》书法动画，配乐。毛泽东停笔。）

"柳亚子"（拿起诗词，铿锵吟诵）：北国风光，千里冰封，万里雪飘……俱往矣，数风流人物，还看今朝！风调独绝，文情并茂，指点江山，气魄之大乃不可及呀！

"毛泽东"（拱手）：承蒙先生褒扬！

（两人相视一笑，各伸出左右手。）

齐诵：俱往矣，数风流人物，还看今朝！

## 篇章六

【播放《中国历史上的杰出领导人邓小平》书本片头，配乐《春天的故事》，柳亚子、毛泽东扮演者下场，刘老汉扮演者上场。随后播放邓小平南方谈话视频。】

"刘老汉"（凝视着邓小平的巨幅画像）：深圳有一个罗芳村，香港也有一个罗芳村。香港本没有罗芳村，从深圳罗芳村过来的人多了，便有了香港的罗芳村。1978年以前，深圳罗芳村每天的人均收入只有一块人民币，香港罗芳村的人均收入却是每天七十港币。如果当年我胆子再大一点，说不定现在也是香港人了。不过，我一点儿也不后悔，因为我现在的日子过得并不比香港罗芳村的亲戚差。这不，我香港的老弟今天回来了！

"刘老弟"：老哥！（亲切握手，拥抱）我不是在做梦吧！我这是到了哪里？这里到处高楼林立、热闹繁华！

"刘老汉"：老弟啊，这就是我们的家乡——深圳啊！

"刘老弟"：三十年了，我离开的时候，这里还是个破败不堪、贫穷落后的小渔村。

"刘老汉"：是啊！多亏了小平同志啊！在他的领导下，深圳被列为经济特区。我们老百姓的生活发生了翻天覆地的变化，你老哥我，还开了服装厂，创立了自己的品牌，我们也住进了深圳最豪华的别墅区。

"刘老弟"（眼含热泪）：老哥啊，不瞒你说，我这次回来，本来打算约你到香港去发展，如此看来你的日子过得真不错（摆摆手）。

"刘老汉"：要不是小平同志的高瞻远瞩，我们哪有今天这幸福美好的生活啊！啥也别说了，老弟！咱回家看看。

"刘老弟"：好！（《春天的故事》音乐再次响起，哥俩下场。）

### 篇章七

【汽笛声响起，呈现上海洋山港码头。父女俩扮演者上场。】

**甜甜**（边看边说）：爸爸，爸爸，这是什么地方啊？

**爸爸**：这里就是爸爸工作的地方呀，上海洋山港四期自动化码头。有的叔叔说它就像是童话故事里的"魔鬼码头"呢！

**甜甜**：魔鬼码头？难道这个码头上的一切，都像是中了"魔咒"一样，也被一种看不见的魔力控制了吗？

**爸爸**：它啊，是目前全世界最大的自动化智能码头，也是全世界综合自动化程度最高的码头。它是我们中国的科学家、设计专家和工人们，经过了将近三年的艰苦建设，然后又经过了18个月的全面、细致的设备和系统的调试，才创造出的这个让整个世界港口航运业感叹的奇迹！

**甜甜**：爸爸，这码头有什么特别的地方吗？

**爸爸**：首先，它的规模很大，达到了7个泊位，而且是一次性建成。其次，它是全球综合自动化程度最高的码头。工人们只要坐在安静的调度室里，就能控制机器自动装载那些巨大的集装箱。

**甜甜**：这么说，每一位工人叔叔的手上，都有一根看不见的"魔法指挥棒"喽？

**爸爸**：是的，你比喻得很形象。有了这些"魔法指挥棒"，我们可以提升50%的工作效率。以前，一台桥吊需要配备几十个工人叔叔，现在，一个工人叔叔就能服务好几台桥吊，而且只需要坐在后方的控制室，轻轻地点一点鼠标，全部工作就可以完成，不需要到码头现场去了。

**甜甜**：太棒了！还有吗？

**爸爸**：在这个码头的设计中，首次采用了我们自主研发的自动导引车自动换电池系统。就是说，按照设计，更换电池全程只需要6分钟时间，电池充满电也只需要2个小时，整个充电过程零排放，可以节省能耗40%以上呢！

**甜甜**：爸爸，你们太伟大了！我为你们点赞！

**爸爸**：甜甜，只要你肯努力，爸爸相信：你也一定能在中国未来地图上找到你的位置！（呈现《寻找中国未来地图上的你》）

**画外音1**：没错！这个时代是属于你们的，未来是属于你们的，中华民族的伟大复兴梦终将在——

**甜甜、爸爸、画外音2**：我们的接力奋斗中去实现！（7本红色读本伴着音乐呈现大屏幕，25名男生上台朗诵《少年中国说》）

## 结 语

"少年强则国强，少年雄于地球则国雄于地球！"这是"阅读"给予孩子的心灵呐喊，这是"阅读"赋予孩子追求梦想的豪情！我们相信："红色"将成为这里每一个少年铸造生命的色彩，"阅读"将成为这里每一个少年实现凌云壮志的源流。亲爱的同学们、老师们、朋友们，"红色阅读·筑梦远航"校长有约活动又要和大家说再见了，感谢大家的参与，我们下期活动再见！

# 诗意童年·泽润你我
## ——"校长有约"第四期阅读专题活动

**阅读内容:《小学生必背古诗词75+80首》《唐诗三百首》部分内容**

### 引 子

全校师生朗诵:

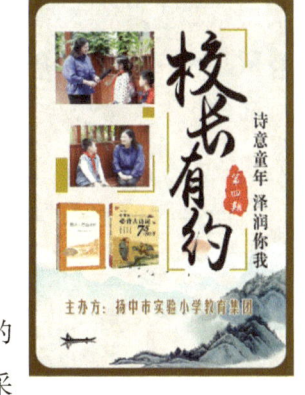

**客 至**

唐·杜甫

舍南舍北皆春水,但见群鸥日日来。

花径不曾缘客扫,蓬门今始为君开。

盘飧市远无兼味,樽酒家贫只旧醅。

肯与邻翁相对饮,隔篱呼取尽余杯。

儿童,千百年来,一直以不同的姿态出现在浩瀚的文学作品中:在白居易的笔下,那是"小娃撑小艇,偷采白莲回"的天真与烂漫;在吕岩的笔下,那是"归来饱饭黄昏后,不脱蓑衣卧月明"的自在与潇洒;在胡令能的笔下,那是"蓬头稚子学垂纶,侧坐莓苔草映身"

的专情与沉稳；在高鼎的笔下，那是"儿童散学归来早，忙趁东风放纸鸢"的温润与率真；在冰心的笔下呢，那是一树炫目的海棠花……

穿越历史的长河，寻觅儿童的踪迹，探索童心的奥秘，我们看到了"儿童世界"的曼妙与瑰丽。今天，在"六一"澄明的天空下，让我们与儿童倾心牵手，再次共品书香之韵，感悟经典之美……各位领导、家长朋友们，欢迎大家走进扬中市实验小学"诗意童年·泽润你我"校长有约阅读汇报暨庆"六一"活动现场。

## 领导致辞·诗味盎然

各位老师、亲爱的小朋友们：

在"六一"国际儿童节这一天，这么多伯伯、阿姨一起来到学校和大家共度"六一"儿童节，大家开心吗？我们也因为来到这里，感受到了满满的童趣、纯纯的童心。在此，我首先代表扬中市委、市人大、市政府、市政协向小朋友们致以节日的问候：祝大家节日快乐！在此，我也想对为小朋友们健康成长付出辛勤劳动的各位老师和社会各界，表示衷心的感谢！

阅读点亮人生，书香润泽成长。刚才我们共同欣赏了实验小学阅读小明星们的精彩成果展示，集中观看了阅读课程宣传片，同学们声情并茂地朗诵经典诗歌，绘声绘色地讲解书中故事，满心欢喜地分享阅读足迹，都给我们留下了深刻的印象。看到大家在缕缕书香中收获成长、取得进步，我由衷地感到高兴和欣慰。

同学们，少年强则国强。你们承载着祖国的未来，寄托着民族的希望，肩负着把家乡建设得更加美好的使命。

希望大家敏于求知。腹有诗书气自华，你们要多读书、读好书，养成良好的读书习惯，在高质量的阅读中积累知识、丰富阅历、提升涵养。

希望大家敢于求真。著名教育家陶行知有句名言：千教万教教人求真，千学万学学做真人。希望大家除了在学习上追求进步，还要多学本领、追求真理，真正做一个对国家、对社会、对家乡有用的人。

希望大家善于求实。"纸上得来终觉浅,绝知此事要躬行。"大家要更多地将书本中学到的知识运用到生活中,积极地参加学校组织的社会实践,在实践中增长知识,磨炼意志。

让孩子们成长得更好,是我们最大的心愿,也是全社会共同的责任。各级党委、政府要把教育事业摆在重要的位置,办好人民满意的教育。各级各类学校和广大家长要凝聚家校共育的合力,当好领路人,争做好榜样,帮助孩子们系好人生的第一颗扣子。社会各界要一如既往地关心、重视和支持少年儿童事业,努力创造安全、温馨、健康、快乐的成长环境,助力扬中少年儿童事业再谱新篇章、再创新辉煌。最后,祝小朋友们节日快乐、学习进步!祝同志们工作顺利、万事如意!谢谢!

## 阅读之路·诗风弥漫

我记得苏霍姆林斯基曾说过:无限相信书籍的力量,是我的教育信仰的真谛之一。今天,我相信,每一个实小学子也可以不无骄傲地说:无限相信书籍的力量,这是我的幸福童年的密码之一。2015年,自扬中市实验小学提出"整本书阅读"活动以来,我们在这条花繁叶茂的书香之路上已走过了五年。这五年里,有"独上高楼,望尽天涯路"的胆识与眼界,有"衣带渐宽终不悔,为伊消得人憔悴"的执着与坚守,更有"众里寻他千百度。蓦然回首,那人却在灯火阑珊处"的欣喜与满足。接下来,让我们随着大屏幕一起来回味扬中实小——"这些年,这些阅读事儿"……

### 《这些年,这些阅读事》脚本

**女声:** 阅读是什么?

是携一本心仪的书,手捧一杯绿茶,独自坐在花架下;

阅读是什么?

是跟着老师,遥望远方,咿咿呀呀;

阅读是什么?

是与花草的相遇,是与星河的对话,

是用明亮的双眼去捕捉四季的光华,

是用伶俐的双脚去丈量世界的无涯,

是用敏锐的心灵去书写斑斓的朝霞……

### 放眼:从一篇走向一本的精彩

**女声:**鸟啼虫鸣,潺潺溪水,这是大自然中荡涤心灵的妙音。朗朗清清,婉转柔美,这是校园中余音绕梁的佳音……晨光透过枝叶在长廊上洒下斑驳的树影,我们将于这个漾着童话的清晨开启一段书香萦绕的阅读之旅……

### 沉淀:让心灵在整本书中自由跳跃

**女声:**一本书就如一座城堡,擎着一盏灯,托着一份爱,我们将和孩子在这里快乐启程……一本书的导读微课为孩子们筑起了一条绿色的阅读通道……阅读的推进就像是在丛林中探秘,就像是在大海中遨游。我们所要做的就是给孩子一把桨,一叶舟……倾听、交流、争辩、共享,我们的思想在这里升华,我们的心灵在这里得以滋养……拓展、延伸、体验、具身,我们的生命在这里勃发生长,我们的童年在这里诗意飞扬……阅读就如蜜蜂采撷花粉、酝酿甘甜;就像品味佳酿,醇香绵延;就似攀登高峰,盛景流连……

### 开拓:探索全科阅读的无限风采

**女声:**一朵浪花不足以描绘海的波澜;一点露水不足以沟通阳光的笑脸;一棵小草不足以感动整个春天……全员参与、全科行动、全景阅读,每一个人都可以在这里拥抱瑰丽的春天!

### 行走:用双脚去翻阅世界的书页

**童声:**世界很精彩,我想去看看!

春天,当柳枝吐出第一颗新芽,我们走向碧绿的原野,听鸟鸣,嗅花香,赏胜景,放纸鸢……秋天,当枝头第一片树叶飘向大地,我们走向丰收的果园,品尝瓜果的香甜,饱览季节的容颜……和伙伴们在一起,处处有阅读的喜悦;走向广阔的世界,万物明媚着我们的双眼。

**女声:**高山、流水、雪松,都是我们阅读的内容;风土、人情、文化,留下了我们探索的笑容。人可以迈开双脚走路,也可以迈开腿去阅读;蒲公英可以乘风而落,心也可以爬上绿径,飘向山谷……

**领航:开启悦读对话的自由场境**

**女声:**点一盏灯,我们可以在阅读的丛林中走得更远;扬起风帆,我们可以驶向更辽阔的未来!"校长有约"正是一盏阅读心灯,一片任由心灵放飞的风帆。当"校长有约"的阅读海报出现在校园,便会如砾石击水一般,荡起层层涟漪。这涟漪一圈圈扩大,一圈圈辐射,每一位阅读者在与经典的亲密对话中遇见一方明丽的天地……通过校长阅读引领一批教师阅读,通过教师阅读引领一群孩子阅读,通过一群孩子阅读引领一群家长阅读……漫步书林,赏花浏览,嗅品芬芳。"悦读"的芳香在彼此心房荡漾,"悦读"的声音在你我心间激扬!

**蜕变:成就书香盈袖的阳光少年**

**刘力元:**阅读,在我看来,就像投篮,你可以让球自由地在你手中游走。书呢,也是这样,文字在你眼里,故事在你心里,而它给予我们的精神却深深烙印在我们生命的长河里!

**季思睿:**阅读和做节目一样,有时候,你需要将捕捉到的信息分享给大家,也许,这样才会实现阅读的意义。

**印宸玥:**阅读就像栽花一样,需要爱心、耐心、细心,这样,花儿才会更加娇艳。

**于子玥:**阅读,承载着更多的使命。对我而言,把我读过的好书推荐给学弟学妹们,就是我最大的幸福!

**张泽春:**阅读,有时候像爬山,一路攀登,你才可以览到更多的风景;而登上山顶的那个人,才可以看到更远的未来!

**季思睿:**这些年,我们一直在阅读的路上……

**刘力元:**这些年,我们一直在阅读的路上……

**于子玥:**这些年,我们一直在阅读的路上……

**张泽春:**这些年,我们一直在阅读的路上……

**教师幸福地看着孩子:**一直在路上……

**阅读明星秀·诗书气华**

东晋诗人顾恺之写过一首《神情诗》:春水满四泽,夏云多奇峰。秋月扬明辉,冬岭秀孤松。一年四季,景秀色明;四季之态,神韵清明。漫步春夏秋冬,奇

花异草装点着我们的校园,绿树甘果明媚着我们的双眼,琅琅书声更是滋养着我们的心田。(大屏幕呈现一年四季学生朗诵诗歌视频)在实小,有着一批热爱诗词、传承经典的少年儿童,他们的童年生活里因为有"诗"的相伴而增添了一抹诗情画意的色彩,让我们一起来认识他们!(阅读小明星上场)

在这16位诗词创作小明星中,有一位同学,大家一定很熟悉。他就是周及翔同学。新冠肺炎疫情期间,他创作的《水调歌头·敬钟南山院士》在多个媒体公众号登载。现在,让我们跟随着他的朗诵一起来回味疫情期间那一幕幕动人的情景!

**周及翔**(朗诵自己的作品《水调歌头·敬钟南山院士》):素怀凌云志,耄耋重挂帅。武汉紧急封城,疫情使人骇。不畏冠状病毒,万里逆行奔赴,举措落实快。为有钟南山,百姓稳心态。举国动,群情奋,战"新冠"。一十七年过去,心潮仍澎湃。转眼青丝花白,伫立前线不变,誓将肺炎败。守济世初心,护祖国安泰。

### 我从书中走来·诗心粲然

有人说,唐朝人读诗,是高朋满座、冠盖京华;革命者读诗,是狱中绝笔、肝胆相照;实小人呢?在我看来,他们读诗也好,读文也罢,是让自己潜入情境,与书中的风物去浪漫邂逅,与文中的人物去倾情对话!接下来,我想邀请大家一起来欣赏实小孩子最钟情的阅读节目——我从书中走来。

#### "我从书中走来"阅读剧本

##### 第一幕:《小猪唏哩呼噜》

**小猪1**:我是一只不平凡的小猪,别看我小,经历的事情可不少。我帮鸭太太运送过鸭蛋,还保护过一群可爱的狼宝宝,你们能猜出我是谁吗?

**画外音**:小猪唏哩呼噜。

**小猪1**:下面就请你和我一起走进《小猪唏哩呼噜》。

**小猪2**:开饭喽、开饭喽!

**齐**:耶,开饭了!

**小猪3**:今天吃什么呀?

**小猪2**:好吃的啦!

**小猪1**:正好我肚子饿了。

**齐**:我也饿了。

**小猪2**:我给你们端饭喽!

**小猪1**:鲜!真香啊!

**小马**:呦,吃饭啦!嘻嘻,唏哩呼噜,唏哩呼噜,好香!好香!

**小猪4**:唏哩呼噜,唏哩呼噜,蛮好听的,一听就觉得饭也香,菜也香,浑身都舒服。以后我家的小十二就叫唏哩呼噜吧。

**小猪1**:我有名字了!我有名字了!唏哩呼噜,唏哩呼噜!

**齐**:唏哩呼噜,唏哩呼噜,唏哩呼噜,唏哩呼噜……

### 第二幕:《花婆婆》

**花婆婆**:孩子们,我住在美丽的海滨,房子周围开满了五颜六色的鲁冰花。你们知道我是谁吗?

**画外音**:花婆婆!

**花婆婆**:下面邀你和我一起走进《花婆婆》。

**花婆婆**:小时候,我答应爷爷三件事:去很远的地方旅行、住在海边,最后是做一件让世界变得更美丽的事。这世界已经够美了,我该做什么呢?哇!这么多的鲁冰花,蓝色、紫色、粉色,好美呀!我知道我要做什么了!我要在口袋里装满花种子,撒遍我走过的每一个角落。(音乐响起,花婆婆随着音乐起舞。)

**画外音**:整个夏天,她的口袋里装满了种子,她一面散步,一面撒种子。她把种子撒在公路和乡间的小路边,撒在学校附近、教堂后面,撒在空地和高墙下面,只要她经过的地方,她就不停地撒种子,这里撒一点儿,那里撒一点儿……

**花婆婆**:我终于明白了,第三件事也是最困难的一件事——做美的化身,做爱的使者,让世界收获更多的美好。

### 第三幕：《时代广场的蟋蟀》

蟋蟀：我是一只有思想、有爱心、向往自由、热爱音乐的小蟋蟀。相信你们一定都认识我，我就是那只来自康涅狄格州的柴斯特。下面邀你走进《时代广场的蟋蟀》。

老鼠：嘿，朋友，你现在是在纽约哦！

蟋蟀：哎，如果不是我贪吃，我就不会被压在烤牛肉三明治下，来到纽约了。

猫：可是那样的话，你就不会认识玛利欧，也不会认识我们了。

老鼠：对呀！

蟋蟀：刚来时，我既孤独又害怕，可是幸好认识了你们，是你们给了我鼓励和帮助，让我发现我的音乐可以给人们带来快乐，我真是太幸福了！

老鼠：嘿，老兄，你看他多棒！我就说过他是天才，他是天才音乐家柴斯特。

猫：是呢！我真为我的朋友感到高兴，他不仅获得了自由，还得到了所有人的认可，我希望以后每一天他都能这么开心。

老鼠：我决定了，我要做他的经纪人，我要让他在时代广场大放光彩，相信我，他就是纽约最棒的音乐家。

### 第四幕：《三国演义》

诸葛亮：大梦谁先觉？平生我自知。草堂春睡足，窗外日迟迟。有俗客来否？

书童：刘皇叔已在堂外恭候多时了。

诸葛亮：何不早报？待我更衣相见。

刘备：久闻先生大名，如雷贯耳，两次拜访不得相见。

诸葛亮：我乃南阳野人，疏懒成性，几次让将军来访，不胜惭愧。请！

刘备：当今的天下，汉王室名存实亡，奸臣当道，刘备自不量力，想伸大义于天下，只是才疏学浅，到现在都无法成就。此次之行，就是想让先生帮助我刘备。

诸葛亮：当今的天下，自从董卓之乱开始，天下豪杰云起。北方曹操势力不如袁绍，却能够打败袁绍，并不是有天时，而是在于善用兵。现在曹操，已经拥有百万兵马，挟天子以令诸侯，不可与他交锋。孙权占有江东已有三代之久，地势险

要,也深得民心。对于孙权,只可联合,不可攻打。但是荆州北接汉,南到南海,东边连着孙吴,西面通向巴蜀之地,这是块可以用兵的地方。益州地势险要,土地肥沃,是天府之国,当年汉高祖也是以此为基础成就大业。将军若能占有荆、益两地,那么大业可成,汉室可兴也。

刘备:先生未出茅庐,已知天下三分,真乃古人不及也。我刘备虽然名气小,德行微,请先生不弃鄙贱,出山相助。

诸葛亮:将军若不嫌弃,我诸葛亮愿效犬马之劳。

## 走进智能图书馆·诗情浪漫

科技发展,智能发达,对于热爱阅读的人来说,那是一方值得守望的麦田,那是一片值得仰望的天空;对于每一个孩子来说,那更是一处可以任由心灵放飞的"纸鸢"!接下来,让我们通过 VCR 来认识一位校园里的"新宠"。

### "智能图书漂流柜"自我介绍

大家好!我是 24 小时图书漂流柜。我刚刚来到实小便拥有了一大批校园粉丝。自从大家认识了我,借书方便多了。他们只需将借阅证递给我,我就会为他们敞开心扉,他们便可以取出自己喜欢看的书了!为了充实书目,学校特面向全校师生、家长征集"我最喜欢的十本书"。这一份份精心推选的书单,都化成一本本文质兼美的图书飞进我的肚子里,成了同学们手中随时随地阅读的精神大餐。

我让图书的借阅与归还不再受时间和空间的约束,而且各个漂流柜和图书馆之间可以进行书目大流通,从图书馆借阅的图书可以归还到任意一台漂流柜,整个借还过程仅需两秒钟。你们每一次的借书记录都会实时传送到我的大数据平台,统一分析处理,形成个性化的书单,方便老师了解每个孩子的阅读情况,从而做出有针对性的指导。

亲爱的同学们,那你们知道我是怎么来到你们的校园里的吗?

张乐瑶妈妈:大家好,我是张乐瑶的妈妈。最近我的感触特别多,在实小课程阅读活动的引领下,我的两个孩子都爱上了读书。我就想,我要为孩子们做点什么。特别是近些年,在"校长有约"的引导下,我发现越来越多的实小孩子都爱上了阅读。因此呢,我和张爸爸商量,捐献一些图书,再配套智能图书管理系统和漂流柜帮助孩子们选书、读书。希望我的小小举动,能够帮助到更多的孩子们。

### 歌咏诗词·诗韵清绝

　　诗词之美,美在含情;诗词之美,美在意境;诗词之美,更美在音律。在实小,背诗是一种乐趣,写诗是一种意趣。而唱诗呢?则是一种和着回忆与希望的情趣!接下来,请欣赏经典古诗传唱!

村　居

清·高鼎

草长莺飞二月天,
拂堤杨柳醉春烟。
儿童散学归来早,
忙趁东风放纸鸢。

赠汪伦

唐·李白

李白乘舟将欲行,
忽闻岸上踏歌声。
桃花潭水深千尺,
不及汪伦送我情。

**芙蓉楼送辛渐**

唐·王昌龄

寒雨连江夜入吴，

平明送客楚山孤。

洛阳亲友如相问，

一片冰心在玉壶。

## 结 语

"儿童散学归来早，忙趁东风放纸鸢"，在经典诗词的传唱中，我们看到了儿童精神生命成长的家园；在经典阅读的缤纷世界里，我们看到了每一个儿童享受墨韵书香的笑颜。今天的"诗意童年·泽润你我"校长有约阅读汇报暨庆"六一"活动到此结束，感谢大家的参与！再见！

# 天籁润童心·经典"咏"流传

## ——"校长有约"第五期阅读专题活动

### 阅读内容：经典音乐

学校自建阅读文本《华夏经典·音乐之声》，并为此开设特别专栏。让我们在浩瀚的中国音乐长河中采撷经典乐曲，共享"乐"读盛宴！关注本校公众号可欣赏，部分精选内容如下。

**梨园英秀　戏韵芬芳**

中国的地方戏遍及全国各地，有360多种，可以称得上世界之最。经过长期的发展演变，逐步形成中华戏曲百花苑。

《报花名》是京剧《卖水》中的一段，呈现的是黄璋的女儿桂英的丫鬟梅英报着满园的花名逗小姐开心的事。这出戏表演形式欢快活泼，俏皮可爱，已经成为当今京剧舞台上的常见的花旦戏之一。

《我家有个小九妹》是越剧《梁山伯与祝英台》一个片段，因为剧目本身神话般的传奇爱情故事而被中国戏迷所钟爱。越剧唱腔委婉，表演细腻抒情。著名演员有袁雪芬、王文娟、徐玉兰等。代表剧目有《红楼梦》《梁山伯与祝英台》。

豫剧又称河南梆子、河南高调，是在河南梆子的基础上不断继承、改革和创新发展起来的。豫剧的声腔，有的高亢活泼，有的悲凉缠绵，能够表演各种风格的剧目。著名演员有常香玉、牛得草、阎立品等，代表剧目有《穆桂英挂帅》《花木兰》等等。

《谁料皇榜中状元》是黄梅戏《女驸马》中的选段，根据传统戏剧《双救主》改编而成，是黄梅戏的代表之作。黄梅戏载歌载舞，唱腔委婉动听，表演朴实优美，生活气息浓厚，颇受人们欢迎。

### 多彩民歌　余音绕梁

民歌来源于人民的生活,是经过广泛的群众性的即兴编作、口头传唱而逐渐形成和发展起来的。

《打麦号子》是人们在进行田间劳动时演唱的歌曲。它可以帮助大家统一节律,消除疲劳。歌曲铿锵有力,采用"一领众和"的演唱形式,"和"的旋律在"领"的旋律基础上发展而来,增强了呼应的感觉。

《澧水船工号子》是澧水、涔水、道河沿岸的劳动人民在逆水行船拉纤的过程中,为了集中力量,振奋精神,统一步调,自然而然出现了独特的劳动号子。这首歌没有固定的歌谱和歌词,都是即兴创作,到什么水域唱什么歌,不拘一格。后来,人们进行加工整理,形成了层次分明,富有歌唱性的船工号子。

《太阳出来喜洋洋》是一首四川民歌,词曲出自于诗人、剧作家、音乐家金鼓先生之笔。形式简单,情绪乐观爽朗,表达了山民们热爱劳动、热爱山区生活的情感。

### 荧屏经典　温情记忆

无论是电影,还是电视剧,都是声光并重的艺术。影片中的画面、情节,一旦融入了音乐,将起到渲染情境、升华主题,同时拉近观众与荧屏距离,产生如临其境之效。这期栏目为大家带来的是那些印刻在一代人记忆中始终流淌着传奇与温情的影视乐曲。

《云宫迅音》,又名《西游记序曲》,是电视剧《西游记》的片头曲。两分多钟的乐曲融入了很多音乐元素:风格迷幻的弹跳式电音、低音吉他,中国的古筝、琵琶、编钟,西方的小号、小提琴、竖琴等管弦乐器,充满异域风情的非洲手鼓,空灵如天籁的女声。风格迥异的乐器、人声如山峦此起彼伏,各行其是却秩序井然,刚、雅、柔俱全。堪称鬼斧神工、包罗万象的编曲!

电视剧《水浒传》《红楼梦》《三国演义》的主题曲也各有千秋:《三国演义》主题曲《滚滚长江东逝水》深沉、大气,有历史的沧桑感;《水浒传》主题歌《好汉歌》粗犷、豪放,有侠客的豪爽气;《红楼梦》主题曲《枉凝眉》委婉、凄楚,有儿女相思情……

《男儿当自强》是电影《黄飞鸿》的主题曲,这首歌将中国传统的民乐乐器作为电影配乐的"主角",曲作者这样做不仅突出了电影的主题,更是表明中华儿女的心声——我们人人都要自强不息。

## 引 子

清亮的童音响起:夫乐者,乐也,人情之所必不免也,故人不能无乐。乐则必发于声音,形于动静,而人之道,声音、动静、性术之变尽是矣!

两千多年前,山水之间,俞伯牙指拨琴弦,"峨峨兮若泰山""洋洋兮若江河",于是,《高山流水》成为他和钟子期相识相知的友情见证;三国魏末,刑场之上,嵇康从容淡定,轻抚琴弦,乐曲中"纷披灿烂、戈矛纵横",从此,《广陵散》成了英雄愤慨不屈的浩然之歌;风吼马鸣,黄河岸边,冼星海将一腔爱国热血化作曲谱,将满腹报国之情奏成乐章,从此,《黄河大合唱》成了每一位中华儿女坚强不屈、团结奋进的激情呐喊;月光之下,二泉池畔,阿炳把月光揉进琴弦,把流水融进音符,于是,《二泉映月》成了人们心底最为光亮,也最有力量的呼唤……寒来暑往,星移斗转,那些经典永恒的音乐从来不愿静寂,那些叩击心灵的天籁未曾离我们远去!这一期的"校长有约",我们拂去记忆的尘埃,走进音乐的圣殿,将那些曾经温暖我们,激励我们的华夏音乐呈献到孩子们面前,带着他们一起读乐事,明乐理,参乐道……一路走来,乐音相随,边走边歌;前行之中,经典相伴,且读且唱;回眸之间,情意真切,隽永绵长!

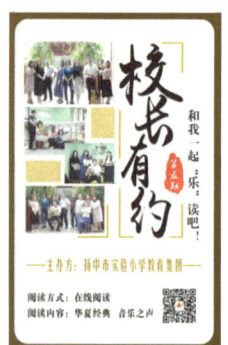

各位领导、专家,亲爱的同学们、老师们,欢迎大家走进扬中市实验小学教育集团第五期"校长有约"阅读活动现场!

## "乐"读团亮相

读书之乐,在于沉吟章句、密咏恬诵;音乐之美,美在比音乐之、舞动其容;"乐"读之趣,在于低吟浅唱、沐音成长……这一期的"校长有约"阅读活动,从"乐"读文本的构建,到"乐"读形式的探究,再到"乐"读成果的展现,实小人在音乐缭绕的仙峰妙境中与经典邂逅,于歌中起舞……接下来,让我们一起走进"'乐'读团亮相",去聆听他们"携手'乐'读·沐音成长"的故事!

## "携手'乐'读·沐音成长"阅读团故事讲述文本

**讲述人:张金岭老师**

大家好!我是音乐组的张金岭。

九月,一个弥漫着桂香的午后,我们接到了校长的邀约,一起走进"校长书屋",在这里,围绕"音乐阅读"开启了一番温暖的交流。

"大家有没有想过要在孩子学习之余,带着孩子们来欣赏那些华夏经典的音乐呢?"

"这一期咱们的'校长有约'就从音乐阅读做起。"

……

校长深情的话语感染着在场的每一个人,大家一致认为:让孩子们在音乐中了解民族文化、树立文化自信,引领他们做个"有根有情"的中国少年,意义重大。

我们应该把哪些音乐带到孩子们身边呢?我们重新翻阅书本、上网搜集资料、请教专家,但是发现,如果按照时间的脉络梳理音乐作品,孩子们可能难以形成系统的认识。

一次联盟校教研活动,我们经过仔细商讨,将阅读文本确定为这样的七个板块,即古韵悠长、学堂乐歌、红歌嘹亮、校园民谣、民族雅韵、影视乐坛、戏苑流芳,老师们围绕主题确定了这样的阅读内容……(呈现各板块乐曲名)

阅读内容有了,如何阅读呢?于是我们想到借助微信公众号去推送阅读文本。9月18日的第一期"和我一起'乐'读吧"和大家见面了。

第一期阅读量2100多人,整个实小教育集团共3500名学生,还有相当一部分孩子没有阅读呀!我们在班主任老师、学生和家长中做了调查,发现这样的阅读文本孩子们听得不尽兴,对音乐的理解不深入。于是,我们在奚校长的召集下又进行了深入地研讨,最终,在微信公众号中出现了这样的画面、这样的声音……(呈现音频文本)

如果你们要问我作为一名音乐老师的快乐何在?我会告诉你们:'乐'读,越乐!

**讲述人:王娟老师**

在学校有计划地组织下,在老师们精心地筹备中,"和我一起'乐'读吧"系列专题于9月中旬在学校微信公众号正式上线啦!

每一周的午间时光,老师都会带领同学们一起欣赏"乐"读吧里的歌曲:古琴曲《高山流水》,时而如山涧畅流的小溪,时而如同浩瀚的江河,让同学们感受

75

伯牙和子期的知音情深;《送别》《童年》《美丽草原我的家》等歌曲旋律优美,孩子们情不自禁地跟着吟唱。

课余时间,同学们的生活也因为有了音乐变得更加充实。你听,革命歌曲《闪闪的红星》哼唱起来了,催人奋进,令人鼓舞;校园民谣《外婆的澎湖湾》轻松愉悦。影视剧歌曲主题周,同学们找来了电影和电视观看,了解歌曲饱含的情感和背后的故事。《猪八戒背媳妇》出自电视剧《西游记》,这首曲子演奏的乐器多样,被很多人设成了手机铃声,深受大众的喜爱。四(3)班的薛媛颖同学还特地给它配上了歌词呢!还有的同学去《天下为公》《读唐诗》等学堂乐歌里,找寻中国的历史,亲近、学习中国的传统文化。

同学们的国庆"乐"读探究作业,一行一段,传承着经典,一获一得,开拓着创新。

为给学生提供一个可以畅谈自己进行"乐"读感想和收获,同时能凸显自身特点的展示平台,同学们还自行设计"乐"读美篇和PPT。班级中,同学们用各种形式汇报自己的"乐"读收获。

幸福是灵魂的一种香味,更是一段美妙的乐音。音乐的阅读拓宽了孩子们感知美的广度和深度,不但使情感得以升华,更让生命得以滋养。这,便是生命成长的力量。

**讲述人:刘红美校长**

校长有约,今年已经是第5期了!

还记得奚校长在第二期"校长有约"活动现场向大家这样介绍:在实小,有一种时尚,叫"最近,我又读了一本好书";在实小,有一种梦想,就是"我们都想成为阅读小明星。"

这一季的"校长有约"阅读活动中,我们在校园里随时会听到这样的对话:"你会唱《送别》吗?""你会弹奏罗大佑的《童年》吗?""你昨天听戏曲了吗?"这些经典的华夏音乐时时拨动着孩子们的心弦,成了他们精神成长的一湾清泉。

这一季的"校长有约"对于老师们而言,是提升专业素养的加油站。在实验小学教师队伍中,大家一直坚守这样的理念:人在一起不是团队,心在一起才叫团队。每一期的"和我一起'乐'读吧"推出的有声阅读文本也许你只要花上一二十分钟就能欣赏完,但这些音频背后却凝聚了音乐组老师、语文组老师、信息组老师、社团辅导教师,甚至教师发展中心的研训员、教育局相关领导的大量心血。在"梨园英秀,戏韵芬芳"的阅读专题栏目中,戏曲社团的仲中老师的加入,让我们对中华戏曲文化有了深刻的认识;在"七彩版图民歌风"中,语文组韩颖老师、快乐合唱团的陆亚青老师的加入,让民歌以一种最原始的风味呈现在我们眼前;在民乐殿堂"国乐风华"中,长鸣乐器厂常阳先生、教育局戎梅科长的倾情指导,让国乐风采如一抹灿烂的云霞映射于孩子们的心田……音乐在徐徐流淌,老师们的精神也在逐渐丰盈。对学校而言,这是一幅最迷人的画面,一首最动听的音乐。

这一季的"校长有约"让我们的阅读课程生命跃动,妙音流转。提起扬中市实验小学,"阅读""书香"似乎成了这个学校的文化符号。没错,我们的阅读课程从最初的"整本书阅读课程体系"的建构,到"全科阅读课程体系"的搭建,再到"全景式阅读课程体系"的逐渐完善,我们的脚步在慢慢深入,我们的视野在逐渐开拓。此次"天籁润童心·经典咏流传"就是我校"阅享悦心"课程中的一个支脉,"校长有约"专题的召唤,"和我一起'乐'读吧"栏目的创办,让我们的阅读课程不再是静止的文字,而是一条流淌的小溪。它沁入了孩子和老师们的心田,成为师生生命成长的力量源泉。

**三位老师齐诵**

携手乐读,沐音成长,我们从这里启航;携手乐读,沐音成长,我们向未来进发!

## "乐"读明星秀

感谢"乐"读团中每一位辛劳付出的老师!感谢你们让我们在经典音乐的溪流中可以掬起一捧水,精致自己的面容,开阔自己的心胸,明媚自己的双瞳……孔子曾说:兴于诗,立于礼,成于乐。意思是说,人的修养开始于学《诗》,自立于学《礼》,最终完成于学《乐》。那么,历时两个多月的"乐"读之旅,在我们的教育联盟中,都涌现出了哪些"乐"读小明星呢?接下来,让我们在《童年》的歌声中,一起来认识他们!

祝贺孩子们!每个人都有属于自己的"童年",童年里的阅读,童年里的音乐,童年里的歌

声都将成为你们童年生活里最灵动的一段回忆。这次的"校长有约"阅读活动，我们在联盟内共评选出了22位"乐"读小明星。我现在想采访一下舞台上的小明星们，你们觉得这次学校评选出来的"乐"读小明星跟以往的"阅读"小明星，有什么不一样？

**高祺轩**：我觉得这一期的"乐"读小明星，比以往的"阅读"小明星音乐功底会更厚一点。

**赵彦杰**：我觉得这一期的"乐"读小明星对音乐的钻研会更深。

**联盟分校"乐"读小明星 1**：自从每周末收到实小的《和我一起"乐"读吧》，我都会找一个安静的地方静静地欣赏每首歌曲。我不光会听歌曲，我还了解了歌曲的创作背景和音乐家的故事，收获很大。

**联盟分校"乐"读小明星 2**：我是来自油坊中心小学的一名学生，我知道我们油小也是实小教育联盟中的一员，实小每一期推出的《和我一起"乐"读吧》，我都会细细欣赏。我最喜欢第五期的"梨园英秀·戏韵芬芳"，我还会唱几句：谁说女子不如男……

**联盟分校"乐"读小明星 3**：大家好，我是西来桥学校的"乐"读小明星。今天我能来参加"校长有约"活动，感到很开心。我很喜欢实验小学推出的《和我一起"乐"读吧》。每个周末，我都会找一个合适的地方去细细地欣赏其中的音乐，了解音乐背后的故事。这个过程，让我知道了很多音乐，还有许多作曲家。

**联盟分校"乐"读小明星 4**：我每个周末都会在家里欣赏《和我一起"乐"读吧》中美妙的音乐，有些音乐会陪伴我们快乐成长，有些音乐会让我们想象到许多精彩的画面。

**奚一琴校长**：看看学校为你们准备了什么奖品？（学生打开奖品）这次学校为你们准备的奖品是谷建芬奶奶创作的学堂乐歌合集，非常值得珍藏。打开扉页，看看老师都为你们写了什么？

**葛笑彤**：在音乐的世界里，你会看到生命的光亮。

**奚一琴校长**：这些深情寄语其实都在传达同一个声音，那就是：无论是"阅读"，还是"乐"读，无论是与文字的翩然起舞，还是与音乐的温情邂逅，我们的人生都会因为"读"而厚重，我们的精神会因为"读"而洒脱……接下来，我想邀请部分同学和我一起走进"和我一起'乐'读吧"，让我们一起前往柚子树下"赏乐""品乐""聊乐"。

## 和我一起聊"乐"吧

### 话题一

**奚一琴校长：** 孩子们，开学以来，学校的微信公众号"和我一起'乐'读吧"栏目一共推出了八期七十首经典音乐，这其中，哪一段音乐或是哪一个板块的音乐最让你觉得回味无穷呢？

**王科涵：** 我对第八期比较感兴趣。平时，我听到《社会主义好》《没有共产党就没有新中国》这种红歌，我就会油然而生一种自豪感。

**奚一琴校长：** 红歌那一期，我们推出了《长江之歌》《黄河大合唱》……你刚才说的这两首并不在阅读文本中，但你感兴趣。会唱吗？唱唱看！

**王科涵：** 我试试看。社会主义好，社会主义好，社会主义国家人民地位高……

**奚一琴校长：** 每次和你聊，总觉得你身上带有一种英雄主义的正气，这是红歌给予你的独特气质吧！

**赵彦杰：** 我比较喜欢第八期里的《保卫黄河》这首歌。它的气势正如其名，那气势真的如黄河之水，奔腾不息，让人听了热血沸腾。这首歌是由人民音乐家冼星海作曲的。他不愧是人民音乐家，作品具有力量感，具有号召力。其中一些歌词还很俏皮，比如说"龙格龙格龙格龙"，在你热血澎湃时还能产生一种强烈的画面感！

**朱宸娴：** 我最喜欢《中国少年先锋队队歌》，所有人都很熟悉这首歌，这首歌由周郁辉作词，寄明作曲，它一直伴随着我们的成长。

**奚一琴校长：** 是啊，我们都是共产主义接班人。

**王曦悦：** 我比较喜欢"民族器乐"这个板块。首先这一期的推荐人就非常的特别，有会吹笛子的领导和家长代表，还有会拉二胡和马头琴的音乐老师，他们个个都身怀绝技。我最喜欢《高山流水》这首古琴曲，在您的开场白和王老师的介绍中提到了这首曲子，可见这首曲子深入人心。我就在乐曲中读到了"伯牙善鼓琴，钟子期善听。伯牙鼓琴志在高山，伯牙所念钟子期必得之，钟子期曰：'善哉，峨峨兮若泰山！'志在流水，钟子期曰：'善哉，洋洋兮若江河！'子期死,伯牙谓世再无知音,乃破琴绝弦,终身不复鼓。"这个故事让我联想到了我的好朋友。我们从幼儿园开始就一起学习,一起玩耍。我们的妈妈也是好朋友,所以我们经常待在一起。她非常了解我,我随便一个动作一个手势,她就能知道我心里在想什么。我想人生无需太多的朋友,有一知音足矣。

**奚一琴校长**:你从《高山流水》中悟出了知音的可贵,《高山流水》也成了人们心中一种永恒的友情见证。

**朱宸娴**:我喜欢民族乐器中的《老虎磨牙》。很多人也许不会注意到这首曲子,但是我觉得它那威猛的气势让我联想到了在一个月黑风高的晚上,一只特别大、特别饿的老虎在一块石头上磨着牙,我似乎能听到那个磨牙的声音。

**奚一琴校长**:民族乐器的表现力是很强的。接下来,我们请音乐制作组的朱老师给大家播放几段民族乐器演奏的歌曲,大家来猜一猜是什么乐器演奏的,好不好?

**学生**:二胡独奏《二泉映月》。

**学生**:古筝曲《春江花月夜》。我觉得它不仅曲好,诗中的意境也很好,就像张若虚笔下描写的那样:春江潮水连海平,海上明月共潮生,滟滟随波千万里,何处春江无月明。春、江、花、月、夜面面俱到,营造了一种朦胧美的感觉。

**奚一琴校长**:这首诗里包含了很多的意象,这首古筝曲把这些意象化为音符,营造了一种绝美的意境。

**学生**:葫芦丝《月光下的凤尾竹》。

**学生**:唢呐演奏的《百鸟朝凤》。

**学生**:洞箫《葬花吟》。

**学生**:马头琴《牧歌》。

**奚一琴校长**:其实,我们学校也有很多孩子在学习各种器乐,让我们一起通过大屏幕来认识一下他们……

**奚一琴校长**:音乐是最能激励人、启迪人、振奋人的艺术。

**葛笑彤**:我最喜欢第二期中的校园民谣《外婆的澎湖湾》。它节奏欢快,琅琅上口,这首歌曲背后还有一个感人的故事:这首歌是作曲家叶佳修认识了歌手潘安邦之后,了解了他与外婆的祖孙故事创作的。当天歌曲创作好了之后,潘安邦就从台北打长途电话给外婆,他唱了这首歌,唱完后外婆并没有说一句话,但是他能感受到外婆在哭泣。我想,很多的艺术作品都是艺术家用自己的真情实感创作出来的。

**奚一琴校长**：不仅欣赏歌曲，还能主动去了解这首歌背后的故事，这就是一种探究性学习。你会唱《外婆的澎湖湾》吗？

**葛晓彤**：晚风轻拂澎湖湾，白浪逐沙滩，没有椰林缀斜阳，只是一片海蓝蓝……

**奚一琴校长**：学堂乐歌，到新学堂乐歌，再到现在的校园民谣，它是一个逐渐演变的过程。关于这个主题的作品，有没有谁要来补充谈谈自己的收获？

**徐梁中**：我比较喜欢谷建芬奶奶创作的20首新学堂乐歌。其中，我对《游子吟》印象深刻。

**奚一琴校长**：唱唱看。

**徐梁中**：慈母手中线，游子身上衣。临行密密缝，意恐迟迟归……

**赵彦杰**：我还喜欢第五期"梨园英秀·戏韵芬芳"那个戏曲主题。戏曲是中华民族的国粹，是永远不会丧失的艺术。一般来讲，老年人比较喜欢，但是，我觉得我们年轻一代也得积极去感受戏曲的力量。

**王钰淏**：在清朝的乾隆年间，在南方表演的四大戏班子都陆续进入了北京，他们吸收了其他地方和民调风格，就形成了现在的京剧。

**奚一琴校长**：你说的是京剧的起源。你对京剧的几大流派熟悉吗？

**王钰淏**：有梅兰芳、程砚秋、尚小云、荀慧生。

**奚一琴校长**：梅派、程派、荀派、尚派。京剧里面还有四大行当：生、旦、净、丑。它们的脸谱又有哪些颜色呢？

**朱语萱**：有黑色、白色、红色。红色的代表人物是关羽，黑色的代表人物是包青天，白色的代表人物是曹操。

**奚一琴校长**：是的，白色是代表有心计，红色是代表忠勇，黑色是代表刚正不阿。除了古典京剧、现代京剧外，你还知道哪些剧种？

**匡彦霖**：有豫剧，我就特别喜欢《谁说女子不如男》。

**奚一琴校长**：你会唱吗？

**匡彦霖**：刘大哥讲话理太偏，谁说女子享清闲……（鼓掌）

**赵彦杰**：我还知道昆曲，它的代表作是《牡丹亭》。

**王钰淏**：黄梅戏的代表作有《女驸马》。黄梅戏发源于安徽。越剧的代表作是《梁山伯与祝英台》。

**奚一琴校长**：谁会唱越剧？

**匡彦霖**：黄梅戏《女驸马》选段：为救李郎离家园，谁料皇榜中状元，中状元，着红袍,帽插宫花好啊好新鲜哪!

**奚一琴校长**:今天,我们扬中戏剧团一些艺术家们也来到了现场,我们来猜猜他们唱的是哪个选段。

(戏曲老师上台演唱《梁山伯与祝英台》)

**戏曲老师**:没错,这是越剧《梁山伯与祝英台》。它是由范瑞娟老师和袁雪芬老师两人表演的。在1956年的时候,它就是中国第一部彩色戏曲片。国外有人称他是中国的《罗密欧与朱丽叶》。还有一部剧也比较经典,我和刘老师简单唱两句。(唱《天上掉下个林妹妹》)

**王钰淏**:天上掉下个林妹妹。

**戏曲老师**(再唱《天仙配》):这是黄梅戏表演艺术家严凤英和王少舫主演的黄梅戏,后来,经过马兰、吴琼等艺术家们的演绎,一直延续到现在。

**戏曲老师**:据不完全统计,全国大概有360多个剧种,遍布各地,各个地方都有各个地方戏,都有各个地方的特色。在不断的演变中,现在逐步形成了以京剧、越剧、黄梅戏、评剧,还有豫剧为核心的5大戏曲。

**奚一琴校长**:谢谢两位戏曲表演家带来的精彩分享!

**王钰淏**:我还知道《滚滚长江东逝水》。

**奚一琴校长**:那不是戏,《滚滚长江东逝水》是《三国演义》的主题曲。杨慎作词,杨洪基唱的,作曲家是谷建芬奶奶!你还对哪些影视歌曲特别感兴趣?

**朱语萱**:《水浒传》的主题歌应该是《好汉歌》。

**奚一琴校长**:它的作曲家知道是谁吗?——赵季平,他创作了很多歌曲,特别是张艺谋导演的很多作品,像《红高粱》《大红灯笼高挂挂》《秋菊打官司》……这些主题歌都是赵季平创作的。

**朱宸娴**:知道红楼梦的主题曲吗?——《枉凝眉》,还有西游记的主题曲《敢问路在何方》。

**奚一琴校长**:《枉凝眉》的作曲家是谁?——王立平,他创作了很多歌曲,如《大海呀故乡》《牧羊曲》。刚才,你们还说到了《敢问路在何方》,这首歌由谁作曲?——许镜清。可能大家比较熟悉它的词作者——阎肃。孩子们,下面我们一起来欣赏一下四大名著的影视歌曲。(视频播放,学生猜出处)

**奚一琴校长**:影视歌曲中,有很多同学都很喜欢《大鱼海棠》,谁来唱一唱他的主题曲？

**匡彦霖**：海浪无声,将夜幕深深淹没,漫过天空尽头的角落……

**奚一琴校长**：会唱的一起唱,知道是谁唱的吗？

**学生**：周深。

**匡彦霖**：他唱得很细腻,我原以为是一位女歌手唱的,后来才发现是男的。

**奚一琴校长**：还有些影视曲目,如果没有歌词,你能猜出来吗？（播放音频）

**学生**：《猪八戒背媳妇》《猫和老鼠》。

**奚一琴校长**：还有些曲目,你可能说不出它的名字,但它的确成了我们心目中的经典,我们先来听一听？（播放音频）

**学生**：新闻联播。

**学生**：《大风车》。

**学生**：《天气预报》《渔舟唱晚》。

**王科涵**：《春节序曲》,它是李焕之作曲的。

**奚一琴校长**：除了影视歌曲,还有什么主题的音乐你们感兴趣？

**朱宸娴**：民歌风,我知道民歌最早可以追溯于《诗经》,《诗经》中记载了很多民歌。在学校给我们提供的音乐文本中,我最喜欢那首《打麦号子》,每当我劳动的时候,都会哼起这首歌。

**奚一琴校长**：请朱老师出示一张照片——孩子们常常会在校园中搬运书本杂志,谁来现场创作一个劳动号子？

**朱语萱**：我来创编拎书号子——嘿呦嘿呦,拎起书喽,嘿呦嘿呦,拎上楼喽,嘿呦嘿呦,一人领来,嘿呦嘿呦,众人帮忙,嘿呦嘿呦……

**奚一琴校长**：谁来接着创作？

**赵彦杰**：我接着朱语萱的继续创作——柚子树下,哼呐哼呐,一起学习,哼呐哼呐,一起阅读,哼呐哼呐,共同成长,哼呐哼呐。

**奚一琴校长**：你们看,民歌就是这么简单,是我们在劳动中,在生活中自然而然创作出来的一种淳朴的表达艺术,既能表达心情,也能表现当时的劳动场面。说起民歌,不得不提一个人,他是民歌之王——王洛宾。

**王钰淏**：他是西部歌王。他创作了《掀起你的盖头来》,还有《在那遥远的地方》《达阪城的姑娘》《阿拉木汗》。

**王科涵**：我来补充介绍一下王洛宾。他曾经随解放军进驻新疆,并且谱写了《凯歌进新疆》。可以说,他的一生是非常波澜壮阔的,他谱写的曲子也是心系群众,和军旅生活也有很大的关系。

**奚一琴校长**:每次在欣赏这些经典音乐的时候,我们总会有一种自豪感,正是因为那些作曲家、作词者给我们创作了那么多优秀的音乐作品,今天的我们才会有机会走进华夏音乐的殿堂,尽享音乐盛宴。那你们了解我们国家都有哪些著名的音乐家呢?一起来看大屏幕。

**朱语萱**:李叔同,他也被称为弘一法师。

**奚一琴校长**:我们一起来唱一唱他的作品《送别》,好吗?长亭外,古道边,芳草碧连天……

**学生**(认识屏幕上的音乐家):谷建芬奶奶,聂耳,冼星海,罗大佑,刘天华、贺绿汀,王洛宾……

**奚一琴校长**:感谢这些音乐家们,他们的作品让我们窥见到了令人骄傲的中国历史,激励着我们不断向前,更让我们感受到了,原来生活可以在音乐中变得更加诗意、美好!

## 话题二

**奚一琴校长**:孩子们,你们知道吗?台下的爸爸、妈妈、爷爷、奶奶们也是很喜欢音乐的,他们有他们那个年代的音乐。今天,我们也邀请他们和我们来个现场互动,好不好?请工作组老师播放音乐,家长朋友们可以去猜一猜是哪位歌手的音乐作品。

**家长**:刀郎的《2002年的第一场雪》。

**家长**:毛阿敏的《渴望》。

**家长**:叶丽仪的《上海滩》。

**家长**:韩红的《天路》。

**家长**:邓丽君的《甜蜜蜜》。

**家长**:汪明荃的《万水千山总是情》。

**家长**:刘德华的《忘情水》。

**家长**:张明敏的《我的中国心》。

**家长**:刘欢的《我和你》。

**家长**:李谷一的《难忘今宵》。

**家长**:宋祖英的《小背篓》。

**家长**:任贤齐的《心太软》。

**家长**:张也的《走进新时代》。

## 话题三 🎤

**奚一琴校长**：在"聊乐"活动快要结束时，我想请大家帮个忙，如果让你来给微信公众号"和我一起'乐'读吧"栏目推荐音乐，你想推荐哪些乐曲？

**王钰淏**：我想推荐《送别》，因为它曲调悠扬，意境凄美，旋律动听。

**朱语萱**：我想推荐《寻梦环游记》里的《请记住我》，有中文和英文两个版本。

**王科涵**：我想推荐的是《广陵散》。它让我想到陶渊明的《饮酒》和李白的《梦游天姥吟留别》，我感受到了他们想要归隐山林，挣脱世俗的枷锁。

**匡彦霖**：我想推荐《小羊跪乳》《乌鸦反哺》这两首歌曲，从名字就可以得知连动物都知道感恩，我们更要懂得感恩、孝顺。这两首歌不仅旋律动听，并且歌词很棒。

**赵彦杰**：我想推荐《十送红军》，是由刀郎演唱的，这首歌表达了百姓和军人的那种鱼水之情，所以听了之后有力量感，也很受感动。

## 校长小结

音乐是通往内心的一架云梯，音乐是滋养心灵的一湾清泉。我们欣赏音乐，共聊"音乐"，传唱经典，并非为了向他人炫耀，并非附庸风雅、自诩不凡，而是为了我们自己的本心。因为"乐"与"心"的交融，可以让我们扎根于大地，遨游于云端！

## 亲子"乐"读苑

音乐是有年龄的，每个年龄有每个年龄的音乐。经典的音乐又是长久不衰的，它能够跨越鸿沟、跨越年代，成为联系我们感情的纽带。在我们每个人的心底里，也许都有一首自己特别喜欢的歌，唱起它，就会想起我们的青春，唱起它，就会想起那些温暖的岁月。今天，我们的"亲子'乐'读苑"有幸邀请到了两个家庭跟大家分享音乐阅读，有请两个家庭的家长、孩子上场。

**奚一琴校长**：我右手边的这个家庭是一个音乐世家。小朋友常申宇是我们学校一年级的学生。这边坐着的是常老先生，今年85岁了，是扬中市长鸣乐器厂的董事长和创始人,是小朋友的太爷爷。那边是小朋友的爸爸。欢迎你们!首先我们请工作组老师出示一张照片。这个照片背后是有故事的,我们请常老先生给大家简单介绍一下。

**常敦明**:这个吹笛子的人是浙江省歌舞团蒋国志,当中的那个是南京师范大学林克仁,还有一个就是我本人。

**奚一琴校长**:那时候你还很年轻啊,那个时候多大了?

**常敦明**:那是1998年,22年之前了。1998年,我们在元宵晚会上为党和国家领导人表演了笛子合奏。

**奚一琴校长**:这个巨笛也是你们那儿生产的?

**常敦明**:这个笛子就是我们长鸣乐器厂生产的,是世界上最大的一个笛子。当时在国外很多地方都进行了报道。因为有个外国人讲,中国的笛子不能再大了,所以我尝试了好几年,把这个笛子做出来。你看看这个笛子,它的音频,它的发音,它的低音等等都是前所未有的,所以当时演出时,现场观看的中央领导人也很震惊。

**奚一琴校长**:非常感谢常老先生!常阳是常老先生的孙子。常阳你好,我想问,你毕业于南京艺术学院,学的专业也是竹笛。毕业以后,为什么会选择回来继承家族企业,你是怎么想的?

**常阳**(常申宇爸爸):主要是为了技艺的传承。因为我毕业的时候,爷爷的年纪已经很大了,如果我再出去,那这门手艺可能就要失传。

**奚一琴校长**:一代一代传承下去,这就是这样一个音乐世家的魅力所在。听说常申宇小朋友也喜欢竹笛,今天,能不能为我们大家表演一段?(常申宇小朋友和爸爸常阳表演竹笛曲《小放牛》。)

**奚一琴校长**:谢谢他们的精彩表演。常申宇,今天在台上第一次表演,开心吗?

**常申宇**:开心。

**奚一琴校长**:希望你也能把竹笛工艺传承下去,发扬光大,好吗?

**常申宇**:好的。

**奚一琴校长**：前段时间,我们这一期的音乐阅读小明星集体去参观了新坝的长鸣乐器厂,我们一起来看一段 VCR。(播放视频)

**奚一琴校长**：听说笛子在出厂之前的一个重要环节就是给笛子定音,这个工作一般都是常老先生去做,经过常老先生定音后的笛子才能卖。最后,我想问问常阳,今天来到我们的"亲子悦读苑",有没有什么想对孩子们说的?

**常阳**(常申宇爸爸)：竹笛是古老的中国民族乐器,它有着悠久的历史,我希望大家能喜欢民族乐器,喜欢竹笛,用心去感受每一首竹笛曲。

**奚一琴校长**：今天走上我们舞台的第二个家庭是谭雨果小朋友的家庭。孩子的爸爸是一名转业军人,在部队的时候就特别喜欢音乐。谭爸爸,首先请你来跟我们大家分享一下你在音乐方面的一些独特的体会。

**谭雨果爸爸**：各位领导、同学、家长朋友,大家好!我是谭雨果小朋友的爸爸,我从小就对音乐比较感兴趣。小时候过年时会有舞龙的、舞狮子的,对于锣鼓等传统乐器特别感兴趣。村里面有一些年纪比较大的会拉二胡、吹笛子,我常常坐在一边听,听得入神,常常忘记了回家。我们是"80 后",当时还没有这么好的条件去学习乐器。后来,有幸在大学期间结识了一些朋友、老师,正式地接触了音乐,学习了吉他。大学毕业以后参军入伍来到了部队,部队纪律严格,我觉得更需要音乐,常常通过这种文艺表演的方式来调节气氛。

**奚一琴校长**：谭雨果的妈妈,我们学校推出 8 期音乐文本以后,听说你每一期都读得很认真,你能跟各位家长分享一下吗?

**谭雨果妈妈**：可以的。首先,我个人是非常喜欢音乐的。我们一家人就是通过一起听听歌,一起唱唱歌来共度闲暇时光。今年 9 月份,谭雨果上了学以后,我们从学校的微信公众号知道了《和我一起"乐"读吧》这样的栏目,我们很感兴趣,每一期,我都带着他仔细欣赏。其中有一期他到现在仍然记忆深刻,那就是《想你的 365 天》。谭雨果,你还记得那首歌是哪部动画电影的主题曲吗?

**谭雨果**：《宝莲灯》。

**谭雨果妈妈**：然后我跟他讲这首歌背后的故事,当时,他还是对这首歌没有什么太深刻的了解。后来,我们一起看了这部电影,观看了这部电影以后,再去欣赏这首歌,他对这首歌的体会就完全不一样了。

**奚一琴校长**:很多时候,我们会从一首歌开始,去了解一部电影,通过观看电影再去感悟这首歌的内涵,这是一个非常有意思的过程。

(亲子表演节目《亲亲我的宝贝》)

**奚一琴校长**:感谢这两个家庭为我们带来的分享。从刚才的聊音乐、演奏音乐中,我们已经感受到一个家庭如果有了音乐的加入,生活会变得如此美好。可以说,音乐温暖了彼此,浓厚了亲情。再次感谢你们!

## 经典小剧场

诗言其志,歌咏其声,舞动其容。读"乐",我们看到了中华文明的深远与博大;赏"乐",我们聆听到了民族精神的自信与表达;而唱响那些经典"音乐",则是我们在用"童心"与"初心"构筑梦想大厦。接下来,我想邀请大家和我一起走进本期"校长有约"特别节目——《童年里的歌声》。

### 《童年里的歌声》音乐剧脚本

#### 篇章一:古韵悠长

【大屏幕呈现,夕阳下阳光洒在江水上,渔民打鱼。古筝演员弹奏《渔舟唱晚》,蒋礼蔓同学伴着音乐起舞。】

**杨颜泽**(学生):外婆,妈妈,你们看,夕阳西下,晚霞斑斓,我们的江洲小岛傍晚的景色多迷人呀!

**丁文联老师**(外婆扮演者):是啊,我们家乡扬中是个美丽的鱼米之乡。外婆小时候就生活在江边。每到傍晚时分,我就和小伙伴们往江边跑,看这残阳铺水的景色,听渔民唱着晚归的歌曲,和他们一起感受满载而归的喜悦。洋洋,你听——

**杨颜泽**:我听到了荡桨声、摇橹声、浪花飞溅声,还有渔民的谈笑声……

**杨颜泽妈妈**：是啊,渔歌阵阵相呼应,声响调高传远方……

### 篇章二：影视留声机

**杨颜泽**：妈妈,说说你的童年故事吧!

**杨颜泽妈妈**：妈妈小时候啊,最喜欢滚铁环、打陀螺、跳格子、踢毽子啦!不过,最吸引我的还是每天央视一套播放的《大风车》栏目!（播放《大风车》主题歌）那里有妈妈最喜欢的卡通人物,最爱听的歌曲——（学生演唱《葫芦娃》《黑猫警长》）

**杨颜泽**：葫芦娃、黑猫警长的本领可真不小啊!他们英勇无畏、降妖伏魔,和齐天大圣一样厉害!（学生演唱《一个师傅三徒弟》）

**丁文联老师**：每个人的记忆里都有一段旋律,每个人的心里都住着一个英雄,每个人的童年生活里也都有一部难忘的动画!洋洋,你最喜欢的动画是什么呢?

**杨颜泽**（唱一句）：大头儿子小头爸爸……（学生演唱《大头儿子小头爸爸》）

**杨颜泽**：哈哈,在我们家呀,我就是"大头儿子",爸爸是"小头爸爸",妈妈是——

**小演员们**（围拥妈妈齐声喊道）：围裙妈妈!围裙妈妈!

**杨颜泽**：不对不对,她可是一只红太狼!

**小演员们**（大笑）：哈哈……（学生演唱《左手右手》）

**杨颜泽妈妈**（轻点杨颜泽的脑袋）：你呀,真是个小淘气!

### 篇章三：戏苑流芳

**杨颜泽**：外婆,你小时候最喜欢看什么动画片?

**丁文联老师**：我们小时候还没有电视机呢,只能通过广播来听一些戏曲。什么京剧啦,越剧啦,黄梅戏啦,昆曲啦……婆婆就是在这些戏曲中认识了花木兰、杨贵妃、阿庆嫂,了解了《梁山伯与祝英台》《白蛇传》《孟姜女哭长城》的故事。这些故事啊,让我从小就感受到中华传统文化的无穷魅力。

**杨颜泽妈妈**：妈,传承文化,传唱经典,今天的孩子们还有独特的表达方式呢!（京歌《唱脸谱》及舞蹈表演）

## 篇章四:学堂乐歌

【舞台放置写有三首诗的黑板,乔飞老师带着一群小孩上台,落座……】

**乔飞**:同学们,前段时间学的三首诗,你们还记得吗?

**生**(齐):记得!

**生 1**:老师,我来背《苔》:白日不到处,青春恰自来。(吟诵后音乐响起,师生演唱《苔》)

**乔飞**:你看,那些静默的文字,那些流传千年的诗词,就在你们的传唱中重新焕发出了勃勃生机。在你们的声声吟诵中,那些经典的诗词将激励着你们勇往直前!

**生 2**:老师,我会背《春晓》(摇头晃脑)——春眠不觉晓,处处闻啼鸟……(学生演唱《春晓》《游子吟》)

**乔飞**:最近啊,同学们一直在读林海音的《城南旧事》,谁愿意来和大家分享一下你的读书收获呢?

**生 3**:月有阴晴圆缺,人有悲欢离合。英子和同学们分别的场景深深打动了我:长亭外,古道边,芳草碧连天……(学生演唱《送别》)

【下课铃响起】

**生**(齐声欢呼):哦,下课喽!下课喽!

**乔飞老师**:走,一起到柚子树下去做游戏吧!(学生演唱学校校园歌曲《校园里有棵柚子树》)

**篇章五：民族雅韵**

**杨颜泽**：妈妈，每个人都有一个难忘的童年，外婆的童年里有《渔舟唱晚》的喜悦，妈妈的童年里有《大风车》的欢歌，我的童年里有诗韵的悠扬。

**丁文联老师**：童年呵，忘不了家乡的味道！

**杨颜泽妈妈**：童年哦，荡漾着民族的歌声与伙伴的欢笑！

**杨颜泽**：童年啊，始终有一段余韵悠长的歌谣！（学生演唱《川江谣》《西双版纳小卜哨》《茉莉花》）

## 结 语

好一朵美丽的茉莉花，满园花开香也香不过它……华夏经典，音乐之声，也如那清新淡雅的茉莉花，在绿叶间，在青枝上，给予每一个凝望它的人以最动人的音律，最沁人的芬芳！本期的"校长有约"又要和大家说再见了！感谢大家的参与！我们明年春天再见！

# 遇见你·读到美

## ——"校长有约"第六期阅读专题活动

**阅读内容：古今中外优秀美术作品 283 幅合集——《翰墨油韵》（校本阅读文章，为本书附赠本）**

### 引 子

（VCR 片头）什么是美？"草在结它的种子，风在摇它的叶子，我们站着，不说话，就十分美好。""人间最美是清欢。""天地有大美而不言。"古往今来，每一个人对"美"似乎都有自己的解读。那么，美到底是什么？这是我们需要用一辈子去完成的功课，更是一个人在孩童时代需要去叩响的阅读之门……

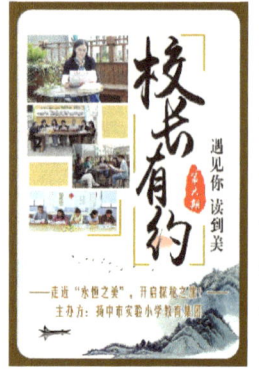

美，是一个能在心田开花的词。站在岁月的海岸，漫溯那一道道历史的沟渠，我们欣喜地发现，人类对美的追求孜孜不倦。在那条探寻美的道路上，人类在不断地遇见美，也在创造美；在欣喜地捕获美，也在用独特的方式描绘美。因为"美"的存在，所以，今天的我们穿越历史的尘埃，蹚过文明的河流，才能在洞穴之中幸运地遇见那沉寂千万年的壁画；在深沉不语的大地上遇见木石风华；在古代文明的遗址上遇见青铜器，遇见雕塑之雅；遇见布帛上的山水风情；遇见纸页上的翰墨挥洒……可以说，一切的人类文明之美最终在指端化为了永恒的艺术之花！

各位领导、专家,亲爱的同学们、老师们,欢迎大家走进扬中市实验小学教育集团第六季"校长有约——遇见你·读到美"阅读汇报活动现场!

### 阅读团亮相

美,是要用初心和执着去表现的艺术;美,更是一场伴随阅读、激扬情思的洗礼。在这一季的美术阅读活动中,老师们将历史长河中经典的美术作品打磨成一件件可供阅读的艺术佳作,陪伴着孩子们共同走过了一段弥漫着书香的旅程。接下来,让我们一起走进"阅读团亮相",去聆听他们初心不改、向美而行的故事。

### 《初心不改·向美而行》讲述脚本

活动设想:以一位年轻教师的视角去认识"校长有约",认识美术阅读活动对师生成长的意义,将自己和一群师生在美术作品滋养中的成长经历通过"舞台剧+影视化"的方式呈现出来。

【呈现沙画,讲述者丁钰凡老师配画外音。】

2021年8月,带着对小学教育的美好憧憬,我来到这所百年老校——扬中市实验小学。明亮的教室,盎然的植被,活泼的身影,琅琅的读书声……在这所即将开启我教师生涯的校园里,我不断地遇见清风朗月,遇见诗情浪漫……我喜欢在暖阳铺洒、绿影摇曳的校园小径上漫步,总能闻到一股幽香……那是什么香?

【背景为学校某一书吧,讲述者从幕后行至舞台前。】

闲暇之余,我还喜欢走进一处书吧,随手翻开一本儿童读物,让自己的心灵在儿童的世界里翩然起舞(丁老师坐在舞台一角,看书)……

【两学生手捧美术报上场。】

**学生1:**你瞧,遇见你·读到美!这报名,多诗意,多浪漫!(陶醉状)

**学生2:**赶紧走吧!还有两个年级的美术报没发呢!

**学生1:**这倒是!走吧!

**学生2:**咦,那不是丁老师吗?

**学生齐:**丁老师!

**丁老师:**你们好!火急火燎的,这是要去哪儿呀?

**学生1:**我们去发美术阅读报。

**丁老师:**就是"校长有约"美术阅读——《遇见你·读到美》?

**学生齐:** 没错！遇见你·读到美！

**丁老师:** 那——给我一张呗！

**学生1:** 好嘞！

**学生2:** 丁老师再见！

**丁老师:** 再见,谢谢啊！

【大屏背景呈现第一期报纸四个版面。】

**丁老师:** 那天,我一口气读完了第一、二期美术阅读文本:阿尔塔米拉洞窟里的壁画、敦煌莫高窟壁画、梵高的《向日葵》、王希孟的《千里江山图》、埃及的《狮身人面像》……一幅幅名画,一件件艺术品带领着我在历史的长河中看到了人类世界另一种文化的存在——美术。于是,我和班里的孩子在每一个漾着鸟鸣的午后读,在每一个飘着晚霞的黄昏读,艺术的熏染在我和孩子们之间搭建了一座五彩的桥。终于有一天,一个孩子问我……（画外音:"老师,我们为什么要美术阅读呢？"）是啊,为什么呢？ 直到有一天,我路过美术教师办公室……

【丁老师站在舞台一角,四位老师上台。】

**老师1:** 第三期美术阅读文本,咱们向孩子介绍中国书法吧！

**老师2:** 可以啊,中国书法是咱们国家独有的一种艺术表达,人们称它为"无言的诗""无图的画",让孩子们从小感受中国文字之美,很有必要！

**老师1:** 那主题就确定为"金石书香",如何？

**众人:** 可以。

**老师3:** 除了书法,我们还可以以教材为依据,将教材中呈现的艺术作品进行归类统整,确定主题,再适量补充,要尽可能地把优秀的美术作品带到孩子们面前。

**老师4:** 没错,美术阅读是落实美育的最佳途径。正如奚校长在我们的教研活动中所说:咱们有义务为学生的精神世界构筑一座可以触摸经典艺术的美学大厦。

**老师1:** 是的,这座大厦巍峨雄伟,但又不让学生望而却步,我们要尽量地去挖掘美术作品背后的故事以及文化价值,让每一件经典的美术作品成为滋养儿童的一汪清泉。

**丁老师:** "让每一件经典的美术作品成为滋养儿童的一汪清泉。"于是,我们在后来的阅读之路上欣喜地与那一汪汪清泉遇见,又在不断的遇见中品尝到了美术作品里的"琼浆玉液"。

【学生1、学生2上场。】

学生1:今天数学课上,数学老师给我们出的那道求面积的题目,就用到了这幅建筑图,你知道是哪儿吗?

学生2:不知道。

学生1:一看就知道你没认真读报。瞧,第七期美术阅读——"凝固的音乐",贝聿铭设计的"苏州博物馆"!除了苏州博物馆,香港中银大厦、北京香山饭店,美国肯尼迪图书馆,法国卢浮宫扩建工程,都是贝聿铭设计的杰作。我以后就想做一个像贝聿铭那样的建筑大师!

【学生3上台。】

学生3:嗨,两个人在聊啥呢?

学生1:聊建筑!聊梦想!(调皮)

学生2:别耍贫嘴啦!最近,你们班读美术报了吗?

学生3:读了,刚刚在语文课上,老师还带我们读来着。

学生1:语文课,怎么读?

学生3:今天不是学林升的那首古诗《题临安邸》吗?为了让我们更加深刻地了解北宋时期的繁荣景象,感受林升对当权者偏安一隅的愤恨,所以,老师带我们欣赏了张择端的《清明上河图》,王希孟的《千里江山图》……(学生返场)

丁老师:在孩子们天真稚趣的交流中,我又闻到了那股自己一直无法用语言描绘的清香。这股香悠悠地飘逸着,在孩子们、老师们之间渐渐弥漫开来……于是,我看到了越来越多的人加入这场美的旅程。

【老师1、2、3、4上场。】

老师1:最近,我发现很多孩子读美术报的热情挺高的,一个个都争着去"校长书屋"和"校长聊画"呢!

老师2:这是一个好现象!不过,你们有没有发现:孩子们对有些美术作品还停留在浅层次的认识上,缺乏深度理解,或者说缺乏自己个性化的解读。

老师3:是的,我们的美术阅读应该引导孩子们积极地去挖掘经典作品中蕴藏的美的因子,去放大每一件作品的艺术价值!

老师1:对,要让每一件美术作品成为一座"美的金库"!

老师4:我有个想法,咱们是不是可以从全科的角度来帮助孩子多维解读美术作品呢?

**老师2**：完全可以啊！每个人带着自己的知识经验和个人经历去走近美术作品，相信解读到的美是丰富的，是立体的。

**老师3**：这是不是就是，各美其美——

**众人**：美美与共！

【四位老师退场。】

**丁老师**：各美其美，美美与共！2022年年初，学校召集各学科骨干教师围绕"美术阅读"开展沙龙活动：全科阅读美术作品，多维解读美术作品，当经典的美术作品与学科教学的壁垒被打破时，我们看到了"美术"给予每一个人的温润滋养。

【呈现学生师生昂扬向上的姿态，随后呈现沙画。】

**丁老师**：十期的"美术阅读"文本，十期的艺术寻美之旅。在这段载着梦想的旅程中，在每一幅画作前，蹲下身子，微俯脸庞，凝神屏息，那股熟悉的幽香再次扑鼻而来……哦，那是沁人的书香！

【所有演员上场。】

**丁老师**：书香盈袖，满眼芬芳。揣着滚热的教育初心，

**齐**：我将和你迎着春风，向美而行！

## 阅读明星秀

迎着春风，向美而行；初心不改，书香旖旎！感谢老师们用温柔的初心在孩子们的心里播下美的种子，也真心地祝贺老师们让自己的教育生涯实现了美的蜕变！

阅读，是一把叩醒美的钥匙。在这一期的美术阅读活动中，我们的校园里都涌现出了哪些阅读小明星呢？让我们一起随着动感的音乐来认识他们吧！（阅读小明星时装走秀上场）

"阅读美"才能"创造美"；"创造美"才能"享受美"！感谢你们用自己的巧心慧思让我们遇见了这份"童真"与"风雅"相交融的服饰之美！

## 快乐阅读吧

美,在于遇见,更在于分享!就美术阅读而言,如果我们只在路上走,而不愿去分享美,就永远无法领略"美"的真正内涵。接下来,有请部分阅读小明星和我一起走进"快乐阅读吧",共同去分享美术阅读路上的山花之美。

### 话题一

**奚一琴校长**:十期的美术阅读文本,283件美术作品,今天,对于下面的观众来说,他们一定很好奇,你们是如何去阅读这283件美术作品的?

**党世成**:我首先关注作品里的美术内涵,我比较喜欢看它的色彩和表现手法,我会重点去欣赏作品要表现的价值观和精神内涵,它会带给后人什么样的启示,这才是一幅画最重要的地方。

**王梓睿**:我觉得"画为心声",一幅画会表达作者怎样的世界观,怎样的情感,这也是我重点观察的。

**奚一琴校长**:世界观、情感价值观,你能从这个角度去观察,这也是一种好的方法。

**顾晨睿**:我每次拿到一幅画,先大概浏览一下每幅画的色彩和构图,然后再细细地看画中每个人在做什么,特别是每件物品的细节,再从网上查找一些资料,然后对这幅画进行深度的解读。

**奚一琴校长**:先直观观察,然后再深度阅读,非常好。

**陈思予**:我阅读的时候会和爸爸妈妈一起阅读,如果美术报上有详细的资料介绍,我会认真仔细地去看资料介绍,如果没有,我会和爸爸妈妈一起去查阅资料。有些画作我还会将它与我朗诵过的作品结合起来,比如说第七期"凝固的音乐"有一幅泰州大桥的图片,我就想到了我曾经朗诵的作品《我的小名叫小桥》——在2012年我出生的那一年,泰州大桥建成,扬中成为连接苏南苏北的"江中走廊"。扬中有一桥、二桥、三桥、泰州大桥,一座座大桥如同千手观音般四面伸展,它们都是扬中连接世界的桥梁,可以说"桥"不仅让扬中人引以为豪,它们还肩负着扬中人开放发展的重任,更是党的百年辉煌、祖国强盛的见证。

## 话题二

**奚一琴校长**：遇见，是一段怦然心动的邂逅；遇见艺术，更是一场沐浴春风的回眸……那么，在283件美术作品中，有没有哪一件作品，你在初次见到它的那一刹那，就有了一种怦然心动的感觉？

**党世成**：比如说《星月夜》，我看重的是它的色彩，还有构图。整个的色彩和构图都非常的大胆，颜色上用了比较宁静的蓝色、沉寂的灰色、黑色，也用了非常亮的黄色，还有白色，形成了强烈的对比。特别是用卷云状的云，让人感觉天空在流动。不知道大家还记不记得在第四期的阅读文本中提到了梵高的精神病，在精神病医院治疗的时候，他画了这幅《星月夜》，我们能从这幅画中看到他对生活的抗争。

**奚一琴校长**：大家看，梵高笔下的星空就像一个个旋涡，表达了作者内心的挣扎。你看那棵奋力向上的大树，其实也表达了当时的梵高在努力挣扎，特别想摆脱困境的状态。

**丁柯源**：我最喜欢《飞夺泸定桥》那幅画。在红军长征途中，突击队员们的腰上别着短刀和手榴弹，手抓着铁索，匍匐着向前，后面还有国民党的追兵，让我体会到了战争的艰苦，还有红军的坚强意志。在学习生活中，我们也要像红军那样勇往直前。

**奚一琴校长**：你说到的是红色阅读这期中的一幅画作。去年是建党一百周年，我们专门做了一期红色阅读。《飞夺泸定桥》整幅画是红色的，这是要渲染当时那种火光冲天的景象，战士们的不易以及勇往直前的精神。

**叶旻书**：我最喜欢的当属莫奈的《睡莲》了，这是一幅非常美丽的画作。它是以冷色调为主，也就是绿色为主，蓝色为辅。画中的一点点睡莲是一个个粉红色的小生命，它们被包裹在一片片绿叶中。虽然是以冷色调为主，但是丝毫没有失去那种宁静、安详的美。这些睡莲虽然非常微小，甚至有人会忽视它，但是这种蓬勃的生命力却没有因此而削弱。

**奚一琴校长**：对，《睡莲》是莫奈印象派画作中的其中一幅。他的《日出》《睡莲》都是抓住自己一瞬间的印象而完成的画作，没有工笔的成分，没有过多的着色。曾经有人讽刺这样的画作还能成为经典，可就是在这样的批评声中，成就了一种新的学派——印象派。

**陈思予**：我比较喜欢第四期当代作家李焕民画的《藏族女孩》。她躲在门后面露着羞怯的眼神，穿着藏族服装，让我想起了我朗诵过的《当格桑花遇到杜鹃花》。我们镇江格桑花工作站连续支援西藏12年,捐助了850名藏区的孩子重返课堂,让他们感受到了我们祖国的温暖怀抱和我们镇江孩子一起在祖国的怀抱里茁壮成长。

**奚一琴校长**:陈思予在阅读《藏族女孩》的时候,想到了我们身边的"格桑花行动",和生活紧密关联,就让作品多了一层寓意。正如杨绛先生讲的——"用阅读所得去生活,用生活所感去阅读。"你的这种阅读方法挺好的。我发现你今天穿的衣服也有种藏族女孩的味道(陈思予点头)。我明白了,你的服装就是参考这幅画去设计的。

**匡晨阳**:我最感动的就是油画那一期毕加索的《格尔尼卡》。这幅画比较抽象,我一开始没看懂,也正是这种好奇心驱使我看下去。经过很长时间的阅读和资料查找,我才明白画家是要用黑白两色来表现当时战争时期的残酷。你们看,在这幅作品上,中间是一匹战马,需要仔细看,才能看出那匹马非常凝重的表情。我也正是看到马的这种表情才被震撼到的。关于这幅画的创作背景,大家也有必要去了解一下,当时德国处在二战时期,战火连天,老百姓都没有好日子过,毕加索就是通过这样一幅画描绘了当时的情景,表达了他心中的愤怒,以及对于战争的不满。

**奚一琴校长**:我也想补充一点,你看这幅画中间的那匹战马,已经被战争的炸弹炸得倒地了,右边有一位母亲托起了一个孩子,还有一位战士手里握着剑,手臂都已经断了,这些都充分反映了战争的残酷。这幅画里面也包含了很多数学元素,比如圆形、三角形,中间还有个等腰三角形。在抽象派中,毕加索是一个很杰出的代表。

**姚贞羽**:我最喜欢第四期油画主题中梵高的《星月夜》,这幅作品的主颜色是蓝色,虽然有星星发光的黄色,但还是给人沉重的感觉。

**王梓睿**:我觉得《星月夜》表达的是一种创作激情。梵高有这样一句话:我们画太阳是要画它以惊人的能量去迸发出它的光芒。我最感动于他的创作激情,我想我们在生活中,也要像梵高那样积极乐观,以豁达并且充满激情的心态去面对一些挫折。

**奚一琴校长**:你从梵高的画作中能够看出他内心的精神力量。

**王钰淏**:我最喜欢《阿尔诺芬尼夫妇像》。第一点,因为它主体人物突出,左边的男主人公穿了一件黑衣服,右边的女主人公穿了一件绿衣服,色调对比很强烈,光影处理很巧妙。左边有一扇窗户打来的光让整幅作品看起来很和谐。第二点,它的笔触十分细腻,比如说织物的花边、衣服的褶皱、木头的纹路等等。第三点,它有画中画,背后的镜子里藏着一幅小画,小画上还画着十幅画,总共有12幅画,画家能把这12幅画画得这么逼真,我很佩服他。

奚一琴校长:王钰淏,我们的文本上没有写这么清楚,你是怎么知道的?

王钰淏:我和妈妈在家阅读、查资料得知的。

奚一琴校长:亲子阅读,深度阅读,令人钦佩。其实扬·凡·艾克画的这幅作品也代表了当时的一种画风,就像照相机照出来的那么逼真。

顾晨睿:我想讲一讲第二期王羲之的《兰亭集序》。我先讲讲背景,当时他的堂兄王允之被人谋害了,王羲之非常伤心,相约41位朋友在兰亭喝酒解闷。他们一共写了37首诗,最后王羲之把这些诗汇编成集,即《兰亭集》并为之作序。王羲之给我留下了深刻的印象。其中,"之、以、为"这三个字在这幅画中出现了很多次,它们的表现方式都不一样,但都给人一种蓬勃的感觉。他当时写这篇文章就是希望为堂兄复仇,从内心表达他的悲痛,希望自己能平复一下心情。

奚一琴校长:这件作品的诞生还有一个很重要的背景,就是王羲之他不想做官。家人都逼着他做官,他很郁闷,最后决定不做官了,约了41个人,喝了酒开始作诗,酒醒以后才把能这些诗整理成《兰亭集》且为之作序,这个序被称为《兰亭集序》。

## 话题三

奚一琴校长:我记得现代诗人徐志摩在他的《再别康桥》中写道:"撑一枝长篙,向青草更青处漫溯……"我想,美术阅读也应该有一个向"更青处"漫溯的过程。在十期的美术阅读中,有没有这样一件作品,在你深入阅读以后,它改变了你看待人、看待事的眼光,改变了你的处世行为呢?

叶旻书:我觉得当属米勒的《拾穗者》。这也是我最喜欢的作品之一。有人说《拾穗者》表达了对地主以及剥削者的控诉,也有人觉得这纯粹属于悲天悯人,以及对天地的深深敬意。但是我认为米勒表达了"什么是生活"这一主题。贫苦人民的生活

没有像富贵人家那种奢华、享受以及挥霍,他们的生活是"一粥一饭,当思来处不易;半丝半缕,恒念物力维艰。"他们的生活是"粒粒皆辛苦";他们的生活也是把生活的不足放进口袋,变为生活的一部分。有时候学习压力大,当我遇到挫折的时候,再回头看看这幅画,我内心也感受颇深。我想,我们为什么不能像拾穗者那样,把生活给我们的不足变为生活对我们的恩赐呢?人生当苦无妨,但苦尽甘来。

**奚一琴校长**:我从叶旻书的介绍中能看出,其实读画也能读出一种做人的心态。

**匡晨阳**:我还想说梵高的《向日葵》。其实梵高画了好多幅向日葵,但我最喜欢的还是美术报上面的这幅。他画的向日葵有黄色的,有橙色的,但是它们都同样表达了蓬勃的生命力。我也特别喜欢向日葵,它面向太阳,本身也像太阳。虽然梵高画的向日葵有的怒放着,有的垂下去,但是它们都是一个根里长出来的,表达的都是蓬勃的生命力。当我沮丧的时候看着这幅画,我就会开朗起来,它教会我做人要乐观,向着太阳不服输。

**奚一琴校长**:向阳生长,心态豁达,你的解读我很喜欢。

**袁艺宸**:我也喜欢梵高的《星月夜》。这幅画是梵高在他精神崩溃之后住院期间画的。因为他的精神状态不是很稳定,所以他的医生就不让他晚上出去画画。这幅画就是他在晚上透过窗户画下的。我们可以看到那幅画中,翻卷的星云就像在跳舞,如鲜花一般怒放;柔弱的枝条虽然细弱,但却能衬托星空。我认为这幅画不仅表达的是大地对触摸星空的渴望,也表达了梵高对自由的向往,对黑夜的向往。我常常想,我们生活在中国,生活在一个和平的年代,但这世界上也不乏有一些受着贫穷,挨着饥饿的孩子们,也不乏像梵高这样抗争病魔的人,他们都能坚持下来,那我生在这么和平的国家,又有什么理由不奋斗、不努力呢?

**奚一琴校长**:生在和平年代,尤其要奋斗、要努力。我曾经读到过这样一句话:人应该因为遇到一本书而有所"诞生",因为"诞生",而获得一种重要的发展。其实,就美术阅读而言,我们期待的也正是这样一种因阅读艺术而自我"诞生"的过程。

## 话题四

**奚一琴校长**:"我们都是爱美的人。"那么,通过这次美术阅读,通过接触大量的美术作品,相信大家对"美"也有了自己的认识和理解。谁来跟大家说说:

在你眼里，什么样的作品才具有"永恒之美"呢？

**王梓睿**：我先来说说，我觉得美应该表达一种精神力量，能让人读着读着，就能获得人生的哲理。梵高的《向日葵》表达的就像泰戈尔诗句中"生如夏花之绚烂"，它启迪我们要积极阳光。所以，我们不能因为一点点挫折就失魂落魄，就放弃，这是我读到的美。

**叶旻书**：我觉得永恒的美没有一种固定的格式。美有多种表达的形式，可以是《多宝塔碑》的英雄气概，可以是《星月夜》的心比天高，可以是《拾穗者》的"我要扼住命运的咽喉"，也可以是"惠山泥人"的玲珑可爱。名画也不是平常人不可触及的东西，美能容纳下每个人的平平凡凡，但是美也是每个人平平凡凡中的不平凡。

**党世成**：我觉得永恒之美会记录历史上所发生的重要事情，并且让后人在看到这些作品的时候，仍然有所启迪。比如像《四渡赤水出奇兵》，毛主席曾说四渡赤水是自己军事指挥生涯中的"得意之作"。四渡赤水是毛主席的"神来之笔"，它让红军跳出了几十万国民党军的围追堵截，而在《四渡赤水出奇兵》这幅画作中，作者是用"火把"作为画作的灵魂，来勾勒出战士们的浪漫主义精神。现在我们再来看这幅画，我们仍然能够从这幅画中依稀感觉到红军战士们的不畏困苦、不畏艰难的精神。"永恒之美"就是过了很多年仍然有人去看的作品。

**奚一琴校长**：经典的作品往往能够体现一个民族的精神信仰。孩子们，美术作品的色彩、造型、内容、意蕴以及作家的情感表达不仅能给予人视觉之美，更能给予人心灵治愈之美，二者相融，构成了大家对"永恒之美"的生动注解，非常棒！最后，我想代台下的部分观众问大家一个问题：作为这一期的美术阅读小明星，你们是不是画画都特别棒呢？（四个孩子举手）看来，不会绘画，这并不影响我们去欣赏艺术；而欣赏艺术，也并非一定要通过画作向别人证明自己的审美收获。从某种意义上来说，在美术作品的阅读中获得一种向上的力量、向前的勇气，从而让自己更加从容地面对生活，并用"美"的情思去滋养生活、翻新生活，这也是我们与"经典艺术"相遇的意义所在。

## 亲 子 悦 读 苑

阅读，一旦冠上了"亲子"二字，便拥有了温情，注满了爱的味道。当我们在与一件件艺术作品相遇、相知、相恋的路途中，又再次嗅到了那股熟悉的亲情缱绻的味道。接下来，让我们掌声有请王钰淏家庭、王清玄家庭和我一起走进"亲子悦读苑"。

**奚一琴校长**：两个家庭分别介绍一下吧！

**王钰淏妈妈**：我们是实验小学分部王钰淏家庭。

**王清玄妈妈**：我们是三（2）班王清玄家庭。

**奚一琴校长**：既然被推选为"美术阅读"活动中的书香家庭代表，我想，一定有一些独特的做法，能不能和我们大家分享一下呢？

**王钰淏妈妈**：带孩子阅读时，我习惯用从宏观到微观，从框架到细节的方法。我们首先将所有的作品从时间跨度上分类，大致类分为远古、古代、近现代等几个阶段；从作品形式上分，大致分为壁画、绘画、雕塑、建筑等几大类。分类完成后，我们就按每个阶段、每个形式和孩子一起去通读，然后选择影响较大、知名度较高、意义较强的作品重点阅读。我们主要从以下四个方面去分析：作品本身、作品背后的故事、作品的时代背景和作品启发的联想。以《千里江山图》为例，我们先看作品本身美在何处？画面细致入微，烟波浩渺的江河、层峦起伏的群山构成了一幅美妙的江南山水图。接下来，我会带孩子探究作品背后的故事及时代背景。最后一起探讨作品带给我们的启发及由此产生的联想。在看《千里江山图》时，我还会引导孩子运用比较思维查阅资料，将王希孟和《宫娥》的作者委拉斯凯兹做对比。这两位画家有众多相似之处，比如都是宫廷画师，年纪轻轻都受到皇帝、国王的赏识，艺术成就都很高。但是，他们的经历和后人对其艺术成就的评价并不相同，这是什么原因呢？委拉斯凯兹，25岁成为宫廷画师，得到国王赏识，专门为王室贵族作画，可以说，他的生活基本上与卑躬屈膝联系在了一起。同样是宫廷画师的王希孟，18岁创作出《千里江山图》，这时候的王希孟是个满腹才情、桀骜不驯的翩翩少年，还未被功名、权财等世俗所累，也许只有在这样意气风发、胸襟开阔的年纪才能画出这样大气磅礴、意境开阔的鸿篇杰作吧。这些都是我和孩子在共同阅读中探讨的内容。

**奚一琴校长**：中央美术学院院长范迪安在全国政协会议上说：美术学习的过程，就是要打开孩子的心灵！学习绘画如此，美术阅读亦如此。你和孩子深度阅读美术作品很值得我们学习。我们再来听听王清玄家庭有什么特别的做法？

**王清玄妈妈**：美术，尤其是经典的美术作品，不光是要去读相关的文字、图片介绍,我们还要走进它们,与它们亲密接触。非常幸运的是,我们带王清玄参观了法国的卢浮宫、凡尔赛宫,德国的新天鹅城堡,意大利的罗马斗兽场。可能会有朋友要问,孩子这么小,他能看懂吗?我们家小孩当时处在幼儿园快毕业的时候,他可能当时并不知道达·芬奇、梵高、毕加索是谁,但我一直觉得这并不重要,我们带孩子去博物馆不仅仅是学习知识,更多的是学习一种思维方式,一种认知世界的方式。通过博物馆里一件又一件的藏品和展品,我们看到的不仅仅是文物本身,还有历史长河中不同时代不同地点发生的故事。比如,我们在参观卢浮宫的时候,有一个展厅是专门展览欧洲各个烧制中心不同时期的陶瓷作品的。王清玄说:"妈妈,你看,我们中国的陶瓷!"我就跟他讲了一个小故事,我觉得他是有必要知晓这段历史的。王清玄,你还记得那个故事吗?

**王清玄**:当然记得。故事讲的是三百多年前,有一个法国的传教士叫殷弘绪,他带了葡萄酒、钟表来觐见当时的康熙皇帝。康熙皇帝当时有个毛病久治不愈,在喝了这个葡萄酒后,身体就恢复了。康熙皇帝一高兴就允许这个殷弘绪在江西景德镇传教。这个人深谙中国的风土人情,他潜伏了20年,在1712年的时候写了一封将近3万字的长信回法国,详细说明景德镇瓷器的制造流程,并且随信寄回了高岭土的样本,让人在法国到处寻找。后来呢,在法国中部利摩日附近找到了高岭土,利摩日顺理成章地成了法国的瓷都。这也造成了我们中国历史上最大的一次财富转移。

**王清玄妈妈**:是的。其实,孩子在博物馆的学习过程也是在建立自己的世界观、人生观和价值观,以及他们认知自我和世界的一个知识体系。

**王清玄爸爸**:没错,当孩子有了自己的认知体系,他在未来的人生当中就能爆发出更多的创造力、想象力,他也能够更加的坚毅和自信,在面对将来可能遇到的困难也好,挫折也罢,能够更加豁达和乐观地去过好这一生。

**奚一琴校长**:行走,是为了发现更多的美好,而真正的美,也只有你来到它面前才懂。感谢王清玄一家人的分享,也感谢王钰淏妈妈的分享。那么,美术阅读对于儿童成长到底有何意义呢?前两天,我们"校长有约"阅读工作组特地去拜访了中国国家博物馆研究员、中国科学技术大学博物馆馆长陈履生先生。下面,让我们来听一听他是怎么说的。

**陈履生**:儿童审美阅读是一个特别的概念,这是儿童审美教育的一项具体的内容。过去,人们讲阅读都是讲常规的图书阅读,基本上是在获得知识的范围之内,还没有就审美的问题专门去谈阅读。当然,如今儿童教育更加广泛和多样,儿童阅读也会带来很多新的内容。很多时候,小学生的教育往往是在一些技术层面,包括识字、算术以及和审美相关的画画、写字、剪纸、泥塑等,基本上都是在知识和技术的层面上。审美阅读是从技术层面转向审美方向的发展。通过多样的审美阅读,通过走进博物馆、美术馆,通过欣赏名家名作等,提高学生的审美能力,增强审美素质,这对成长中的他们很重要。这不仅仅能引导他们走向专业的发展,更重要的是让他们能够在素质教育中完善人生。审美阅读可能影响他们的一辈子,会影响到中华民族未来的民族素养。因为有了很好的审美能力,他们知道什么是美,什么是丑。这也会影响到他们未来的行为方式和处事方式,他们可能因此而更加文明和有礼貌,更加懂得用美的心态对待世界上的一切,更加懂得用美的判断来决定自己的人生。审美阅读还能够帮助孩子进入到一种系统化的阅读方式之中,从图像的、文字的,从故事内容的到审美创造的,他们可能在阅读中思接千载,也可能在阅读中发现一些新的内容,比如他们能够从达·芬奇的《蒙娜丽莎》看到达·芬奇创作《蒙娜丽莎》的方式以及《蒙娜丽莎》所传达出来的美的内容,他们还可能看到达·芬奇在科技创造方面的一些特别的内容。可以说,审美阅读中1+1或许不等于2,可能等于3或其他。每一个人在审美的阅读中所获得的内容,实际上是打开了一个属于自己的知识领域,而这个知识领域就突破了1+1=2。审美阅读的培养,对于他们未来从事的很多工作都非常有用。尤其是在科学领域中,他们通过这样的阅读能够激发自己的一种创造精神,敢于突破陈规,敢于创造前人所未想。有了这样一种通过审美阅读而孕育的创造精神,就能突破一般的思考,像艺术家那样,不受任何的拘束,放飞想象。看到别人看不到的内容,想到别人没有想到的那些具体的问题。由此来看,这个审美阅读意义非凡。

**奚一琴校长**:谢谢陈馆长!不懂"美"的孩子,注定会错过很多快乐。所以,我们通过"美术阅读"进行美育,就是在为孩子们搭建通往快乐人生的阶梯。阶梯之上,每走一步,眼前必定是"清风朗月花正开""暗香盈袖景自来"!

## 经典小剧场

所谓经典,就是在经过了历史的浩劫,经历了风雨的洗礼,依然典藏于人们心中的佳作。283件经典的美术作品,于我们而言,既是一场美的遇见,更是一场美的探秘。当我们在一件件经典的美术作品前驻足流连时,我们幸运地窥探到了那个茫茫岁月里独属于人的温度。接下来,让我们一起走进"经典小剧场",去欣赏孩子们与"美术"的深情对话!

### 《与美术深情对话》舞台剧表演剧本

【大屏幕呈现高铁到站广播声:各位乘客,北京G2111次列车就要进站了,请乘客们携带好自己的物品,准备下车!】

**老师**:同学们,赶紧把队伍排好,我们的美术研学之旅开始啦!

【学生上场,齐呼:"来啦!"】

**学生1**:老师,第一站,我们是去故宫博物院吗?

**老师**:是,你都问了好多遍了!一定满足你的愿望!

**学生2**:放心吧!这一趟美术研学之旅,一定会让我们大饱眼福!

【汽车嘀嘀声,呈现"TAXI"图。】

**老师**:车来了,赶紧上车吧!

### 第一幕

【大屏幕呈现故宫图,大气磅礴的音乐响起。】

**学生3**:你看,这故宫的建筑恢弘大气,陶瓷珍品令人赏心悦目,一件件铜器啊,更是让我感觉像是在阅读一本用艺术写成的史书呢!

**学生4**:所以呀,人们说,故宫是中国古代艺术的宝库!走,还有让你更惊叹的呢!

【呈现《步辇图》,画卷徐徐展开。】

**学生3**:哇,这是阎立本的《步辇图》吗?

**学生4**:没错,唐朝宰相、画家阎立本创作的《步辇图》,这幅画被列为中国十大传世名画之一。

**"阎立本"**(饰演者):谁在夸我哪?

**学生齐**(惊疑状):这是?

**学生4**:请问,你是谁呀?

【画卷展开,呈现唐朝书房图。】

阎立本(捋胡须):我就是《步辇图》的作者——阎立本。

学生3(走近阎立本,仔细打量):你,你,你是怎么来的?

阎立本:我来?哈哈,非也!是你们走进了我的画中!

学生4:这么说,我们来到了唐朝?

阎立本:没错!

学生3:既然如此,那我们还真有好多问题想请教请教您这位名垂青史的大画家呢!

阎立本:请!

【背景切换至《步辇图》】

学生4:老师跟我们讲:您的这幅《步辇图》讲述的是公元640年,吐蕃丞相禄东赞为了帮助吐蕃王松赞干布娶到文成公主而前去参拜唐太宗的情景。据我了解,这是松赞干布第三次派人来求亲,那为什么这次成功了呢?

阎立本:哈哈,问得好!第三次求亲成功得好好感谢禄东赞。当时的大唐国泰民安,国力强盛,许多民族都向盛唐求亲,可是呢,适龄成婚的公主只有一个,那就是文成公主。面对应聘者,太宗皇帝犯难了……于是,他想到了一个办法,就是让众多使节参加"考试",谁能胜出,就把文成公主嫁给谁的君主。这禄东赞啊,在应试中过五关、斩六将,最终胜出。太宗皇帝对他赞赏有加,说道:"吐蕃的使节都这么聪明,那松赞干布就更加聪明了。"

学生4:这么说,禄东赞就是松赞干布的"诸葛亮"呀!

阎立本:你说得对!"智慧"能使人折服。松赞干布和文成公主联姻后,不仅加强了汉藏两族的联系和团结,也对发展藏族的经济文化做出了重要的贡献!

学生3:阎宰相,我还有一个问题:为什么抬着唐太宗的是9个瘦弱娇小的女子,而不是男人呢?这是您当时看到的真实情景吗?

阎立本:哈哈,这就是艺术!松赞干布派禄东赞来求亲一事当然是真的,我也是奉命作画。但是,为了突出太宗皇帝的高大威猛,我在作画时用这9个瘦弱的女子来抬辇,更能起到衬托的作用。

学生4:哦,这就是我们老师常说的"艺术来源于生活,但又高于生活!"

**阎立本**:哈哈,源于生活,又高于生活!(边说边退出舞台)

**老师**(唤学生名):你们在哪儿?

**学生3**:老师,我们在这儿!

**老师**(喘气):你们可把我找坏了。不是跟你们说过了吗?不要乱跑!

**学生4**:咦,阎宰相呢?(寻找)

**老师**:谁?

**学生3**:这幅画的作者——阎立本啊,我们刚刚走进画里,还和他对话呢!

**老师**:净瞎说!——今天,故宫博物院在武英殿书画馆还展出了你们心心念念的《清明上河图》,同学们都在等你们呢,走吧!(三人下场)

### 第二幕

【呈现《清明上河图》长卷。】

**学生1**:哇,太惊艳了!这么长的画卷,真的让我有种身临其境的感觉!

**学生2**:这些旷世名画啊,只有真正走近它,你才能体会到"人在画中游"!

**学生1**:你看,画动了!

【呈现2D+3D版动态图,市井买卖声响起,画图中部分人物走上场。】

**学生2**:我们穿越了,咱们来到了北宋的汴京——一个繁华的都城!

**学生1**:太神奇了!虹桥、王家纸马店、孙羊店、新酒(指着画作读店名)……好热闹啊!(一位拄着拐杖的老爷爷上场,学生拉住老爷爷。)您好,老爷爷,请问您这是要去哪儿呀?

**老人**:你们是?

**学生2**:我们是八百多年以后的学生,穿越到你们宋朝来啦!

**老人**:八百多年后?多遥远啊!我呀,得去那边买点儿炭回家烧饭呐!

**学生2**:爷爷,您慢走!

**学生1**:哎,那边好像有个茶铺,走,喝茶去!(两学生来到茶铺)

**学生1**:店小二,给我们来碗茶解解渴。

**店家**:好嘞!(学生坐下)

**店家**:新鲜、正宗的龙井茶来喽!(上场,来到学生身旁,大惊失色。)你们?

**学生2**:哦,我们是八百多年后的学生,因为被一幅名画吸引,所以穿越到了你们大宋。

**店家**:名画?穿越?

**学生1**:没错,这幅画是你们宋朝著名画家张择端的作品《清明上河图》!

当时,张择端将完成的画作呈献给徽宗皇帝时,徽宗大喜,用瘦金体在画上亲笔题写"清明上河图"五个字,还钤上了双龙小印呢!

**店家**:那你们倒是给我说说这《清明上河图》上画的是啥呀?

**学生 2**(拉着店家四处环顾):你现在所能看到的景象在《清明上河图》中都有。但是,这只是画里的一部分,你看!(掏出手机)【呈现"郊外风光"部分】

**店家**:那不是汴京东郊吗?

**学生 2**:你再看!

【呈现"汴河场景"】

**店家**:那不是我们的汴河吗?

**学生 2**:没错!《清明上河图》整幅画作就分为三个部分:郊外春光、汴河场景、城内街市。

【呈现画卷】

**店家**(激动,看大屏幕):没错,这就是我们世世代代生活的汴京啊!

**学生 2**:张择端在这幅画中把汴京旖旎的自然风光、淳朴的民俗风光、百姓的安居乐业呈现在这长达十五尺长的画卷上,让八百多年后的我们有幸可以窥见北宋的繁荣昌盛与百姓的富足安康——可惜……

**店家**:可惜什么?

**学生 1**(耳语):嘘,天机不可泄露!

**学生 2**(窘迫):哦,可惜——可惜我们还有事,得赶快走了!店小二,我们是从八百多年后来的,没有你们宋朝的钱币,所以,您看?(为难)

**店家**:嗨,两碗茶,算啥呀?我生在大宋,却不知道大宋有张择端这等奇人,却不知道《清明上河图》这幅稀世珍宝,谢谢你们让我长见识啦!

**学生齐**:谢谢您!再见!

【背景画晃动,除两学生,其他人退场,舞台背景呈现故宫图。】

**第三幕**

**学生 1**:刚刚你向店小二介绍《清明上河图》的时候,我发现你是满脸痛惜呀!

**学生 2**:怎么能不痛惜?大好河山,最后却被金人所占,百姓流离失所,怎

不令人痛惜？（学生1、2一边说一边退场）

**当代中国画爱好者**（边上场边吟诵）：江山如画，纵横捭阖。大青绿，展千里……

【学生5、6另一边上场】

**学生5**：这位叔叔在说什么呢？

**学生6**：走，去看看！

**学生5**：叔叔，请问，您这是在念诵什么呀？

**当代中国画爱好者**：哦，我是在解读一幅中国山水画。

**学生6**：中国山水画？刚才你说"大青绿，展千里"，说的是王希孟的《千里江山图》吗？

**当代中国画爱好者**：没错，大青绿，展千里，画坛高手多，此幅谁人及？（《千里江山图》徐徐展开）

**学生5**：中国那么多山水画作，为什么你单单推崇这幅画呢？

**当代中国画爱好者**：中国山水画讲究"三远"——高远、深远、平远，古往今来，如果做到其中一种，就已经很了不起了。可是，这幅长达12米的《千里江山图》同时具备了这"三远"。

**学生6**：您能给我们具体讲讲吗？

**当代中国画爱好者**：请随我的手一起看！抬头仰望，山峦雄峰，就像一个巨人一样横亘在我们面前，这是"高远"；我们再往山里走去，层峦叠嶂的山看不到尽头，山里有竹林、有人家，还有很多的秘密等待着我们去发现，这叫——

**学生5**：深远！

**当代中国画爱好者**：让我们再爬上山顶，一眼望去，远山如黛，开阔明亮，远山和地平线连在一起，这就是——

**齐**：平远！

**当代中国画爱好者**：我推崇这幅画，不仅因为它的意境之高，还因为这是一幅成本极高的画作：你们看，画布是桑蚕丝，上色用的是珍贵的矿物质颜料，而且一用就是五层。更重要的是这幅画是一个18岁的少年所作，少年的色彩，少年的无畏，少年的气魄，都在这幅《千里江山图》中得以呈现！

**学生6**：怪不得咱们班同学都喜欢这幅《千里江山图》，原来这幅画里回响着一个少年的声音呀!

**当代中国画爱好者**:说得好!年少存志趣,千里江山绝响余啊!

**学生5**:叔叔,冒昧地问一下:请问,您是?

**当代中国画爱好者**:我是?(大笑)一个曾经用了两个月的时间只临摹了《千里江山图》十分之一的当代中国画爱好者。(笑着离场)

### 第四幕

**学生5**:王希孟用了半年时间创作了《千里江山图》,这位叔叔用了两个月时间临摹了十分之一!王希孟和他的《千里江山图》,真可谓"前无古人,后无来者"呀!

**老师**(唤两个学生的名字):告诉你们一个好消息,今天故宫博物院还为游客们开设了"中国书画3D沉浸式体验"通道,你们俩要不要去看看?

**学生6**:那是肯定的!

【呈现台北故宫博物院画面,随后《祭侄文稿》徐徐展开,古琴声响起,颜真卿扮演者上场。】

**颜真卿**(伏案写字):惟尔挺生,夙标幼德。宗庙瑚琏,阶庭兰玉……(背景有光从文字上闪过)

**学生3**:你说这人是谁?

**学生4**(来到大屏幕前,仔细看作品):宗庙瑚琏,阶庭兰玉……这是颜真卿在《祭侄文稿》中对侄儿的夸赞。此人着唐朝官服,一脸凝重,想必是大书法家颜真卿了。

**学生3**:颜真卿,颜太师!(上前)晚辈拜见颜太师!

**颜真卿**:你们是?

**学生4**:拜见颜太师!我们是一千两百多年以后的学生,拜读了您的作品《祭侄文稿》,看到您饱蘸着血泪的笔迹,我们无不为之动容!

**颜真卿**:一千多年以后,人们还在读我的作品?

**学生3**:没错,不仅在读,而且作品中为国捐躯的颜氏父子为后世所景仰!

**颜真卿**(回忆,叹息):那年,安史之乱爆发,叛军欲拉拢我颜兄,故而威逼利诱。然则,颜兄不为所动,这帮可恶的逆贼竟然当着吾兄的面砍下侄儿的头颅。我颜兄依然拒不投降,谁料想叛军竟然以"割舌"之刑加害我兄!(抽

泣)一年以后,我带着部下攻打叛军,收复常山之时,才在一片废墟之中发现侄儿的头颅。年少丧命,死无全尸,怎不令我颜氏家族悲痛万分?

**学生3**:五百多年以后,宋代政治家辛弃疾在他的《正气歌》里还专门引用了颜氏父子二人的故事,是谓"为颜常山舌"!

**学生4**:人说:书,心画也!您的《祭侄文稿》,从线条的轻快之美,走向凝重之思,到最后化为歪斜难辨的六个字——"呜呼哀哉,尚飨",也让我们看到了您这位忠臣的家国情怀!

**颜真卿**:自古以来,家国即为一体!家是最小国,国是最大家,对于我颜氏家族,国家有难,匹夫有责!社稷危难,甘抛头颅!

**学生齐**:请受晚辈一拜!

(颜真卿退场)

### 第五幕

【马的嘶鸣声、奔跑声响起。】

**学生3**:奔马!

**学生4**:难道有徐悲鸿的《奔马图》?走,去看看!

【背景采光闪过,呈现《奔马图》。】

**学生3**:果真是《奔马图》!

**学生5、6**(上场):《奔马图》!

【马奔跑起来。】

**学生5**:马奔跑起来了!

**马**(画外音,一声长嘶):对,我必须要奔跑起来,这样,才能给所有的中国人民一往无前的勇气!

**学生6**:你会说话?——你不停地奔跑,不累吗?

**马**:一想到中国人民饱受日本帝国主义的侵略,我就恨不得载着主人从异国他乡返程回国,去驱逐日寇!驰骋沙场,保卫疆土,谈何苦累?

**学生5**:我听说,你的主人徐悲鸿当时为了给抗战募捐而远赴马来西亚办艺展,在听闻日寇占领长沙后,他心急如焚,彻夜难眠,于是,趁着月色绘就了你刚健有力的身姿!

**马**:没错,主人视国家为生命,他不仅是一位了不起的艺术家,更是一位饱含家国情怀的大丈夫啊!

**学生4**:我明白了:一马平川,所向披靡!徐悲鸿是要用这幅画来激励我们中华儿女不断地勇往直前,以中国人的"奔马精神"去铸造更大的辉煌啊!

## 尾 声

【所有演员上场。】

**老师**:说得好!一幅幅中国书画犹如历史长河中颗颗清亮的明珠。

**齐**:画里画外,意蕴悠远……

## 结 语

有人说:有些路,你不走,就不知道它有多美!美术阅读,阅读美术!回首来路的点点滴滴,我们发现:每一段都溢着童真与浪漫之美,每一段也都写着阅读与沉思之美。可以说,在这段长达 9 个月的寻美之路上,我们的生命就如梵高笔下的向日葵,"扭不屈之颈,昂不垂枝头",一直在追"一个高悬的号召"!岁月悠长,期待你我遇见人间更多至美!本季"校长有约"又要和大家说再见了!感谢大家的参与,我们明年再见!

【专家点评】

尊敬的徐部长、方局长:

尤其要感谢在座的可爱的孩子们,为大家献上了璀璨而又光芒夺目的一场美学盛宴。我特别想表达三层意思。

第一个关键词叫"遇到美"。扬中——长江的一座小岛,是江的孩子。扬中实小是扬中人的骄傲!扬中所有的小学所搞的"阅读",是所有教育人的骄傲!为什么这么说呢?有人经常说:一个民族的教育和未来在小学的讲台。我还可以功利地说,一个县市的高考就在小学的讲台。当我们的孩子遇到这么有情怀的老师和校长的时候,这是他的人生之幸。所以,我特别想说的是,朱光潜在《谈美》当中说:实用的最高目的就是善良的"善",科学的最高目的就是"真",而美感的最高目的呢?它就是"美"。无论是"真",还是"善",最终的状态其实就是"美"。而"美""真""善",最终的最高目的又是什么呢?美德。所以,让孩子在他年少的时候遇到美,其实就是成就他一生的美德。

我想说的第二点是"表达美"。大家有没有发现,孩子的语言就是他心灵的写照。我们孩子的表达是多么地合逻辑,我们孩子的表达是多么的温润。所以我特别想引用张若虚的《春江花月夜》来感受一下我们孩子的这种对美的表达:"春江潮水连海平,海上明月共潮生"。好一轮明月!"滟滟随波千万里,何处春江无月明"。你们不觉得我们这些孩子来到任何一片春江都会放出璀璨的月明之光吗?所以,我们今天在播种,我们明天一定有收获!

我最后想表达的是,我们的这群孩子必将"实践美"。怎么去实践美啊?王阳明在《传习录》中说:"致良知,知行合一。"我们今天在让孩子"遇见美""读到美",其实就是让他在"知行合一",其实就是让他在年少时代,不要去想花开得怎么样,果实结得大不大,枝叶繁茂不繁茂,我们只管去灌溉、施肥、浇水、呵护。这,就是实践。

最后,我用一句话来对我今天的表达做一个小结:奔腾千里兮,逝者如斯夫。在"奔腾千里兮""逝者如斯夫"中间,我一定有一句话要说,那就是:"浩浩大江边悟道"。我们今天就是在"悟道",悟什么道?悟育人之道。璀璨明珠兮,菁菁乐园读书,读者有光!

(点评者:赵华,江苏省特级教师,江苏省首批正高级教师;扬州大学兼职教授、硕士研究生导师;江苏省中小学教学研究室化学教研员。)

# 校长有约——撬动学校活力发展的支点

校长有约,是点亮心灯的读书之约;校长邀阅,是澄澈儿童的青春之约。

"大海航行靠舵手",校长是激发学校办学活力的关键因素。一个好校长能成就一所好学校,一个具有领导力、学习力、创新力的校长才有可能助推学校走向高品质、高质量的发展跑道。江苏省扬中市实验小学在百年老校已有的精神底座上寻找风雨洗礼中不变的根系——阅读文化,借力校长身份把自身的教育价值观及教育情怀转化为整个学校的教育发展动能,从而建构起了一个由学生、教师、家长乃至社会人士共同参与的阅读群体。在这个群体中,他们相互尊重、相互欣赏、相互激励、相互成长,形成了一个有信仰、有活力的生态发展共同体。这一共同体的建构过程便是学校持续开展多年的"校长有约"阅读行动。

## 一、领读琅琅,唤醒每一位教师的教育自觉

教育是生命影响生命。在扬中市实验小学,"校长有约"的原始样态从根本上确立了学校的发展使命,唤醒了每一位教师的教育自觉。首先,扬中市实验小学校长奚一琴将自己的办公室改造成"校长书屋",将一千多本儿童读物以及教育专著置于办公区域最显眼的地方,以"选一本好书就是选择一个制高点"作为"校长书屋"的文化标语,让走进这一间书屋的教师都能看到校长的教育追求、学校的发展内涵,从而形成自我发展的内在需求和价值定位。其次,奚校长巧妙运用学校现有的物型环境与网络环境全方位打造书香校园文化,将经典的儿童读物以及引领教师专业成长的教育读物推荐上墙、购书入馆、送书进柜,再借以"校长有约"阅读海报以及"校长有约"线上阅读的方式邀约师生共读,全时空营造阅读氛围。校长的以身示范、"现身说法"让阅读文化的因子浸入教师的心房,将每一位教师自然引入到阅读行动中来,使他们自觉成为学校发展的主力军。在扬中市实验小学,"小雅读书会""海棠国学组""菁菁悦读苑"等各种教师阅读团体如雨后春笋一般出现,教师队伍焕发着一种新生力。他们通过阅读成就自我,同时影响儿童,感染家庭,最终形成了由校长、教师、学生、家长共同参与其间的阅读文化场。2020年2月,《江苏教育》杂志对扬中实小书香教师

团队建设做了特别报道。

### 二、阅享侃侃,搭建每一个生命成长的活力舞台

对话教育是扬中市实验小学永葆活力的密码,在"校长有约"的阅读行动中,也始终坚守"尊重人、信任人、成全人"的对话理念,在这一理念的推动下,学校竭力为每一位阅读参与者搭建自由对话、表达自我的舞台。"校长有约"的舞台上既有述说教师阅读实践的"阅读团亮相",又有折射学生阅读哲思的"阅读明星秀""快乐聊书吧";既有传授亲子阅读经验的"亲子悦读苑",又有沉浸阅读后的具身式表演,即"朗读芳草园""我从书中走来"以及"经典小剧场"。这一舞台对话的推动者是校长,对话的主体是每一个参与活动的生命个体,对话的内容是校长推荐的经典读物,对话的形式是多元多向的深度思辨。可以说,每一季的"校长有约",校长、教师、学生、家长以及参与活动的教育行政部门领导、兄弟学校的教师代表等都在对话的场景中得到了阅读的滋养、精神的慰藉。如在第一季"校长有约"阅读分享中,家长走上舞台与孩子共读绘本《花婆婆》,用最动听的朗读之声实现家长与孩子之间的温情对话;在第二季《时代广场的蟋蟀》"校长有约"阅读汇报活动中,学生化身故事人物,教师用歌声渲染剧场情境,实现了教师与学生之间的默契对话;在第三季"红色阅读·筑梦远航"阅读分享活动中,教师以情景剧《点灯人》讲述阅读团在校长带领下选书、共读的美好历程,学生以革命英雄的形象演绎书中激荡人心的红色故事,实现了教师与观众的分享对话以及学生与英雄人物之间的真情对话……不同维度、不同深度的对话为每一个生命成长提供了发展的可能,释放了每一位阅读者的潜能,他们通过这样的舞台对话找到了适合自己的位置,体会到了存在的价值。每一季的"校长有约"也成了全校师生、家长以及社会各界人士共同期待的文化盛会。

### 三、引领灼灼,创生校本课程的生态路径

"校长有约"阅读活动持续运行,舞台对话"反哺"阅读行为,同时也不断催生了校本化阅读课程的建构。

首先是"整本书阅读"课程体系的搭建。这一课程着力指向文学类儿童整本书阅读,它有效调动了学校语文组教师的全部力量,让老师们的课外阅读指导更有抓手,更有特色,更有实效。2017年12月,由江苏省中小学教学研究室、江苏省教育学会小学语文专业委员会主办的《让每一间教室透出阅读之光》江苏省小学语文整本书阅读主题教学观摩研讨活动在扬中实小举行,来自全省各地600多名小语教育者参加了此次活动。活动中,学校54个班级同时开课,

课型千姿百态,内容异彩纷呈,既有同一系列不同时段的阅读指导课,又有同一内容不同策略、同一策略不同内容的阅读指导课,开阔旷达的教学视野,新锐前卫的教学理念,让实小的整本书阅读课堂灵动丰富、意蕴悠远,让现场的每一位听课老师感受到了整本书阅读的别样风采。

其次是"全科阅读"课程体系的建构。在"校长有约"各类经典读物的不断推荐下,师生阅读不再局限于文学类作品,而是走向了一片更辽阔的阅读世界。在这样的阅读背景下,学校以国家课程为出发点,进行大胆拓展,编订了一套富有本校特色的,着眼于儿童素养提升的"全科阅读"校本教材——《摩挲经典》《趣味麦斯》《窗外佳音》《翰墨油韵》《天籁润童心》《力与美》《畅想梦工厂》《指尖探秘》。在这样一个包容万象的校本教材的"阅读"与指引下,发挥每一位教师的专业引领作用,借助于每日"晨诵""午读""暮读"时间以及社团活动满足学生的精神发展需求,形成了涵盖各类学科的阅读课程体系。2018年12月,由江苏省中小学教师培训学会、江苏省小学校长与学校发展专委会主办的"施行全科阅读,擦亮儿童精神底色"阅读研讨活动在扬中实小隆重举行。活动中,扬中实小不同学科组教师在课堂上融入校本阅读素材,拓宽学生的阅读视野,通过学科阅读指导落实核心素养提升。此活动向全省43所联盟校的教育同仁成功展现了学校全科阅读的前瞻理念。

"在实践中成长,在体验中感悟。"奚一琴校长将这一办学理念与课程阅读巧妙融合,带领全体教师在大课程观的理念指引下,遵循人的发展规律,结合课程研究过程中生成的探究热点,充分利用环境资源、生活资源、人力资源等,又建构起了一个内容丰满而又交织融合,充满生机而又枝繁叶茂的泽润生命的"全景式阅读"课程体系。这一课程体系包括泛在阅读、全科阅读、实践阅读。在这一课程体系中,阅读的天地更为广阔,阅读的形式更为多样,阅读的人群更为广泛,阅读的状态更富有生机与活力。2020年,学校在这一课程体系的基础上聚焦儿童的品格生长,着眼儿童的未来发展需求,为其营造了一个生动活泼的"悦读场"——《沉浸阅读:"阳光儿童"正心朗行的品格提升行动》。此行动方案已成为江苏省内涵建设项目之一。

从"整本书阅读"走向"全科阅读",再走向"全景式阅读",阅读激发起了这所百年老校的内生动力,增强了学校的办学活力,形成了"快乐点燃·书香致远·明德厚学·正心朗行"的校园文化,最终实现了从"人治"走向"自治",从"个享"走向"共享"的生态发展新貌。

**四、慧享灿灿,激活联盟发展的运行机制**

一炬之火,众人取之,其火如故。以优质学校带动新建学校、农村学校,实现校际教育资源的共建共享是扬中教育局提高区域教育优质均衡发展的有效路径。自扬中实小教育联盟成立以来,"校长有约"阅读行动便开启了"阅读资源共享、跨校对话共赢"的新样态。一方面,扬中实小借助"奚一琴名师工作室"和城区新建江洲小学、四所农村小学建立了"'四有'好教师联动阅读团队",围绕儿童整本书阅读定期开展联盟教研活动;另一方面,借助信息技术,向联盟内兄弟学校专递阅读资源,开设分享通道,让更多的教师、学生、家长共同享受阅读的滋养。此外,在"校长有约"对话交流活动中,积极鼓励联盟校教师、学生、家长以合作者、欣赏者的身份走上舞台,畅谈阅读感受,共享阅读成果。至此,"校长有约"成了联盟校协同发展的纽带,它不仅带动辐射了其他学校,也进一步增强了扬中实小阅读活动的生产力。

苏霍姆林斯基曾说:学校应当像一块磁石,以自己有趣而丰富的生活吸引学生。扬中市实验小学的"校长有约"阅读活动不仅吸引了在场的每一位学生,也让学校的各项工作在运行过程中焕发勃勃生机。2019年,扬中市实验小学"校长有约"被扬中教育局授予"扬中市中小学最美阅读特色项目",多名教师被评为"扬中市最美阅读推广人""镇江市阅读先进个人";学校多次被评为"镇江市书香校园";2020年,学校被扬中市教育局授予"十佳高质量发展先进集体";2020年6月,学校在"学习强国"平台上推出"全景式阅读"课程宣传片。

"滟滟随波千万里,何处春江无月明"。"校长有约"的滟滟碧波陪伴儿童激情绽放,中华大地的菁菁少年奔涌青春,报国图强。

# 引言

## 我们的约会小时光

开学伊始,为学生送上一段和着春风的寄语;毕业典礼,为学生奏响拨动理想的琴音;文艺展演,为学生编织一件飞向艺术殿堂的彩衣;还有家长课堂、教师大讲堂,一次次摇响携手育人的银铃……不同的约会时光成了记忆里熠熠生辉的印迹,不一样的约会地点成了我们共筑教育之梦的蓁蓁桃林。

校长有约·下篇

亲爱的同学们：

和着初秋的快乐，迈着轻盈的步伐，在秋高气爽的季节里，我们又相聚在美丽的校园，迎来了一个新的学年，也迎来了一批可爱的学弟学妹们。和他们一起，我们又将开始一段快乐而又充实的校园生活。

**今天，我讲话的第一个关键词是"幸福"。**

同学们，作为实小的一名学生，你们是幸福的！经过一个暑假的休整，你们再次来到这儿，有没有发现我们的校园焕然一新了？为了让同学们有一个安全舒适、现代化设施齐全的学习环境，学校投入了大量的经费，暑期对教学楼进行了加固改造，还新增了许多的活动室、教学设备，如我们的实验室、舞蹈房、图书馆、阅览室……后期，这些活动园地将陆续投入使用。特别值得一提的是，在新大楼顶层，我们将为同学们建设一个蔬菜种植实验基地，同学们可以在这里自己种植蔬菜、研究蔬菜，甚至品尝自己的劳动成果！

说你们是"幸福"的，还因为今年我校引进了一大批的优秀教师。优秀的老师就像是一个优秀的舵手，引领你们在知识的海洋里尽情畅游，在多彩的实践园地里探索创新！希望同学们能珍惜这份"幸福"，用出色的表现回报学校赐予你们的"幸福"！

**我要讲的第二个关键词是"书香"。**

"腹有诗书气自华"，咱们实小的每一个学生都应该是周身散发着"书香"的、阳光朝气的孩子。上学期，我们全体语文老师通力合作，专门为你们量身定制了"1＋100本名著"的阅读文章，你们也在老师的带领下走进经典，触摸经典，与经典对话，在上学期面向全市的"项目评价改革"现场会上，部分班级还向

全市展示了自己的阅读成果,受到了专家、领导的极高赞誉!本学期,江苏省"整本书阅读"主题研讨观摩活动将在我校举行,希望同学们继续畅游书海,在老师的指导下,开展形式多样的读书活动,期待在12月份的"整本书阅读"的主题活动中,同学们有更精彩的表现!

**第三个关键词是"实践"。**

"纸上得来终觉浅,绝知此事要躬行"。"读书"和"实践"相当于人的两条腿,失去其中一条腿,都不能踏步向前!本学期,我们还将组织同学们走出校门,走向更广阔的天地,接触大自然,亲览名胜古迹,欣赏祖国大好河山,以此拓展同学们的视野;我们还计划以"关注家乡"为主题,准备带着你们研究家乡经济、家乡特产、民风民俗、建筑特点等,通过这些研究课题的开展,相信你们一定会更加了解家乡,爱上家乡……学习学习,既要"学"还要"习",只有把"学"和"习"结合起来,才能迈向远方!

同学们,跨进新学期的大门,沐浴着"幸福"的阳光,希望你们能潜心"读书",勇于"实践"!最后祝愿同学们成长更快乐,明天更美好!在第33个教师节来临之际,预祝全体老师身体健康、工作愉快、家庭幸福!

(在2017年秋季开学典礼上的发言)

## 你若盛开，蝴蝶自来

同学们：

又开学了！又一个春天来了！今天，站在国旗下，我想先给同学们讲一个故事。

曾经，有一个人为了得到美丽的蝴蝶，便买来一双跑鞋、一只网子。穿上运动鞋，追逐奔跑了很久，终于在气喘吁吁、满头大汗中抓到几只。可是蝴蝶在网子里恐惧挣扎，丝毫没有美丽可言。一有机会，蝴蝶就会飞走。这叫"追求"。

另一个人也很喜欢蝴蝶，他栽培了几盆鲜花放在窗台，然后静静地坐在沙发上品着香茗，望着蝴蝶翩翩而来，心情犹如吸蜜的蝴蝶。这叫"吸引"。

同学们，如果你喜欢蝴蝶，想被斑斓的蝴蝶包围，你是愿意做那个追蝴蝶的人呢？还是愿意做那个栽培鲜花的人呢？

是啊，你若盛开，蝴蝶自来！你变了，你的世界就变了。这就是新学期我对你们的期望——新学期，让我们做最好的自己！

如何做最好的自己呢？六个字：明德、厚学、乐创！这六个字就是我们学校的校训，是对全体同学的要求。

所谓"明德"，就是做个明理有德的人。首先，要有一定的是非判断能力，什么是对，什么是错，什么能学，什么要远离，每一个学生都应该有一双火眼金睛，都应该有一个智慧清醒的头脑。其次，要如孔子所说的那样：择其善者而从之，其不善者而改之。孔子的意思是说：要选择别人的优点去学习，他们的缺点如果我有就要改正它。在这里，我补充一点，不仅自己要改正，还要帮助别人去改正。如果你发现有同学随地乱抛纸屑，你得上前告诉他：这是一种不文明的行为，环境保护要人人尽责；当你发现有两个同学在争吵甚至要大打出手时，你得上前阻止并告诉他：班级同学是一家，退一步海阔天空，有事好商量……总之，每一个同学都要有主人翁的意识，不能事不关己，高高挂起。要知道，一个人如果去留意身边的事，关注身边的人，并愿意去阻止一些不文明、不道德的行为，同时尽自己所能去帮助身边的人，他就是一个有德之人。

"厚学"，就是力争做一个知识渊博、有远见卓识的人。知识的海洋是浩瀚无边的，我们在学校里所学的知识，每个同学目前所拥有的知识只是沧海一粟，所以不能骄傲自满。知识从何而来？从书本中来，从生活中来！"书山有路勤为径，学海无涯苦作舟"，获取书本中的知识以"勤"为径，但不能"两耳不闻窗外事，一心只读圣贤书"，因为"生活处处皆学问"。本学期，我们继续进行校外实践活动，让同学们到更广阔的天地去探秘。同时，我们还将组织同学们在老师的带领之下进行主题探究活动，在探究的过程中增长知识，练就本领。如我校的楼顶蔬菜棚，我们将分派到班，由同学们去种植，去护理；我们还可以走出校门，到工厂，到社区，到大自然去学习、实践。总之，一个有着丰厚学识的人，他的人生将是充实而有价值的。

　　"乐创"，顾名思义，就是乐于创造。著名的教育家陶行知先生说过：处处是创造之地，天天是创造之时，人人是创造之人。我们学校丰富多彩的社团课程，就给同学们提供了创造的天地。上学期，有的同学们在儿童画、水粉画等绘画社团中发挥奇思妙想，进行富有个性的绘画创作，学校在江苏省国际青少年绘画展中荣获优秀组织奖；有的同学在机器人、无人机的社团活动中，与科技亲密接触，动手动脑进行自己的小发明、小创作，学校在江苏省教育厅批准的"金钥匙科技竞赛"中获"青少年科技教育先进学校"……这些都是可喜的现象。本学期，我们希望其他社团也能够涌现更多的乐创之人：参加声乐社团的同学可不可以进行歌曲的创编呢？参加舞蹈社团的同学能不能根据乐曲进行自编自舞呢？参加趣味数学社团的，能不能将平时所学的数学知识创造性地运用到趣味数学的解题中来呢？……这一学期，我期待在"六一"小星星艺术节、科技节中结识更多的"乐创"小明星。

　　同学们，你若盛开，蝴蝶自来；你若精彩，天自安排。希望我们实小的每一个学生都能拥有这样的信念：踏实走好每一步，充实过好每一天，努力做最好的自己，终有一天，一切美好将会随之而来……

（在2018年春季开学典礼上的讲话）

**亲爱的同学们、老师们：**

踏着习习秋风，我们又迎来了一个崭新的开始。今天，我们一起汇聚在这新铺设的塑胶操场上，看得出来大家的眼里写满了期待，盛满了热情，特别是我们一年级的小朋友更是充满了好奇，我突然想到文学家朱自清的那句：一切都欣欣然张开了眼！

在新学期到来之际，我首先告诉大家一个好消息：我们学校——扬中市实验小学，这所走过风雨，不断写就辉煌的百年老校今天有了一个新的名字，那就是"扬中市实验小学教育集团"。所谓"集团"，它就不是一个单独的存在，它是一个有着同一奋斗目标的共同体。这个共同体中有两个孩子——实验小学和江洲小学。实验小学就是你我身处的这所校园。江洲小学在哪呢？它距离我们学校大概有1.5公里，是一所精致小巧的学校。目前，学校有300余名学生，25名老师。这个时候，他们和我们一样，站在国旗下，满怀激情地参加开学典礼。今后，这两所小学将在我们实小教育集团的管理下同呼吸，共命运。希望大家铭记：你是扬中实小教育集团的学子，这是你的荣耀，你的幸福！

新学期，我有三句话要送给我们实小的孩子们。

**第一句话：树立一个理想。** 俗话说：人无志不立。意思是说：如果你没有远大的理想将来是不可能有所作为的。我想问问同学们：你有理想吗？你的理想又是什么呢？有人说，我想做老师；也有人说，我想当医生；还有人说，我想做科学家……这些都是了不起的理想，但理想绝不是挂在口头上的一句空话，是要付出实际行动的。在我们学校一楼西边长廊的院士墙上用了很长的篇幅讲述了中科院院士马伟明实现理想的故事，大家好好读过了吗？如果没有，我希望同学们能利用课余时间，低年级的老师们利用班会课时间带着孩子好好读一

读,学一学,让院士精神指引我们实小学生朝着理想奋勇向前!

**第二句话:担起一份责任**。责任是什么?抗日战争时期,无数英雄战士们抛头颅、洒热血,不惜牺牲自己的生命保卫祖国河山,赢回民族尊严,换取人民和平幸福的美好生活,那是他们肩负的责任。那作为新时代的我们,你知道应该担起一份怎样的责任吗?往小处说,捡起地上的纸屑,扶起跌倒在地的同学,认真完成老师布置的各项任务,尽心尽力参加好每一次集体活动……这都是有责任心、有担当力的表现。今天,我特别想提出表扬的是我们合唱队、乒乓球队的同学们。这个暑假,江苏省第四届"玘迹体育杯"小学生乒乓球锦标赛在我们学校举行,我们学校的31位乒乓球队员每天顶着烈日,冒着酷暑,坚持到校练习,在此次比赛中,他们奋勇拼搏,在团体赛和个人赛中都取得了非常棒的成绩。我们合唱队的队员们在28号的江苏省第六届艺术展演中表现出色,取得了一等奖的好成绩。成绩的背后是他们奋斗的汗水,是老师们的辛勤付出!同学们,为了学校、为了集体,能够把个人的安逸置之一边,投入集体活动的奋战中,你便担起了一份可贵的责任!

**第三句话:守住一抹阳光**。每天走进校园,我最欣慰的是看到同学们脸上洋溢着微笑,跃动着光彩,这就是我们实小孩子应有的精神状态。可是,作为一名实小学生,仅有外在的阳光朝气是不够的,我更希望你们拥有阳光向上的积极心态。什么是阳光心态呢?当自己身处困境的时候,你能够突破心理的障碍,迎难而上,勇于进取;当自己面对失败的时候,你能够振作起来,不自暴自弃,迎头赶上;当别人比自己优秀时,你不是嫉贤妒能,而是视他为榜样,取人之长,补己之短;当别人遭遇不幸时,你能带着一颗友善之心,尽己所能去安慰他、帮助他……同学们,这些都应该成为我们实小人应具备的阳光心态,个人素质!

确立一个理想,担起一份责任,守住一抹阳光!同学们,这就是新学期,我对你们寄予的希望。我期待:不久以后,当我们实小学生迈出校门,走向社会的时候,别人会这样夸赞你:这是一个有理想、有担当、有朝气、有活力的新时代弄潮儿!新学期,祝同学们学习进步,祝老师们工作愉快!谢谢!

(在2018年秋季开学典礼上的讲话)

## 与春天同行

**亲爱的同学们、老师们：**

美好的时光总是短暂的。可能我们刚刚才开始享受美好的假期，还没玩尽兴，它却又结束了。是的，岁月不待人，春天已经迫不及待地来到我们身边了。你看，今年入春，先是一场春雪让我们置身于银装素裹的妖娆之境，随后一场春雨带给世间万物以醇美滋养……四季之春自然有属于它的曼妙风景，那我们人生的春天如何让它风姿绰约、生机盎然呢？今天，我讲话的题目是《与春天同行》。

与春天同行，不要忘了在春日里品味书香。人生有了书香，也就有了诗意；人生有了书香，也就有了韵味……在我们教育集团的实验小学、江洲小学，有着一大批热爱读书、迷恋书香的孩子们，每每想到他们，我们总是觉得幸福充盈心间……今年春天开始，我们学校每个月将会有一档大型的阅读专题活动，那就是《校长有约》栏目。"校长有约"，就是校长邀约你们一起读书。读什么书呢？读书的内容，我们将会以海报的形式呈现在校园醒目处，到时候，大家一定要留心阅读哦！在每个月的读书活动中，我们还将评选出优秀阅读明星参与到《校长有约》的"阅读沙龙"活动中来。我们期待，到那时，阅读小明星如雨后春笋一般，在阅读的滋养下，不断涌现，拔节生长！

与春天同行，不要忘了在春日里强筋健骨。大家都熟知一句话：身体是革命的本钱！一个人，如果没有好的身体，就如折翅的鸟儿，飞翔蓝天的梦想将成为泡影；一个国家，一个民族，如果没有强健体魄的民众，就不可能立于世界民族之林。春天到了，脱下厚重的冬衣，到大自然中去踏青、去锻炼，让自己在青山绿水中呼吸芬芳、滋养情趣、调养身心。同时，珍惜在校的阳光大课间活动，主动参与、积极锻炼，今年五月，我们期待在小星星体育节上再次看到大家雄姿英发、少年意气的身影。

与春天同行，不要忘了在春日里感恩拥有。同学们，"阳春布德泽，万物生光辉"，当世间万物得以阳光的沐浴后，便以生命的色彩回馈阳光。草木有情，人焉能无情？一个常怀感恩之心的人，他的生命色彩必然是绚烂夺目的。我期盼，今年的"学雷锋"活动日，大家能怀着一颗赤诚之心，像雷锋那样对身边需要

127

关爱的人"施之以爱";我期盼,在3月12日植树节,大家能怀着一颗博爱之心,为生活植一片绿,在校园种下一棵感恩树,植下一株感恩花,让我们的校园、我们的生命多一份健康守护;我期盼,在"三八妇女节"那一天,所有的同学都能铭记"慈母手中线,游子身上衣"的悠悠母心,报之以恩;我期盼,在每一个平凡的日子里,大家都能体味"赠人玫瑰,手有余香"的幽美意境,用自己的一言一行写就感恩诗篇;我更期盼,大家能在人生的烂漫之春里,以坦荡的心境、开阔的胸怀,在平凡中感受美丽,在感恩中寻回人世间最美的情感!

亲爱的同学们,年年岁岁花相似,岁岁年年人不同。又一个春天扑面而来,让我们与春天相约,与春天同行,在春天里诗意行走吧!

(在2019年春季开学典礼上的讲话)

**亲爱的同学们、老师们：**

别后重逢的时刻总是那么令人期待。前几日，我不止一次地在脑海中幻想：新学期，朝阳下，站在旗坛上，看着个子窜高的你们，那会是一种怎样的感觉？刚才，伴着进行曲，走在校园中，再次看到你们，和你们共同相聚在这鲜艳的五星红旗下，我真切地感受到："秋意无边，满园硕果枝摇曳，红旗招展与日连，少年志向前。"新时代的少年就应该像你们今天这样，满眼里闪着希望，神情中写着自强，胸怀中喷薄着昂扬。

新学期，我们又迎来了四百多位一年级的小弟弟小妹妹们，我很高兴又有一群生机盎然的小精灵们和我们共同编织美丽梦想，共同书写七彩未来。正像一位诗人所说：我们希望每个人都怀着柔和的梦想，走进光明，并让未来的自己也化为光！那么，新学期的我们该以怎样的姿态继续踏上光明大道，让自己也化作一抹绚丽的阳光呢？我给大家三点建议。

第一点，做"大气"之生。

说到"大气"，我想到了王昌龄的那句"黄沙百战穿金甲，不破楼兰终不还。"我想到了那句"破釜沉舟，百二秦关终属楚。卧薪尝胆，三千越甲可吞吴"。没错，你们一定理解了我所说的"大气"指什么，它指的就是"不达目的不罢休"的气度，指的就是迎难而上，克服万千险阻的愚公精神。孩子们，如果你拥有了这样的气度，这样的勇气和精神，你就是一名"大气"之生。

第二点，行"大雅"之事。

"大雅"就是高贵典雅。不要觉得它离我们很远，其实，"雅"就体现在你的一言一行中：看到师长，你能主动上前，恭恭敬敬地打声招呼；别人给予你帮助，

你能真诚地道一声"谢谢";面对别人给出真诚合理的建议,你不羞不恼,反倒是心怀感激;手里的垃圾不随意丢弃,总会给它寻到合适的安身之地;中午的阅读时光,你是静心阅读,让文字在心底蔓延出一抹抹动人的思绪;当国歌声响起的时候,不论何时何地,你都能肃穆站立并激情歌唱;今天的国旗下讲话中,你能克服长久站立的不适,并能认真聆听……孩子们,这就是"雅"。如果每个人都能做到"雅言雅行",那我们的生活将是清风朗月,万里明媚。那么,还有哪些行为可称之为"大雅"呢?我把这个话题留给你们不断思考,每天思考,希望你们在今后的日子里,用行动告诉我最美的答案。

**第三点,成"大才"之人。**

有人说,不读几本书都难登大雅之堂。今天,我要对你们说的是,不海量阅读都不敢与人交谈。孩子们,我们现在所处的时代是一个信息万千、瞬息万变的时代。实小的孩子个个都是阅读小天使,但我希望你们不要局限于阅读的一方天地,走出来,多多涉猎其他类的书籍,让自己的眼界随着你的厚积广闻,随着你的博览群书渐渐开阔起来……如果有一天,当你秀口一开,唐诗宋词马上能脱口而出;当你置身于名胜古迹,历史人物、奇闻逸事都能侃侃而谈;当你游山玩水,天文地理都在你的胸中徘徊;当未来的你无论身处何地,你依然能在闹市中取静,在繁杂中采撷书蜜,你便是我所期盼的"大才"之人。

亲爱的同学们,做"大气"之生,行"大雅"之事,成"大才"之人,如果我们每个人都力争做到这三点,那我们的学校就是"大美"校园,我们的国家就有希望,就有未来!因为少年智则国智,少年强则国强,少年雄于地球则国雄于地球!

(在 2019 年秋季开学典礼上的讲话)

## 从春天出发

**亲爱的同学们：**

我相信，春节后的第一次升旗仪式一定是每一个实小人无比激动的时刻，因为，迎着鲜艳的五星红旗，呼吸着校园里花草的芳香，我们总会从心底涌出一番温情的感慨：正是江南好风景，花开时节又逢君！春节后的第一次国旗下的讲话对于大家而言，一定又是无比期待的，因为在国旗下讲话的这一刻，正是我们一起回味过往，展望未来，昂首踏上新征程的时刻，我们需要一个特别有仪式感的对话去开启一段更辽阔的未来！

今天，虽然阳光明媚，鸟雀欢鸣，但我们没有选择"同聚绿茵草地"的讲话方式，我想，这其中的原因你一定知道。我也相信，你我虽然无法用"目光交流"，但"距离"从不妨碍我们彼此之间的倾心交流，我相信教室里的每一位同学都能够通过"电视"这一普通的媒介，让我们新学期的第一次对话因为"距离"产生特殊的视听美感。

亲爱的同学们，这个寒假对于你们来说，是超越你们年龄的经历；这个春节对于我们每一个中国人来说，那将是终生难忘的记忆……一场疫情锁住了我们外出的脚步，却打开了我们对生命理解的门锁；一场来势汹汹的疫情侵袭了荆楚大地，却让我们学会了"同饮一江水，共连一条心"；一场全民投入的没有硝烟的战争让我们深切地感受到什么叫"国家有难，匹夫有责"；一群无惧生死、"若有战，召必回，战必胜"的"逆行者"们让我们领悟到了什么叫"英雄本色，勇者赤心"。

孩子们，诗人普希金曾经说过：一切都将会过去，而那过去了的，都会变成亲切的怀恋！

在这一场我们共同经历的战"疫"中，我们要永远记住那些一往无前、扶危渡厄的勇士。无论是第一时间奔赴武汉的钟南山院士，还是坚持在医院工作一线的张定宇院长……当然，还有无数奔赴"战场"，不计得失，不畏生死，怀一腔热血毅然决然写下请战书，按下红手印的白衣战士。这其中，有我们江洲小岛的丁咏霞、王玉、奚柏剑、桑宁阿姨，还有我校四(8)班田芷睿的妈妈田英阿姨……他们的名字都应该留存在你我的心中,成为一道灿烂永恒的星河;他们那满脸勒痕、满目写满柔情的笑脸应该镌刻在你我的心底,成为一股滋润我们精神成长的汨汨清流,因为,正是他们用自己的博爱担当、医者仁心,为身后的亿万中国人筑起了一道生命防护的堡垒。

在这一场我们共同经历的战"疫"中,我们还要记住那些不留姓名、只愿默默播撒馨香的好心人。那位步履蹒跚来到社区,送来一沓崭新100元钞票,靠着四处捡废品补贴家用的83岁老人;那位从土耳其背回2000只口罩送给值勤交警并自称"中国人"的真心英雄;那位寻路40公里,骑着三轮车,坚持为武汉医疗队送去新鲜蔬菜的菜农;那位在忙碌的急诊科放下三盒护目镜就匆匆离去的年轻姑娘;那位在听到武汉建院需要支援,自愿打车到武汉工地的河南大哥……太多太多的人,我们也许无法叫出他们的名字,但我们却清楚地知道,他们都有一个响亮的名字,那就是"好心人"!在突如其来的疫情面前,正是有了这些好心人,让我们在恐慌面前多了一份温暖,在悲痛面前看到了决胜的希望。

在这一场我们共同经历的战"疫"中,我们还要记住那些庇护我们生命安全的社区"守门人"。同学们,这是一场全民携手、躬身入局的战"疫",因为我们的敌人躲在暗处,非常狡猾,肉眼无法预见。但今天,我们能够如此平安地相聚于此,不光是你积极响应号召,宅家安心学习、努力锻炼的结果,也是那些在守护我们生命安全的叔叔阿姨们的"战果"。虽然,我们无法走上前线去与病毒做战斗,但我们都知道:保护好了自己,就是保护好了身边的每一个人。我想,那些守护我们的人曾经坚守的地方,以后你再经过时,那些坚守的身影、美丽的脸庞一定会如彩虹一般浮现在你的眼前,因为,正是他们的"守护"让我们拥有了今日"相拥"的美好时光。

在这一场我们共同经历的战"疫"中,我们还要永远记住那些让国人为之振奋、让世界为之惊叹的"中国力量"。中国,一个经历了五千年风雨洗礼的文明国度。在我们的眼里,它是一位顶天立地的男子汉,是一列迎着朝阳、驶向辉煌、不断缔造奇迹的"复兴号",是14亿黑头发、黄皮肤的中华儿女入骨依恋、深深挚爱的母亲。同学们,我们生活在和平年代,没有经历过枪林弹雨的硝烟生活,可是,这场疫情战争却让我们真真切切地感受到,只有在中国共产党的坚强领导下,才能取得疫情防控阻击战的全面胜利;在中国共产党的领导下,我们的中华大地上便会处处涌动不言败、不退缩的力量与豪情。相信,你一定看到火神山医院从一片曾经遍布藕塘和土丘的荒地上拔地而起的情景,那是千余名建筑工人十日内不分昼夜、奋力鏖战书写出的"中国速度";你一定看到了在中国共产党的统一指挥下,全国19个省份火速驰援湖北的车辆一批批驶向"战地"的身影,我们大江苏成为这场"战役"中,全力支持湖北疫情控制的"苏大强",19个省份,无数爱心,最终汇聚成"一方有难、八方支援"的"中国合力";你也一定听说了中国五菱汽车企业、比亚迪汽车制造厂、美的电器、格力电器、中国石化等企业在祖国危难时刻,夜以继日改装生产车间,争分夺秒生产口罩的消息,那是"人民需要什么,我们就制造什么"的"中国担当";当世界各地爆发疫情时,中国向世界敞开怀抱,以大国的胸怀与境界支援他国,那是"大爱无疆",致力于构建人类命运共同体的"中国风范"!孩子们,中国速度、中国合力、中国担当、中国风范……这些共同汇聚于一股强大而又温暖的中国力量,这一力量将激励着每一位中华儿女充满希望地奔跑在追梦的路上。

　　孩子们,怀念一群人,怀念一段特殊的经历,怀念那些感人的瞬间,你的心中就会有一股暖流漫过,就会有一种力量崛起,这,正是我和你们一起回味的初衷所在。对于这场全民投入、共同抗击的"战役",我们不仅要把它变成亲切的怀念,它还应该成为一次痛彻心扉的警钟长鸣。当生活给了我们警醒的一锤,当灾难给了我们反思的时机,孩子们,下面,我们要做些什么呢?

　　首先,让我们常怀感恩之心,做一个"有善心"的人吧!刚才,我们一起重温的那些人、那些事,如果你能够永远铭记于心、时时回味,你就是一个有温度的人。当"温度"蔓延全身,我希望它能演变成你的一种自觉行动,那就是"善举"。孩子们,"善良"从不畏惧电闪雷鸣,从不拒绝时光流转,不论身份高低,不论贫富贵贱,只要你想,你都可以拥有"善良"这一高贵的举止。我一直觉得,"善良",在任何时候,都是一股强大的积极力量,就如在这场病毒肆虐的疫情面前,善良的人们播撒爱的火种,最终,在中国的大地上发散出了穿透寒风的温暖。当我们的周身飘逸着"善"的分子时,我们的生活就会与"静好"相伴,就会有"鸟雀"欢呼。今天,我要特别感谢二(3)班张乐遥、六(1)班戴沐彦家长,感谢二(8)班赵丽雅家长,为了让同学们能够安全、健康、有序地开始新学期的学习生活,他们主动向学校捐赠了红外线测温仪,这就是"大爱之举",这就是"善德之行"。孩子们,多么希望你们也能将"慈悲"与"善良"永远缀在人生之路上,让澄明的心灵、广博的仁爱、大气的胸怀成为一束束温暖的光映射在周围每一个人的心间。

　　其次,让我们做一个"懂敬畏"的人吧!人和自然,需要寻求一个永久的平衡。说说今年的东非蝗灾吧!当漫天的蝗虫遮天蔽日般涌向农田,啃噬农作物,给农业生产带来极大灾害,给人民生活造成严重影响的时候,人类还能自鸣得意地认为,自己是大自然的主宰吗?让我们再把目光聚焦于2019年那场燃烧了近7个月的澳洲大火吧!一场大火让超过10亿只的野生动物丧命,2500多间房屋受损,1170万公顷的土地被烧毁,面对如此惨烈的悲剧,人类还能自以为是地说是大自然的主宰吗?孩子们,人类在自然面前从来都是渺小的,我们不是主宰者,而是大自然的看护者啊!我们只有心怀敬畏之心,与自然中的每一种生灵和谐共处,这才是我们的生存之道!

第三,让我们坚持以事实为本,做一个"明是非"的人吧!这个寒假,既是我们与病毒的战斗,也是与谣言的较量。孩子们,这个世界从来都不缺造谣生事、唯恐天下不乱的人,但我们始终相信:谣言止于智者。都说这场灾难是一面"照妖镜",照出了温情善良,也照出了魑魅魍魉。但倘若你有一个清醒理智的头脑,有一颗冰洁无瑕的心灵,有一种"不畏浮云遮望眼,自缘身在最高层"的胆识与眼界,你就能够在纷繁复杂的信息中识真言,明是非。孩子们,任何谣言在真相面前总是不堪一击的。希望在你们的人生之路上,能够多一双慧眼,揣一份真诚,始终为这个世界传递正能量。

第四,让我们珍惜当下,做一个"思进取"的人吧!孩子们,因为这次疫情的不确定性,我们的开学延期再延期。可是,"停课不停学,停课不停教"。在这样一个漫长的假期中,国家教育部门、地方教育局、各个学校、每位老师无时无刻不在牵挂着你们的学习。好多老师在接到录课任务后,认真钻研教材,潜心设计教学案例,他们通过线上集体备课,精心制作教学微课,为你们呈现了一节又一节精彩有趣的网络课。通过了解,我知道很多同学能够在每一个学习日按照学校为你们制定的课程表认真学习,独立完成作业。看到你们在班级群里提交的作业书写工整美观,见解独到有创意,我总是禁不住感慨:勤勉当及时,少年当自强啊!可是,同学们,当我们可以无所顾虑地使用互联网、4G进行网络学习时,还有很多和我们一样胸有大志、眼里有梦的孩子却不能像你们一样利用网络。不知道你们有没有看到这张照片:西藏偏远山区的一个女孩,因为家里网络差,每天步行30分钟到雪山山顶上课,在这天寒地冻的环境中,一坐就是4个小时;不知道你们有没有看到:河南省一名14岁的初中生,因为家里没有网络,舍不得爸爸手机里的那一点儿流量,每天跑到村委大院蹭网学习,寒冷的屋外,昏黄的灯光,女孩一学习就是几个小时……这样的情景如果通过网络进入你们的视线时,你们有没有这样一种感慨:我太幸福啦!没错,当上帝给了你一张幸福的网,请不要把它当成可以随意挥霍时光的温床;当命运给了你一条平坦的通途大道,请不要停滞不前贪恋一时的欢乐!珍惜当下,把握眼前,追逐未来,让自己行走的道路留下你奋斗的汗水吧!让人生之网在你的手中镶嵌上耀目的珍珠吧!

第五,让我们不断锻造自我,做一个"能担当"的人吧!一直让我引以为豪的是,实小的每一个孩子都是有梦想、有追求的。"自小多才学,平生志气高"一直是我们实小学子最真实的写照!学习的终极目的是什么?可以有多种答案,但是,孩子们,这丰富多彩的答案必须是一个同心圆,必须有一个中心点,那就是"实现中华民族的伟大复兴"!他日,你长大,如果你愿意学医,请你做像那些冲上疫情一线的勇者,用自己的身躯扛起万重大山;他日,你长大,如果你愿意走上科研道路,请你为人类的长远发展,把论文写在祖国的大地上;他日,你长大,倘若你愿意做一名人民教师,请你教育你的学生当像钟南山爷爷那样的人,敢说真话,勇挑重担,专业一流,成为祖国人民温暖的倚靠……他日,你长大,请用你卓越的才华与学识来为我们的国家和民族、为人类谋求更大的福祉!

孩子们,春天已迈着轻盈的脚步向我们走来了,它拂去了记忆中的尘埃,融化了疫情中的冰寒,但是冬日里的号角与期盼,最终会在这个满载着希望的春天里,走向金秋,迎来硕果满园!

"等闲识得东风面,万紫千红总是春",春天已来,让我们彼此携手,从春天出发吧!

(在 2020 年春季开学典礼上的发言)

## 从"新"出发

**亲爱的同学们、老师们：**

  时光它有脚啊，走过你的假日，走过我的夏季，轻盈地跃过红艳如霞的紫薇花，倚躺于灼灼耀目的凌霄花架，只一声蟋蟀的歌吟，就着柚子树上的一声鸟鸣，它就把我们再次召唤到了一起，即将去绘织一个散着果香的秋天，共同去守望一个写着"多彩"的未来！

  同学们，今天，你们在教室里坐着，看看左边，瞧瞧右边，再瞅瞅前边，望望后边，可能不再像以往那般自在，那般熟络，因为这学期，通过电脑重新进行阳光分班以后，我们集团三千多名学生都置身于一个新的学习环境。这其中，也许你能瞥见几张熟悉的面孔，但是，面对着新的老师，还有一群新的同学，总有一种"未知感"牵绊着你，总有一种"拘束感"笼罩着你……孩子们，"新"与"旧"总是在我们的生活中交替着出现，"新的"会成为"旧的"，"旧的"又总在催生着"新的"，我们的生活正是有了这无数的"新旧"才构成了属于每个人曼妙多姿、奇异多样的风景。

  新的学期，新的同学，新的老师，新的教室，新的课本，新的知识……似乎一切的一切都在你的眼前"新鲜"了起来！如此"新奇"的生活，如此"新鲜"的开始，我们该如何从"新"出发呢？新学期，在你们即将起航之际，我想给大家赠送三根魔法棒。

  **第一根魔法棒的名字叫"适应"。**"适应"就是让自我与周围进行调和，进行溶解，甚至产生化学反应。就像你在家里冲泡牛奶，将水与奶粉融合在一起，就成了一杯香气四溢、入口润滑的牛奶；就像你用水粉调色，红色与白色交融在一起就变成水嫩可人的粉色，红色再与蓝色调和在一起就变成了神秘优雅的紫色……新的环境有时候就像一杯等待着你去冲溶的牛奶，就像一盘等待着你去调和的色彩，只有敞开胸怀努力让自己去适应它，才能让环境因为你的出现而神奇多彩。今天是开学第一天，同学们一早来到园丁路入口时，一定发现了有好多志愿者爸爸妈妈在维持入校秩序。我也欣喜地发现，许多同学不再像以往那样非要家长背着书包、牵着自己走到校门口，而是能在志愿者爸爸妈妈的指引下自己背着书包,绕过栅栏,自信满满地踏进校园……你们知道吗？今天你们的步态是最优美的,笑容是最灿烂的,我很高兴你们在新学期的第一天就能很快地适应学校这一新的安排。今天的晨会课时间,我在你们的教室前走过,不仅看到了好多同学在老师的组织下布置教室、浇灌花草的身影,还看到了同学们三个一群、五个一伙齐心协力地搬发书本的情景……看到这和乐融融的画面,我真为同学们能如此快地适应新学期第一天的新生活而感到高兴！孩子们,适应环境、适应变化、适应那些你始料未及的新安排,你会发现自己慢慢变得强大起来。正如英国著名生物学家达尔文所说:适者生存。在人类社会几百万年的发展历程中,只有敢于改变自我,并能全力以赴去适应的人,才有机会更好地发展,更好地生存！从今天开始,置身于新环境的你们还会面临着很多新的变化,新的安排,甚至是新的问题,作为我,你们的校长妈妈,期待着你不是逃避,不是懈怠,更不是怨天尤人,而是带着"适应"这根魔法棒顺势而为,适时发展,我相信,咱们实验小学的孩子日后既能在肥沃的土壤里开出娇艳的花,同样,也能在一望无际的沙漠里长成一株仙人掌！

**第二根魔法棒的名字叫"悦纳"。** 什么叫"悦纳"呢？"悦纳"就是高兴地接纳,它是一种高贵的人生修养,是一种海纳百川的博大胸襟。一个懂得"悦纳"的人,他的生活一定是阳光灿烂、笑容满怀。人生中,需要我们悦纳的内容有很多:悦纳自己,悦纳他人,悦纳成功,悦纳失败……今天,我要跟大家着重说一说"如何悦纳他人"。英国诗人约翰·多恩说过:没有谁能像一座孤岛,在大海里独居。每个人都像一块泥土,连接成整块陆地。是啊,我们每个人都不可能独立地存在于世界,天地之间,暖阳之下,我们就是在一吸一呼间彼此关照,彼此携手,共同去创造彼此共同生存的温馨家园。这个学期,我们每个人拥有了一个新的生活群体,我期待着大家能够用一种欣赏的目光去看待周围的人,用一种温和的姿态去交往周围的人,如果是这样,你会发现,孤单将离你远去,迷茫将不复存在！比如,有一天,你的文具掉在地上,同桌先你一步为你捡起来并送到你的手中,此时的你在接过文具的一刹那应该选择"悦纳"这位热心的同桌,因为,"热心"是会传递的,当你选择"悦纳"他的同时,"热心"的种子也在你的心中萌芽、生长;比如,新来的班主任发现你在写字的时候,头俯得很低,他悄悄地走到你的身旁,拍拍你的肩膀,托起你的额头,此刻的你应该心怀感激地去"悦纳"这位有爱心的老师,因为,"爱心"是会传染的,它让你在抬头挺胸继续书写的路上必定也会爱意流淌、心胸宽广;再如,今天的课堂上,某一位同学的发言非常精彩,让你有了一种茅塞顿开、拨云见日的快感,此刻的你更应该用赞赏的目光去"悦纳"他,因为他会成为你日后学习之路上前行的风向、学习的榜样……同学们,新的集体生活中,我相信这样美好的画面每天都会在你的生活中上演,当你置身其中时,我希望你能怀揣着一颗感恩的心去悦纳每一个美好的瞬间,愉悦地开启一段与同学、老师之间的交往旅程,因为,每一个人都是一本值得阅读的书,阅读他人,"悦纳"他人,必定能让你的心灵愉快地栖息在云端,精神自由地遨游于大海!

**第三根魔法棒的名字叫"分享"**。如果"悦纳"是一种接受,那"分享"就是一种给予。我们常听别人说:赠人玫瑰,手有余香。没错,"给予"的过程看似失去了什么,其实它带给人的恰是萦绕在心头,久久不能散去的清香。平时课间活动,我特别喜欢在校园里漫步,因为在一退一进间,我总能遇见"分享"的快乐:"嘿,昨天我爸爸出差回来了,还给我带礼物了呢!"这位同学正在和同学分享亲情的甜蜜;"今天,我在上学的路上碰到一件有趣的事……"这位同学的分享让他们开始了一段奇妙的故事之旅;"我这儿还有一支钢笔呢,先借你用上!"这位同学的热心分享解决了同桌的燃眉之急;"关于这道题,我是这样思考的……"课堂上,这位同学的主动分享让我看到了思考的魅力、知识的力量……同学们,分享你之见闻,分享你之快乐,分享你之见解,分享你之所有……乐于分享的人一定会收获一个烂漫之秋。我很高兴在这个假期里,有很多小朋友通过各种方式主动与我交流暑期的阅读感受,我知道,这种分享的过程对他而言是快乐的,对我而言,也是无比幸福的,因为,我在和他的交流中,感受到了他的成长,欣赏到了阅读给予他的营养。在新的学期,新的班级生活中,我希望每个同学能在老师的指引下,结合暑期阅读手册《从阅读到"悦读"》,敞开胸怀,把你的暑期阅读收获、点滴"悦读"见闻分享给班里的同学和老师,让别人能够在你的分享中看到阅读世界的绮丽,享受到童年生活的瑰丽!

适应新的环境,悦纳新的朋友,分享你的收获,我相信,在这个秋风缕缕飘荡、绿叶悄悄着色的时节里,咱们实验小学的每一位同学定会运用好这三根魔法棒,定会去绘就一个新的明媚之秋!

(在 2020 年秋季开学典礼上的发言)

## 奔跑在春天里

**亲爱的同学们：**

春天啊，它从来不会爽约。在这个时节呢，如果你站在辽阔的原野，遥望天空，相信，燕子会为你带来春的讯息；如果你伫立池边，俯望春水，相信，鱼儿会在你的心头漾起快乐涟漪；如果你漫步山林，洗耳拭目，相信，"黄鹂"鸣于"翠柳"，"白鹭"飞向"青天"，将会在你的眼前铺陈出一片绚丽；如果你在春风里奔跑呢，"大鹏一日同风起，扶摇直上九万里"，你的胸中也一定会荡起令人振奋的壮志豪情……今天，我想和大家交流的话题便是《奔跑在春天里》。

"春牛犁地谷生香"。2021年是牛年，在中国，十二生肖有着特别的文化寓意与精神内核。说到牛，人们自然会把它与"埋头苦干""勤勤恳恳""默默无闻""无怨无悔"联系起来，可以说，"牛"的形象深深烙印在中华文化中，"牛"的精神呢，也成了中华民族生生不息、不断创造奇迹的文化基因。那么，"牛"和我今天讲话的主题有什么关联呢？

首先，我想告诉孩子们：奔跑在春天里，我们需要有"老黄牛"的踏实与奋进。我们常听大人说，某某人是单位里的"老黄牛"；我们还会听到老师评价某某同学，说他如"老黄牛"一般，勤勤恳恳为同学们服务。对于"老黄牛"这样的称号，也许你不太喜欢，认为它多少有点儿木讷之意。可是，孩子们，在我看来，"老黄牛"恰是一种高贵的称号，"老黄牛"正是一种崇高的品行，"老黄牛"的精神也是我们新时代的生命活力。每天清晨，当我心情舒畅地行走在干净整洁的

马路上时,我会情不自禁地想到清洁工人是如何用扫帚一步一步挥洒出这样的城市娇容,在我的心底,他们就是这座城市里最美的"老黄牛";今天早晨,当我迈进校园,我看到门口的保安爷爷、测体温的老师手握体温计在细心地为你们检测体温时,我的心中立马涌起了一阵感动,感谢他们在为你们营造一个安全温暖的学习环境,感谢他们不论风吹雨打,无怨无悔默默坚守自己的岗位,他们理应是咱们校园里可亲可敬的"老黄牛";每当我走过你们的教室,看着老师用粉笔在黑板上为你们勾勒出智慧的图景,聆听着老师用动情的话语在为你们奏响知识的佳音时,我知道,这是他们在用"老黄牛"的精神书写"爱"的赞歌;平时的少先队活动、今天的开学典礼,学校的大队委们积极准备、热情服务,不知不觉中,他们也成了你们眼里最能干、最贴心、最阳光的"老黄牛"……生活中有太多太多这样的"老黄牛",他们不仅埋头苦干,而且不计得失;他们只要一把草填饱胃囊,便能竭尽全力为你我开垦一方春风浩荡的绿野。在春天里奔跑,期待你我都能拥有"老黄牛"的踏实与奋进,默默地在自己的人生牧场上厚植梦想的土壤,耕耘精彩的未来。

奔跑在春天里,我们还要有"拓荒牛"的眼界与创新。"拓荒",顾名思义,就是开垦荒地,就是开拓进取,就是创造未来。从无到有,是"拓荒";从"旧"至"新",是"拓荒";从"贫瘠"走向"丰饶",更是"拓荒"。中华民族向来具有拓荒精神,一代代中华儿女艰苦奋斗、砥砺前行,创造了民族发展史上一个又一个奇迹:"天眼"探空,神舟飞天,墨子"传信",高铁奔驰,北斗组网,"天宫"对接,"嫦娥"探月,华为5G手机的普及等等,这些"中国制造"让国人振奋,这些"中国创新"令世人瞩目。在2020年抗击疫情的斗争中,14亿中华儿女更是无惧风雨、勇往直前、同舟共济,用"拓荒牛"的精神有力遏制了疫情蔓延的势头……一个个"拓荒"故事,一曲曲"拓荒"之歌让我们看到了中华民族面对风雨的坚强脊梁,让我们读到了中华民族共克时艰的磅礴力量。在中国未来发展的道路上,我期待着你们人人都是拓荒者,用你们的才情和智慧,用你们的博爱和伟力,继续在中国梦的道路上创造出更多更大的奇迹。

奔跑在春天里,更要有"孺子牛"的情操与胸怀。大文学家鲁迅先生说:横眉冷对千夫指,俯首甘为孺子牛。"俯首甘为孺子牛"之所以被我们一代一代传诵下来,正是因为它蕴含着俯身为民、忘我奉献的精神和力量。在中国的历史上,在中国共产党百年发展历程中,有很多"俯身为牛"的楷模,比如,为"两弹一星"奉献终生的科学家们是"孺子牛";为水稻增产呕心沥血的袁隆平爷爷是"孺子牛";还有大家熟悉的在疫情发生时,挺身而出、力挽狂澜的钟南山爷爷是"孺子牛";听从命令,舍小家为大家奔赴疫区的白衣天使是"孺子牛";用自己的血肉之躯保卫祖国山河,誓死捍卫国家主权安全和领土完整的祁发宝、陈祥榕、陈红军、肖思远、王焯冉五位卫国戍边英雄,他们不仅是昆仑雪山上的"孺子牛",更是永远屹立在我们心中的"孺子牛"……正是因为有无数的"孺子牛"自觉担当起了振兴中华的重任,我们才会如此骄傲地奔赴在新时代的征程上。孩子们,在今后的人生之路上,我们也要不断践行"孺子牛"的修为,不断书写"孺子牛"的故事,因为中华民族伟大复兴之路上需要甘愿流汗水,甘心为人梯的"孺子牛"。

同学们,自然世界里的春天,有鸟语花香,有碧波荡漾,有树木葱茏,有青草芳香……那人生里的春天呢,有阳光一泻千里的温柔,也有风雨雷电的险恶;有潺潺溪流的欢唱之歌,也有波涛汹涌的艰难险阻……无论怎样,只要你有"三牛"精神,奔跑起来,就会嗅到桃花十里的芬芳,就能撷取香甜四溢的硕果。

在春天里,让我们一同奔跑起来吧!

(在 2021 年春季开学典礼上的发言)

## 奔跑吧，少年！

**亲爱的同学们、老师们：**

　　四季在不断轮回，生命永无止息。每到秋叶渐渐晕染、瓜果开始飘香的时节，走在校园里，我总会觉得处处涌动着生命的气息。今天，在柚子树下，在校长书屋前，在绿茵跑道上，在凌霄花架下，我不断地与那些熟悉的或是不熟悉的面孔相遇，不断地聆听着那荡漾在空气中的阵阵欢声笑语，突然感觉自己身体里的每一个细胞都被你们激活了。孩子们，感谢你们让我们看到了生命的美好，感谢你们让我们有机会去回味曾经拥有的童真童趣，感谢你们让我们的校园再次拥有了令人欣喜的生命悦动和阳光朝气……

　　昨天晚上，我一直在思考，今天和大家见面时说些什么呢？我反复思量着，反复斟酌着，最终，有三个关键词蹦出了我的脑海，成了今天我和大家交流的落脚点。

　　**第一个关键词是"志气"。** 英国作家斯迈尔斯说："人若有志，万事可为。"作为实小学子，我期待你们中的每一个人都是"胸中有志，气概吞云"的阳光少年。那什么是"志气"呢？"志气"首先源于崇高的家国情怀。孩子们，无论你树立了怎样的人生志向和奋斗目标，它一定是对国家有利，对人民有益的。这个暑假，我们五年级的同学读了《毛泽东青少年时代的故事》，还记得 17 岁的毛泽东考入湘乡县立东山高等小学堂后，留给父亲的那首《七绝》诗吗？"孩儿立志出乡关，学不成名誓不还。埋骨何须桑梓地，人生无处不青山。"字字句句表达了一个青春少年一心向学、志在四方的雄心壮志。这个假期，很多同学也去认真观

看了反响热烈的电视剧《觉醒年代》,在那个风雨如晦的年代,陈独秀创办《新青年》杂志,开启了新文化运动的大门;李大钊"以青春之我创建青春之国家",带领工人阶级登上了历史舞台……他们胸中有豪气,脚下接地气,眼中有国家,心中有人民,用干云的志气谱写了一支支震撼人心的爱国之歌。

孩子们,"志气"除了心中藏有对国家的忠诚,还流淌着"不达目的不罢休"的勇气。在2021年东京奥运会的赛场上,我们见证了太多的奥运健儿为了个人的理想,为了国家的梦想努力拼搏,坚毅刚勇的故事:32岁的苏炳添日复一日地坚持训练,成了首位闯入奥运100米决赛的中国人,他用"亚洲飞人"的速度书写了"天行健,君子以自强不息"的中国志气;在女子铅球决赛中摘得金牌的巩立姣带着伤痛面对记者采访时,她说:"这一刻,我等了21年,如果祖国需要我,我肯定会一直练,练到我练不动为止!"巩立姣用非凡的毅力和无畏的勇气诠释了"梦想与生命同在"的中国志气;中国奥运军团中年龄最小的运动员全红婵每天以数百次的训练量全力以赴,最终在奥运赛场上以总分466.20的高分夺冠,这位跳水新星的横空出世向我们再一次展现了"少年凌云志,黄河万古流"的中国志气……

孩子们,一个没有家国情怀的人谈不上有志气,一个没有坚强毅力的人无法激扬志气。新学期,期待你们首先做一个有志气的中国少年。

**第二个关键词是"骨气"**。艺术大师徐悲鸿说:"人不可有傲气,但不可无傲骨"。这是他在巴黎留学期间,面对外国人对中国人的讥讽和歧视时立下的人生信条。徐悲鸿的"傲骨"促使他奋发图强、孜孜不倦地练习绘画,最终以多幅画作轰动整个巴黎的美术界,让中国人可以在世界艺术领域扬眉吐气。

什么是骨气?骨气就是源于心底里的那份自信,源于我们中华民族五千年光辉灿烂的文明,源于中国共产党的领导,源于今天的一切伟大成就。今年的6月17日,大家都知道我国神舟十二号载人飞船将三名宇航员聂海胜、汤洪波、刘伯明顺利送上太空。这是中国航天史上作业最长的一次任务,时间长达三个月;这也是中国航天史上最具划时代意义的飞行任务,因为中国人第一次进入了自己的空间站——天和核心舱。孩子们,从神舟一号到神舟十二号,中华民族"摘星揽月上九天"的梦想一步步变为现实,中国人民用自信和傲骨绘就了民族复兴的绚丽底色……

什么是骨气？骨气还是"生当作人杰,死亦为鬼雄"的大义凛然！看过《觉醒年代》的孩子都知道,陈独秀的长子陈延年被捕入狱后,宁死不跪,被国民党反动派乱刀砍死;次子陈乔年走上刑场的时候毫无惧色地呐喊:"让我们的子孙后代享受前人披荆斩棘的幸福吧!"为了心中的革命事业,他们将个人的生死置之度外,用一身的正气和不屈的呐喊激励着中华儿女挺起脊梁,振兴中华。这就是我们引以为豪的"中国骨气"!

孩子们,今天,我们的国家正走向强盛、走向民族之复兴。盛世少年,未来青年,无论你们将来从事什么工作,哪怕在一个小小的岗位上,哪怕在一个不起眼的地方,默默无闻也罢,隐姓埋名也罢,你们都应该挺起脊背,携着"骨气",踏着前辈的足迹昂首阔步、直面挑战！2049年,当我们建国百年的时候,我们期待:民族复兴之大业在你们的手中是用"中华骨气"绘就而成的一幅幅生动的画卷!

**第三个关键词是"底气"。**怎样才能做到有底气呢？底气来源于博学多识,来源于真才实学！我非常欣赏每一位登上"校长有约"舞台的阅读小明星们侃侃而谈、各抒己见的模样,他们如果没有丰厚的读书底蕴,何来如此令人称赞的"底气"？我非常感动学校"快乐合唱团"的成员们在五彩的聚光灯下大展歌喉、轻快吟唱的模样,如果没有"台下十年功"的刻苦练习,怎会有"台上一分钟"的豪迈"底气"？我特别钦佩那些代表学校走出校门、走向更广阔的舞台参加各项竞赛项目的实小学子,若是没有足够的底气,何来与他人一决高下的超人胆识？

"底气"从何而来？底气还来源于流淌在我们中华儿女血脉深处敢于战天斗地,敢教日月换新天的民族豪情。孩子们,这个假期,当我们开始向往外面的世界,即将迈出我们的出游脚步时,新型冠状病毒变异毒株"德尔塔"悄然来袭,南京、扬州、郑州、张家界等地在一个月不到的时间里相继被列为高风险地区,但是,和2020年的那场疫情相比,我们每一个人似乎少了些恐慌,多了些淡定,我们的家长、老师都在积极主动、自觉有序地配合防疫工作,为什么？因为我们完全相信,在共产党的领导下,中国人民定能团结一心,共度风雨！这是属于我们每一个中国人的"底气"!

我常常站在校长书屋的阳台上看着你们迎着朝阳而来,沐浴晚霞而去,我不止一次地这样感慨:我们的同学生逢盛世,这是何等的幸福。也许你会有千万种回答告诉老师你来学校求学的目的,可是我想,无论是什么样的答案,都应该汇聚成一个动听而有力的声音,那就是:今天,我来求学,是为了让自己有十足的"底气"可以为中华民族复兴而贡献一份力!今天,我的每一份付出,都会熔铸起少年的"底气",大声告诉每一个人"强国有我!未来可期!"

用"志气"角逐梦想,用"骨气"挺直腰板,用"底气"成就未来!孩子们,这就是新学期我对你们最大的期望。今天,细心的孩子也一定发现了学校的凌霄花花廊下多了一道美丽的风景……没错,那就是咱们学校经过四个月的精心筹备并施工完成的"校史廊"。在这条长廊中,你能够穿越时光的隧道,去触摸我们这所百年老校曾经的沧桑与辉煌;你驻足于长廊中每一张图片、每一段文字前,能够聆听前辈的铮铮誓言与博爱担当。学校之所以为大家建设这道长廊,就是期盼你们能够循着前辈的足迹,扣动自己奔赴未来的发令枪,以少年应有的"志气、骨气、底气"铸就属于你们自己的人生辉煌!

最后,我想把张杰那首《少年中国说》的歌曲送给大家作为开学见面礼(播放音乐):"少年自有少年狂,心似骄阳万丈光。千难万挡我去闯,今朝唯我少年郎……"奔跑吧,少年!

(在2021年秋季开学典礼上的发言)

## 一起向未来

**亲爱的同学们、老师们：**

这个冬天很短又很长，时光流逝、倏忽刹那，短得让你来不及跟它说声"再见"，它就把一枝的青绿赠予你留作纪念，可是，回眸细数那些暖阳斜影中走过的印记，我们又会不由自主地惊叹：原来，冬日那幽长的记忆小径上缀满了我们相依相伴、轻吟浅唱的温柔与烂漫。在这条小径的尽头，有一只彩色的小鸟在向着我们欢歌："又一个春天已来，大家把手牵起来，一起向未来！"说到这里，大家一定猜到了我今天讲话的主题，没错，就是《一起向未来》！

"一起向未来"，这是今年北京冬奥会主题口号，表达了中国人民和世界人民携手面对困境的坚强姿态。把它引用到今天我们开学典礼的讲话中，那是因为它也向我们指明了"战胜挑战"的成功之道——大家手牵手、心连心，这样，才能共同奔赴美好的明天。

我记得联合国秘书长安东尼奥·古特雷斯在 2022 年新年献词里说道："我们要致力于使 2022 年成为所有人的复苏之年。"什么是"复苏"呢？"复苏"就是苏醒，就是再生，就是阳光朝气地进行自我再塑造，让自己有足够的勇气和力量去挑战前进路上的一切不可能，从而自信沉勇地奔向属于自己的未来！那么，2022 年的我们从哪里复苏，走向哪里，如何以一种新的姿态奔向未来呢？

首先，我觉得大家要在运动的芳草地上，让自己的肢体复苏，共同奔赴健康未来！健康的身体是革命的本钱，健康的人生才有挑战一切的可能！今年的冬奥会成了全球瞩目的焦点，成了每一个运动爱好者大饱眼福的舞台。无论是短

道速滑运动员驰骋冰场,演绎速度与激情的飒爽英姿,还是自由式滑雪大跳台上运动员驭风而行、凌空飞跃的斗士风采;无论是花样滑冰运动员翩若惊鸿、婉若游龙的深情款款,还是冰上舞者演绎"只此青绿"的山水浪漫。当然,还有女足运动员在亚洲杯赛场上的逆风翻盘、所向披靡……可以说,运动的热情与魅力感染着我们每一个人,撞击着我们身体里的每一个细胞,无论你平时爱不爱运动,在这场盛会面前,相信你一定又发现了另一种美的存在,那就是运动之美!2022年,我们也要让自己成为"运动美"的追求者,积极参加各项体育运动,努力锻炼身体,不断增强体能,让运动唤醒身体的每一寸肌肤,让运动"美丽"你的每一天生活!2022年,学校还将精心组织"春季小星星体育节"运动会,竭力给每个同学、每个班级提供迸发活力的舞台,助力大家身姿矫健、生龙活虎地奔向健康未来!

其次,我希望大家在科技的星空里,让自己的手脑复苏,一起去探索、创新更远的未来!同学们,科技的星空浩瀚无边,随着5G时代的到来,飞速发展的科技改变着整个世界,也改变着我们的生活。在这一次的冬奥会上,相信你在捕捉运动美的同时,也领略到了动人心魄的"科技美"吧!开幕式上,《二十四节气》《立春》《冰雪五环》《构建一朵雪花》等节目让文化艺术与科技力量完美结合,惊艳了全球;冬奥赛场上,超高速摄像机以时速90千米作业,让犯规无处可藏;冬奥村无人智能机器人做菜、调酒、泡茶,实现一体式服务,避免人与人接触,有效实现了安全防疫;河北省张家口市张北县可再生能源项目把风转化为清洁电力,送到北京奥运场馆以及千家万户,书写了"张北的风点亮北京的灯"这一奇迹与浪漫……同学们,这一切让我们在感慨祖国科技事业迅猛发展的同时,是不是也应该去思考:如何让未来的自己站在科学"C位",为人类造福呢?我想送给大家一个词——突破!什么是"突破"?比如一道数学题目,大家只想到一种解题方法,你能想到第二种,第三种甚至更多种,这就是"突破思维";科学实验中,你发现实验结果跟教科书中的表述不一样,并能大胆亮出自己的观点,这就是"突破权威";发现了生活中人们司空见惯、习以为常的小问题,你能够想办法解决它并有所发明创造,这叫"突破习惯"……有突破就有创造,有突破就有奇迹,我期待咱们实小的孩子在科技的星空里复苏手脑,不断地"突破"、创造,勇敢地奔赴更远的未来!

第三,我们还要在阅读的海洋里不断"复苏",用广博的视野,用无涯的胸襟,用深邃的思维去开拓美好的未来!上学期,我的"校长书屋"迎来了很多小读者,我粗略计算了一下,达到了六百多位。这学期,"校长书屋"依然向大家开放,大家依然可以和我在书籍的畅聊中品味经典的魅力,探索成长的秘密。为了让同学们的聊书更有广度,有深度,有收获,这学期,我精心挑选了10本书籍,包括文学类、艺术类、科学类、历史类,这些书单张贴在校长书屋的墙壁上,同学们可以根据自己的需要有选择地阅读。2022年,在你带着满满的阅读收获和我聊书时,我会随时记录下你们的阅读足迹、我们的阅读故事,让我们因阅读产生美丽的故事,让我们在阅读中遇见春花秋月,遇见诗意未来!2022年下半年,学校还将举行"校园最美朗读者"阅读分享活动,真心地希望你在阅读中的成长故事能分享给更多爱好阅读的人。

　　同学们、老师们,春山苍苍,春风柔柔,一切都在缓缓复苏,2022,期待你我一起复苏在绿色的芳草地上,复苏在浩瀚的科技星空,复苏在书的世界里,一起奔向欢欣,奔向未来!

(在 2022 年春季开学典礼上的发言)

## 复课校长说——说说那些可爱的人

**亲爱的同学们：**

"'疫'尘不染花满园，等你归来把春览！"这是大家在经历了四月的疫情后，学校对每一位同学发出的热切召唤。"人间四月芳菲尽"，校园百花竞开颜！这是在经历了四月的分别后，我们重返校园收获的醉人之景。五月的校园，月季花开了，蔷薇笑了，风车茉莉躲在校园的一角静静地绽放，连风打的旋儿都显得那么欢快！今早，我站在门口晨迎，你们跑跳着向我问候，虽然我们都戴着口罩，不易认出彼此，但咫尺之间，亲切感却丝毫未减。什么是逢"依"欲语低头笑，什么叫"心有灵犀一点通"，你我的重逢让这些诗意的语言就这样变成了活泼泼的校园画景。

经历了不同寻常的四月，拥有了别后相逢的喜悦，我总想像往常那样和大家倾心聊聊。聊什么呢？聊聊这场疫情中那些可爱的人吧！

爱读书的孩子都知道，七十多年前，中国当代作家魏巍从朝鲜战场回来写了一篇报告文学——《谁是最可爱的人》，他用饱含深情的笔讴歌了朝鲜战场上浴血奋战的志愿军，称颂他们是"最可爱的人"。孩子们，如果把咱们家乡经历的这场疫情比作一场战役，你是不是也追寻到了一群可爱的人呢？

我想，在这场"战疫"中，我们的爸爸妈妈是可爱的人！3月29日晚，当你们还在酣甜的睡梦中时，有些同学的爸爸妈妈已经奔赴了疫情第一线，全然不顾地投入到这场抗疫斗争中来。好多同学从那一刻起，开始了与爸爸妈妈短暂而又漫长的分别。有的父母在疫情一线连续奋战几天几夜，顾不上给家里人打个电话，报声平安，把"小家"藏在心房，将"大家"扛在肩上；有的父母没有机会走上前线，却能积极配合，做好居家防疫或定点隔离，用"责任"与"担当"书写了"小岛人"的道德素养；有的父母在防疫紧要关头，慷慨解囊，为抗"疫"捐资捐物，汇聚大爱力量……孩子们，什么是"舍小家顾大家"，什么叫"黄沙百战穿金甲，不破楼兰终不还"，什么又叫"千淘万漉虽辛苦，吹尽狂沙始到金"，我想，你们的爸爸妈妈用实际行动对此做了最美的诠释！

在这场"战疫"中,我们的老师是可爱的人！"停课不停学""停课不停步",这是我们所有人在疫情背景下的共识。3月30日,学校老师在得到"全面停止线下教学,开启线上教学"的通知后,便紧锣密鼓、马不停蹄地开启了线上教学研讨。我们的每周"居家学习指南"是老师们在经过反复研讨、周密权衡下的温暖推送;我们的每日作业讲评单或讲解小视频,是老师们经过认真演算、细心批改后的温馨传递;我们的"梨花风起话清明"传统节日亲子阅读活动以及线上学习挑战赛的发起与评选,是老师们在疫情背景下进行线上校本课程探秘的新实践;我们的"光影相伴·阅享悦心"亲子观影活动的设计是老师们联结学校与家庭,奏响携手育人的新乐章……更让我感动的是,我们有一群老师白天在疫情防线是纯洁可人的大白、青春靓丽的志愿红、沉稳刚健的守护蓝,可在夜幕低垂的灯下,他们又再次回到了倍感荣耀的身份——老师！"学习上有困难,欢迎来电'骚扰'！"这是我在疫情期间听到的最可爱的教学语言。

在这场"战疫"中,我们的同学也是可爱的人！有人说,这是一个被修剪过的春天。本应在这个季节里挥洒的少年豪情都这被突如其来的疫情驱散。可是,人间的事,只要生机不灭,即使遭遇灾难,终会烟消云散！疫情期间,在学校的微信公众号和视频号上,我欣慰地看到了同学们童心抗疫、"书香"战"疫"、居家学习生活的美丽身影。三(7)班的陈思予同学父母都在抗疫前线,她能自主安排好每天的生活:上课、作业、读书、朗诵、观影……丰富的居家学习生活让我们看到了实小学子独立自强、体恤父母、大爱无私的美好品质。五(1)班的王曦悦同学围绕"家风·清明"这一探究主题上网查询王氏历史名人,线上采访爷爷了解家族历史故事,倡导文明祭祀、过清明……从王曦悦的身上,我看到了诗书阅读给予实小学子深厚的素养和家国情怀。二(5)班的唐诗、三(3)班的周德桉和周德桐双胞胎兄弟、五(3)班的卜梓萌等同学主动承担家务劳动,积极参加学校组织的"劳动小达人"评选活动,从他们身上,我看到了"劳动增强抗疫信心,劳动创造美好生活"的动人画卷。乒乓俱乐部的孩子们也是"停课不停练",他们在学习之余,居家练习打球,创造花式球法,用手中的球拍挥出了实小少年居家抗疫的风采。更让我感动的是,六(2)班的黄昱宁、六(5)班的王俞烨、陈炳希等同学,他们用英语、普通话、家乡话三种语言喊话做核酸,缓解了疫情带给人们的紧张感,增强了人们按时做核酸的防疫意识。还有三(7)班的孙悦铭、三(10)班的曹卿云、五(7)班的聂凡皓、吴梓萱同学他们拿出自己的压岁钱捐给社区街道,让我们看到了实小少年"至善至真"的美德在抗疫的路上流光溢彩。特别令我惊喜的是,在疫情期间,一年级的陈柏睿、韦元青等同学与我联系,和我在电话里畅谈阅读收获,向我进行好书推介……孩子们,一场疫情扰乱了我们寻常的生活秩序,但是,疫情之下的每一天,我们每一位同学都能在书香中充实度过,在携手抗疫中迎来春日暖阳,这便是你们每一个人可爱的地方!

可爱的人,终会被人永久铭记!在这场"战疫"中,也许你还能发现很多可爱的身影:那些为我们做核酸检测的医务工作者,那些奔赴在抗疫一线的新闻工作者,那些坚守交通卡口的管理者,那些穿着防护服奔波在各个小区的志愿者,那些小区入口处的守门人,还有那些时刻牵挂家乡抗疫进展、不断为家乡加油打气的游子……他们都有一个共同的名字——扬中人;他们都有一种共通的情怀——家乡情;他们在我们的心中也多了一个响亮的称号——最可爱的人!

孩子们,疫情本无情,人间多有爱;疫情本无情,岛城写深情!我们共同经历的这场疫情将往日不曾经历的苦难突然拉至眼前,可是,走出晦暗,拥抱光明,我们恍然发现:曾经那些不以为意的日常琐碎,今天看起来是多么的宝贵;曾经不以为意的相视一笑,今天看起来是多么的美好!复学再相逢,防控不松懈!我们每一位同学都要格外珍惜家乡人民共同抗疫取得的成果,除了每天配合老师做好"三问"和晨午体温检测工作,同学们还要积极锻炼身体,提升免疫力,用健康的体魄去抵御病毒的侵害。

孩子们,我非常喜欢一首歌——《这世界那么多人》:"这世界有那么多人,人群里敞着一扇门。我迷蒙的眼睛里长存初见你蓝色清晨;这世界有那么多人,多幸运我有个我们……"是啊,世界之大,相逢甚好!愿我们都能在光阴的长廊里、在匆匆的岁月里继续做"可爱的人"!

(在2022年疫情复课后的讲话)

**亲爱的同学们：**

蝉鸣声声，蛙声阵阵；烈日炎炎，莲叶田田……这些都是夏天这个季节独有的风景。季节从来不会说谎，它总在该来的时候来，它来的时候总会带来它该带来的一切。就像这个初秋，"暑热"尽管留恋不舍，但初秋的颜色已在一点点酝酿；就像你们这些刚刚从假日里走出的孩子，尽管有些怅然若失，但已在不知不觉中做好了心理调适：新学期，你好！我又来了！

是的，你们活泼热烈地走来了，看到我，那灿烂的笑容不依不饶地和我撞个满怀；看到老师，那甜蜜的小嘴快乐地讲述着假日里的趣闻；看到分别许久的伙伴，你们手挽着手相拥在一起，开怀大笑、畅所欲言……每每看到寂静了一个假期的校园因为我们的相聚重新欢跃起来，我总会感慨：相聚，真好！

别后重逢语难藏，清风明月拂脸庞。既然明月清风也通人情，那就让我——你们的大朋友也为你们送上开学的礼物吧！

我要为大家赠送的第一件礼物是一本书。这本书的名字叫《我》，这本书的作者是你们自己，这本书的内容是关于你自己成长的一切故事。孩子们，如果把人的一生比作一本书，那我们每一个人都可以拥有一本属于"我自己"撰写的作品。这学期，学校将为每位同学制定一本成长手册，手册的名字也是《我》。这其中，会有你的成长宣言、成长计划，你的成长脚印、成长展示台，有老师同学的评价、爸爸妈妈的鼓励……总之，你走过的每一段路，你参与的每一次活动，你的奋斗与汗水，你的成功与失败，你的快乐与沮丧，都是这本书里令人回味的篇章情节。我期待，每一位孩子的这本书里都写着"明德、厚学、乐创"这六个字——彰显光明的道德，推己及人，博学笃志，厚积薄发，心存高远，创造未来，这是扬中实小校训里隐藏的美好愿望；我也期待每一位孩子的书篇里都散发着"至善、智慧、自治"的人性光芒——修身立德，达济天下，慎思明辨，开化心智，竭力而行，厉行自治，这是我们学校对每一个少年儿童品格塑造的真心祝愿。人生如书，希望每一位同学都能以赤子之心对待童年的每个章回、每个段落、每个诗篇，用自己擅长的体裁去书写心底的梦和自己的故事。

第二件礼物是一把尺。读过《论语》的孩子都知道，孔子的学生曾子说："吾日三省吾身：为人谋而不忠乎？与朋友交而不信乎？传不习乎？"什么意思呢？曾子说："我每天多次反省自己，为别人办事是不是尽心竭力了呢？同朋友交往是不是做到诚实可信了呢？老师传授给我的学业是不是认真复习了呢？""尽心竭力""诚实守信""温故知新"就是曾子每天反省自我、衡量自我的一把尺子。

那么人为什么要反省自己呢？反省就像我们定期去医院体检，每一次体检都能去除一点小毛病，这样，人才能活得更长久，才能活得更好。"反省"是人的心理体检，每一次的反省，都会帮助自己走得更远，都会让自己与周围的环境和这个世界更加和谐。我们反躬自省，必须借助一把"尺"。我希望这把尺子上刻着中华民族"仁义礼智信"的传统美德，我希望这把"尺"镌刻着那些在历史的洪流中永不失光彩的英雄、伟人的名字，我希望这把"尺"藏着中华民族五千年文明脉流中闪耀着道德光辉的国学经典。因此，这学期，我的"校长书屋"要为大家推荐的书中，一部分也与这把"尺"有关，如《孔子来了》《唐诗素描》《一粒种子改变世界》等。希望大家捧起这些书，寻到一把人生标尺，让自己在不断地自查反省、知行合一中走向明媚远方。

第三件礼物大家一定很喜欢，这是一首歌，一首大家耳熟能详并且传唱甚欢的歌——《孤勇者》(播放音乐)。我相信大家在唱这首歌的时候，全身的血液是沸腾的，特别是那句——"去吗？配吗？这褴褛的披风！战吗？战啊！以卑微的梦，致那黑夜中的呜咽与怒吼！"我想，你们在唱这句话的时候一定是一个勇敢的"战斗者"的状态吧！没错，新学期，我特别希望你们每一个人都能以"战斗者"的姿态去奋力奔跑、迎接挑战！当你失意难耐、垂头丧气时，你能够一甩头潇洒地唱道："不必隐藏直接的伤口，即便孤独和满身污泥，但也会带着最卑微的梦去战斗！"当你付出辛劳却意外跌倒时，你能够拍拍身上的泥土激情唱道："爱你孤身走暗巷，爱你不跪的模样，爱你对峙过绝望，不肯哭一场！"当你走上赛场，即将面临一场激烈的比拼时，你能握紧拳头，对着长空唱道："去吗？去啊！以最卑微的梦！战吗？战啊！以最孤高的梦！致那黑夜中的呜咽与怒吼！"亲爱的同学们，很多时候，你不一定要成为万人敬仰的大英雄，只要你渴望像英雄一样强大，并努力克服自己的弱点，都是值得人尊重和崇拜的"小英雄"。新学期，希望你们在与生活的每一次角力中，携着"英雄梦"，一腔孤勇地不断前进。

最后，我要问大家的是：新学期的三件礼物，你最喜欢哪一件呢？相信大家都有自己的选择吧？无论是波澜起伏、扣人心弦的《我》一书，还是具有魔幻力量的那把"尺"，抑或是给予你勇气和力量的歌曲《孤勇者》，我希望都能在你们的人生旅途中助你一路生花！(播放《一路生花》)

(在 2022 年秋季开学典礼上的讲话)

**各位老师、辅导员，亲爱的少先队员们：**

金秋硕果满枝头，丹桂飘香紫气流！刚刚庆祝完祖国妈妈的生日，今天，我们又迎来了十月一个非常重要的日子，是什么日子呀？——对啦，今天，是我们中国少年先锋队建队日！

此刻，我非常开心，因为今天又有一群一年级的小朋友光荣地加入了中国少年先锋队。记得开学的时候，你们带着羞怯走进校园，用好奇的眼神打量周围的一切，短短一个月，在老师的关怀下，在爸爸妈妈的帮助下，在高年级大哥哥、大姐姐们的带领下，那种陌生感如今已经荡然无存。今天，看到你们戴上红领巾自信满怀地站在这儿，成为少先队的一员，我代表学校老师、同学向你们表示热烈的祝贺！

同学们，你们知道怎样才能成为一名合格的少先队员吗？

首先，我们要做一个"诚实"的孩子。诚实守信是做人的根本，根本一丢，生命不可能开出灿烂的鲜花。大家一定都会讲那个《狼来了》的故事吧，简单的故事其实就是告诉我们从小要做诚实的孩子，说真话，做真人，不弄虚作假，不搬弄是非。

其次，一名合格的少先队员应该是"勇敢"的。当你在学习上遇到难题，能想尽一切办法去解决它，攻破它的时候；当你在舞蹈房里练习舞蹈大汗淋漓却能擦去汗水继续起舞时；当你在登山的过程中，已累得气喘吁吁，但想到"无限风光尽在险峰"还能振作精神继续攀爬时；当看到有人遇到困难和危险，你能尽自己所能去帮助他的时候……这些都是"勇敢"的表现。"勇敢"就像一缕光，它能指引我们走向远方。

少先队员还应该是"活泼"的。我充分相信我们实小的孩子是快乐的，是阳光的，是充满活力的！但是，同学们，"快乐"是可以传染的，给别人一个微笑，也许你会收获更多的微笑；给别人一缕阳光，你会收获太阳般的温暖……只有使身边的每一个人快乐起来，那才叫真正的快乐！

最后，我想告诉同学们，少先队员还应该是团结向上的。"一根筷子容易折，十根筷子难折断！"明天，我校将有一百多位学生要参加扬中市文艺汇演，有管乐合奏，舞蹈以及合唱表演。在平时的训练中，这些同学齐心协力、认真合作，相信在明天的活动中一定会有精彩的表现！

同学们，刚才我说到的"诚实""勇敢""活泼""团结"，其实就是我们少年先锋队的作风。希望同学们在今后的生活中，真正做到诚实守信，勇敢顽强，活泼向上，团结一心，让我们的少年先锋队如这队旗上的星星火炬一般光芒万丈，熠熠生辉！

（2017年秋季，在一年级学生入队仪式上的发言）

**亲爱的同学们、老师们、家长朋友们：**

每年，丹桂飘香的季节，一年级的小朋友都会在高年级大哥哥、大姐姐的牵引下，在爸爸妈妈的陪伴下汇聚于此。今天，我们的队伍格外壮大，什么原因呢？那是因为咱们实小教育集团分部江洲小学一年级的小朋友和他们的爸爸妈妈也来啦！

实小江小是一家，今天的相聚意义非凡！我特别想问问一年级的小朋友：知道咱们今天为什么要聚集在一块儿吗？没错，明天是中国少年先锋队建队日，我们一年级的小朋友就将跨入中国少年先锋队的大门啦！跨入这扇门，就意味着你有了一个新的称号，那就是——少先队员；跨入了这扇门，就意味着你不再是那个任性撒娇，爱哭爱闹，我行我素的小不点儿；跨入了这扇门，就意味着你肩上担起了一份可贵的责任——要让自己成为一名合格的少先队员！

那怎样才能成为一名合格的少先队员呢？

**首先，你要学会"自己的事情自己做"！**什么是自己的事呢？早晨，上学的路上，你能自己背着书包踏进校园，而不是让爸爸妈妈或是爷爷奶奶背着你的书包送你进校园；在学校，在家里，你能独立自主地完成老师布置的作业，而不是在老师、爸爸妈妈的看管下被动地完成任务；作业写完了，你能自己收拾书包，做好第二天上课的准备；吃饭了，你能自己盛饭，自己洗碗……总之，作为一名少先队员，不能再像以前那样事事都依赖父母，事事都要父母操心，你得学会独立，在力所能及的范围内，争取做到"自己的事情自己做"！

**其次，你还要明白"集体的工作我有责"。** 同学们，我们每一个人都不可能独立地存在，无论你走到哪里，你都是不同集体中的一员。集体离不开个体而存在，个体也只有依靠集体才能实现自我价值。因此，我特别希望每一个同学都能时时、处处想着集体，千万不能"事不关己，高高挂起"。具体来说，走在校园里，你看到地面上有张纸屑，因为它而影响了校园整洁的面貌，于是你主动上前拾起它；在居民小区，你发现一处水管爆裂了，你担心居民用水受到影响，水资源浪费，于是你找到居委会，恳请居委会即时解决问题……一个人如果能像这样，心中有集体，把集体的事放在第一位，他就具备了一种可贵的品质。

**第三，你要铭记"珍贵的恩情永不忘"。** 孩子们，吃水不忘挖井人！大家看我们的国旗，鲜艳夺目，你们一定知道那是用革命战士的鲜血染成的。没错，是他们抛头颅、洒热血，才有了我们今天的幸福生活，这份恩情我们不能忘；我们的校园如此洁净，如此靓丽，这其中凝聚了多少领导、老师、工作人员的心血，这份恩情我们不能忘；当你穿着干净整洁的衣服，享用着各种丰盛可口的美食，穿梭于大街小巷尽情玩乐的时候，父母给予的恩情我们不能忘……我始终认为，一个人若是拥有了感恩之心，那生活赐予他的将是一片明媚绚丽的天空，而他，也将拥有温情美满的人生！

同学们，"自己的事情自己做"，"集体的工作我有责"，"珍贵的恩情永不忘"，这三点如果你能牢记于心并在今后的生活中付诸行动，你就有可能成为一名合格的少先队员！我也期待，在实验小学教育集团，每天都能看到红领巾与队旗相映生辉，和谐共进的画面，那样的画面必定是咱们校园中最为靓丽的一道风景线！

（2018年秋季，在一年级入队仪式上的发言）

## 行　走

亲爱的同学们：

六月，是一个故事特别丰富的月份：快乐的"儿童节"在告诉每一个人童心的纯真与浪漫；一场场考试书写着每一位学子的奋斗与不甘；一次次话别也在这个平分一年的月末里充溢着真情与潸然……而今天，6月30日，就像有一条极具仪式感的起跑线落至我们身前，犹如一道暗示自己的口令，充满着蓄势待发的动力。所以，在这个特别的日子，我们将大家再次召唤到母校，举行一个特别的仪式纪念我们漫步童年隧道的六年光阴，意义非凡！

六年以来的最后一次集中讲话，我该说些什么呢？我记得你们这次毕业考试的作文题目是《行走》。多么朴素而有力量的字眼！好吧，"过去不回头，抬头再行走"！我就和大家说说，未来，你该如何行走在人生的旅途上！

首先，我想说，"好书"是你行走的最好伴侣。在母校的六年里，你参与次数最多的活动恐怕是各种阅读活动吧！整本书阅读、全科阅读、行走中的阅读，这些写在学校课程设计里的项目你们已经了然于胸、脱口而出！没错，母校就是要告诉大家：无限相信书籍的力量！好书能够帮助你在人生旅途中踏下的每一步都沉稳而坚定、自信而坦然！今后，无论你的学业多忙，请不要把这份母校给予你的阅读习惯丢掉：繁忙的时候读书，寻的是一份坚守；清闲的日子读书，享的是一份温柔；开心的时候读书，觅的是一种宁静；伤心的时候读书，炼的是一种淡然……总之，你要让阅读成为自己终身戒不掉的爱！

其次，我要说"自律"是你行走的制胜法宝。在人生旅途上，充满了各种各样的诱惑。有的诱惑，会像一把刀，斩断你奋斗的梦想，绊住你前行的脚步。因此，在这个诱惑横飞的世界里，拥有明辨是非的能力，保持清醒的头脑显得特别重要。我常常为那些痴迷网络游戏而抛弃梦想，以至丧失独立生活能力的孩子而痛惜，常常为那些口上会背"少壮不努力，老大徒伤悲"却只"耽于享乐、贪图安逸"的青春少年扼腕叹息……孩子们，"登峰造极的成就源于自律。"你是否拥有"自律"，就看你是否"知行合一"，就看你能否高效利用时间，可以说，时间是一把双刃剑，既能成就一个人，也能消磨一个人。所以，在你们即将远行的时刻，擦亮双眼，看看梦想的终点，携着"自律"行走，拒绝途中让你丧失斗志的诱惑风暴，你的人生便会多一份自信和骄傲！

再次，"善良"是你行走的美丽姿态。什么是"善"？《说文解字》中这样解释：善，吉也！从言，从羊，有吉祥美好之意！从汉字的构造来看，那下面的"口"字是不是在告诉你：用美的言行去温暖别人，这就是一种"善"。在你们这群六年级毕业生中，《新少年》编辑部所有成员就是在用一枝洋溢少年豪情的笔引领所有同学向着伟大的中国梦前进，这不就是"善心之举"吗？你们曾经在母校种下的那一株株小树苗，今天长出了繁茂的绿叶，开出了艳丽的花朵，那一花一叶装点着整个校园，这不是善心之举吗？孩子们，"善"无止境，它是一个人从小应该立下的远大目标：今天力所能及行"小善"，今后，用你们累积的才学行"大善"，如此，便能逐渐臻于至善！

同学们，六年的时光转瞬即逝，未来的征途是星辰大海！让好书陪伴你一路行走，携着自律、揣着良善行走，你的未来将是一片光明灿烂！

最后，我想把网红主播董宇辉老师的一段话送给大家：当你背单词时候，阿拉斯加的鳕鱼正跃出水面；当你算数学题的时候，南太平洋的海鸥正掠过海岸；当你晚自习的时候，地球极圈的夜空正五彩斑斓。但少年，梦想你要亲自实现，世界你要亲自去看；未来可期，拼尽全力。当你为未来付出踏踏实实努力的时候，那些你觉得看不到的人和遇不到的风景，都终将在你生命里出现！

（2022年6月，在六年级毕业典礼上的讲话）

## 写给远行的你们

**亲爱的同学们：**

  时光就像一条奔腾的河流，可以带走生命中的很多东西；可是，时光也是一位伟大的雕刻师，它让我们渐渐褪去稚气，带着果敢的勇气和一身的锐气在人生的跑道上不断奔驰……这一刻，暮色笼罩着我们的校园，虫鸣声声，蛙声阵阵。刚刚还是灯火通明、欢声雷动的教室，此刻已次第恢复宁静。漫步在校园中，夏日的暖风熏得人微醉，明明已是"曲终人散"，可为什么我的耳边依然回荡着你们的歌声，我的眼前依然晃动着你们的笑脸？

  今天的毕业典礼上，面对着你们那一张张熟悉的笑脸，我们就像拉家常一样聊了许多，但六年相处的点点滴滴岂是那一时半刻所能讲完的呀？此刻，千言万语充斥着我的心房，万千不舍濡湿了我的双眼。这种感觉就像《背影》中那位跨过栅栏买橘子的父亲对儿子的叮咛……这一刻，在你们即将远行之际，请允许我这个你们一直亲切地称呼"校长妈妈"的大朋友再唠叨几句吧！

  孩子们，你们在六年的光阴里慢慢行走，我们在六年的时光里悄悄守候着你们的成长。六年，对于人的一生来说，不算太长。但对于青春而言，它却很长；对于成长来说，弥足珍贵。在这六年的时光里，你们在老师的指引下，爸爸妈妈的陪伴下，迈进了一方蕴藏着无穷宝藏的秘密花园。在这里，你们漫步于文学的殿堂，驰骋于科学的绿野，流连于艺术的园林，徜徉于历史的长河……回忆过往，我始终忘不了你们一年级的入队仪式上，你们从高年级的大哥哥大姐姐手中接过鲜艳的红领巾，光荣地成为"少先队员"的情景；我始终忘不了你们

159

在十岁成长仪式上写下心愿、歌唱童年的快乐身影;我永远也忘不了在每一个小星星体育节上,你们在绿茵草地上尽情奔跑、挥洒汗水的画景;我永远也忘不了在镇江世业洲三天两晚校外实践拓展活动中,你们探究知识、阳光跃动的身影;我更忘不了在每一次阅读活动中,你们嗅品书香、尽情交流的场景……我很幸运地在你们这帮孩子中结识了许多新朋友:那位饰演杜小康的刘力元同学,在不同的年龄段对杜小康的生动演绎见证了你的成长与丰富的阅历;那位饰演诸葛亮的张泽春同学,在红色阅读中,你有你的真知灼见,在经典阅读中,亦有你的睿智见解;那位饰演张居正的孔令灿同学,"校长有约"的舞台上见识了你的沉稳大气,"六一"的舞台上欣赏到了你对偶像的精彩演绎;那位在"校长有约"聊书活动中舌灿莲花的孙易同学,你说:"六年级了,我觉得自己的认识和见解都比往届阅读小明星更深入、更全面。"什么是少年意气? 你的话语告诉了我最美的答案……还有对"共产党员"有着独到认识的杜雨潼同学;激情主持"柚子采摘活动"的大队委戚健航同学;声音特别有磁性,帅气又能干的大队长杨文轩同学;代表学校在维多利亚总督府欢迎仪式上做交流发言,乒乓球打得特别棒的张芯瑜同学;以及用真情与豪情共同朗诵《少年中国说》的一群追梦少年……太多太多的同学,我也许无法叫出你们的名字,可是,你们的笑脸会永远铭刻在我的记忆里。所有的这些,我想,若干年以后再次回忆起来,那幸福的微笑一定会和着泪水在我们的脸上开出最美的花儿……

同学们,冰心奶奶曾经说过:童年呵,是梦中的真,是真中的梦,是回忆时含泪的微笑。在这六年的小学生涯里,你们与"童年"相依相伴,可是今天,你们不得不与它告别……带着憧憬,兜着喜悦,即将迈入中学的门槛,作为你们的大朋友,想送你们三句话。

第一句话:无论何时何地,请让"书"陪伴着你撒下一路馨香。同学们,在实小,你们是幸福的,因为这里的每一栋楼、每一面墙都在告诉你:读书是人生中最美的姿态,读书应该成为每一个实小人的成长基因。在这六年的时光里,你们读了很多书,也明白了很多道理,但你要知道,书的海洋是无限辽阔的,书的世界是没有"过期"之说的。以后,不论你在中学的压力有多大,将来不论从事什么职业,哪怕是最最普通的劳动者,在田埂上、在生产间、在飞机上、在动车里,你都要让自己快乐地"读"起来。因为你只有让自己永远地"读"起来,才能在未来纷繁复杂的社会中保持永久的单纯,才能在喧嚣嘈杂的环境中觅得内心的宁静。"我以读书为乐",这应该成为每一个扬中实小人的终生名片。

第二句话：无论何时何地，请用"爱"温暖你身边的每一个人。同学们，"爱"是永恒的主题。没有了"爱"，就没有满目翠绿；没有了"爱"，就没有了繁花遍地。可以说，我们美好的生活是用"爱"滋养起来的：每一个清晨，当你端起一碗热腾腾的早饭时，这其中一定蕴藏着"爱"的味道；每一个傍晚，坐上爸爸妈妈的小车驶向家的方向时，这一路上一定流淌着"爱"的叮咛；每一节课堂，当老师携着课本走进教室为你们开启新的一课时，这其中的每一句话、每一个粉笔字中又深藏着浓浓"爱"意……我们无时无刻不被"爱"包围着，我希望这每一点、每一滴的"爱"能融进你的血液中，让你成为一个有温度的人，让它激励着你也能用满满的"爱"去关怀身边每一个人。请相信："爱"是人生之路上永不熄灭的光！

第三句话：无论何时何地，请携着"梦"坚定地行走在人生的大道上。一个没有梦想的人，就如一棵毫无生机的树木，它会在本该繁盛的时节过早地凋零。可是，心中若是有了梦想，人生就有了远行的方向。郎朗正是因为有了梦想，有了拼搏梦想的勇气，才会成为世界顶级钢琴演奏家，才会拥有灿烂辉煌的人生传奇；"杂交水稻之父"袁隆平爷爷正是因为有了梦想，才让今天的我们看到了稻菽千重浪的盛景，才让更多的人远离饥饿、享受温饱；诺贝尔获奖者屠呦呦正是因为有了梦想，发明了青蒿素，才能挽救数以百万计疟疾患者的生命……我相信，在这六年的童年时光里，母校在给予了你们"明德""厚学""乐创"这些宝贵的"财富"时，也一定孕育了属于你的个人"梦想"。无论大小，我想请你们把它妥善地珍藏在你心里一个最隐秘的角落，用"勤奋"去浇灌它，用"责任"与"担当"去描绘它，让它时刻激励着你，鞭策着你，最终成就着未来的你！

刚刚在微信朋友圈里看到你们给老师亲手制作的卡片，相拥哭泣的画面，我再一次被你们的师生之情、同窗之情打动了。孩子们，离别总是带着几分伤感，但是，唐代诗人王勃说得好："海内存知己，天涯若比邻。无为在歧路，儿女共沾巾"；伟大的边塞诗人王昌龄也告诉我们："洛阳亲友如相问，一片冰心在玉壶"。人生本就是这样，有相聚就有离别，但短暂的分别是为了未来更好地相聚。因此，我希望大家能把"不舍"先收藏起来，携着你们的梦想，伴着那缕缕书香，把"爱"放进未来的时光里，让我们共同期待：未来再相聚！

（2020年7月，在学生毕业典礼上的发言）

## 你我携手，助力孩子幸福成长

家长朋友们：

　　大家晚上好！相信大家一定还记得去年的秋天，我们请来了无锡天一中学的校长、全国教书育人楷模沈茂德校长，他为我们送来了一顿"丰盛美味"的家庭教育大餐。我清楚地记得沈校长说过这样一句话：家庭教育和学校教育就如蝴蝶的两只翅膀，只有一起扇动，才能飞得远、飞得高。所以，我今天讲话的主题是："你我携手，助力孩子幸福成长"。

　　在学校的新一轮三年发展规划中，我们提出，要把学校办成"师生向往的温馨家园""适合成长的生态乐园""乐于栖息的书香校园"。这一年以来，我们在这三个方面收获了许多喜人的成果。今天，我想和各位家长一起来分享一下。

### 一、师生向往的温馨家园

　　如何让学校成为"学生向往的温馨家园"呢？

　　（一）校园安全重于泰山

　　每天一早送孩子来学校的家长会发现，在我们的校门口，不仅有保安人员守卫着，还有我们护校队的老师、值日行政人员各一名，共同维持上学秩序。每天放学，我们的保安人员、值日老师又会准时准点站在校门口维持放学秩序。一年四季，风雨无阻。再比如，春季、冬季是传染病流行高发期，水痘、流感，包括最近流行的诺如病毒，学校已加强了防范，通风、消毒等预防措施稳步推进。我们也希望家长能积极配合起来，比如进晚托班、双休日学习班的同学，要做好防止感染的措施。一旦发现，要及时治疗，康复后，才能到校上课，免得在班级中发生交叉感染。感染人数多了，就不得不停课，所以请家长予以高度重视。说到校外培训机构，前段时间，市政府、教育系统联合加强了校外培训机构的整顿，目前，合法培训机构已经向社会公布，下面还将进一步整治。

　　中午，孩子们在校吃什么？吃得怎么样？又是很多家长关心的话题。2017年初，学校新建的食堂正式投入使用，我们三到六年级的孩子终于能在宽敞明亮的食堂就餐了。短短一年时间，学校就被扬中市市场监督管理局评为"食品安全示范学校"，在镇江市食品药品监督管理局组织的"餐饮服务食品安全量化分级等级"评比中,我校食堂成为镇江市首批"A级"食堂。荣誉的背后其实是我们所有后勤人员的辛勤付出。在实小,我们的食堂采用的是"5C"管理法,即常组织、常整顿、常清洁、常规范、常自律。这种"5C"管理法极大提高了食堂工作的效率和服务水准,很好地保障了师生的饮食健康和食品安全。总之,我们的目的只有一个:让每一个孩子在我们的"5C"食堂管理法下,吃饱吃好,茁壮成长!目前,学校食堂吸引了很多兄弟学校前来参观学习。十一月初,市教育局联合市场监督管理局在我校召开全市学校食堂"食品安全提标工程"动员培训会,与会领导在我校食堂进行了现场观摩,我校做了经验介绍。

(二)设施建设趋于完善

为保障校舍使用和环境安全,给全体学生营造更加优美舒适的校园环境,2017年暑期开始,我们对学校的软硬件设施和校园环境进行了提升改造。首先,我们对教学楼进行了抗震加固工程建设;今年暑期,我们对教学楼外墙进行了全面出新,进行了西边塑胶操场的翻新建设;与此同时,学校还在两栋教学楼之间的天井处新建了硅PU地面和排球场;各班多媒体设备进一步提档升级,新增了一台触摸显示器、高拍仪、电脑主机,实现了和原来的一体机交互使用;我们还对学校的网络环境进行了换代升级,在校园通道、操场等区域实现了数字高清监控。目前,学校正在积极创建智慧校园。

**二、适合成长的生态乐园**

大树有大树的伟岸,小草有小草的风采。在我们看来,每个孩子都是一颗花的种子,每一个孩子有着不同的花期。因此,扬中实小在充分尊重每一个生命个体特征的基础上开设了多姿多彩的适合学生成长的课程群。我们期望每一个孩子能在丰盈的课程群中寻找到适合自己成长的土壤,我们期盼每一个孩子在老师们的引领下快乐成长,享受成长。下面,我和大家来具体说说扬中实小这一年来在课程改革方面呈现的新面貌。

(一)学习方式的重大变革

家长朋友们,随着信息大爆炸时代的到来,我们越来越感觉到,学生的学习方式再不发生变化,就很难适应未来社会的发展。去年9月,我们江苏省一行二十位校长在省教育厅的组织下前往芬兰进行了两周的考察学习。在芬兰,当我们看到孩子们在各种各样的实践课程中,在多样的小组合作学习中满脸洋溢着灿烂的笑容时,我感慨万千:学习就应该是这样的一种享受状态,学习就应该是这样的一种幸福姿态!其中,芬兰教育对孩子"七大能力"的培养带给了我们很多

启发。回来以后,结合我校的课程体系建设,实小学生的特点,我们也进一步完善了实小学生需具备的七大能力:终生学习及可持续发展的能力;与人沟通的能力;生活自理与自我保障的能力;多渠道获取信息的能力;利用信息技术帮助自己更好生活的能力;动手实践与勇于创新的能力;关注社会并参与社会活动的能力。如何让学生在小学六年的学习生活中具备这七大能力呢?一方面,必须借助我们多样化的课程建设去实现;另一方面,必须要使我们的课堂发生变革。目前,我们的课堂教学倡导的是"四学"式课堂,即自学、互学、导学、延学。具体来说,就是学生带着一定的思考走进课堂,生生合作、师生合作、小组合作探究学习,老师在疑难处、关键处适时点拨,课后再带着一定的收获和思考进行延伸性、拓展性学习实践活动。

(二)艺体教育的纵深发展

扬中实小是"江苏省艺术特色学校""江苏省体育传统项目学校""全国百强'中国当代特色学校'"。走在艺体教育的路上,我们一直在实践探索,一直在追求卓越。"用艺术涵养心灵,用体育练就体魄"是我们艺术课程和体育课程共同的目标。一直以来,我们坚持走"开放办学、合作办学"之路,将优秀的师资引进学校,给予学生更专业化的指导。如我们的足球社团聘请的是上海市国家级专业教练;我们的篮球社团聘请的是来自法国里昂的外籍教练;我们的乒乓社团聘请了国家乒乓球高级教练员——世界冠军范瑛和秦志戬的启蒙教练钱正凤老师;合唱社团聘请的是丹阳市魏星华老师;管乐社团聘请了来自中国台湾的东方交响乐团的老师……正因为有了这样一支专业化的师资队伍,有了我校专业老师的协助辅导,有了我们家长的大力支持,我们的艺体教育硕果累累:今年8月,我们的"快乐合唱团"演唱的《敕勒川》及《青蛙歌》获得江苏省中小学艺术展演一等奖。舞蹈节目《我们班》获得江苏省中小学艺术展演特等奖,并被江苏省教育厅推荐参加全国展演,2017年1月,还登上了江苏省少儿春晚舞台。"童心印痕"版画工作坊在前不久的江苏省中小学艺术展演活动中,荣获一等奖,学生版画作品荣获江苏省一等奖。象棋俱乐部在历届全国锦标赛、江苏省象棋比赛中,冠军获得者共计八十余人。在2018年全国象棋业余棋王赛江苏赛区总决赛中,我校的凌思妍同学获得儿童组女子"棋王"并晋级全国总决赛。我们的乒乓社团囊括了扬中市小学生乒乓球比赛所有项目的冠军,很多乒乓小将在省、市比赛中取得优异成绩。四(8)班的马若菡同学在今年江苏省小学生乒乓球锦标赛中获得单打冠军。令人欣喜的是,在今年的扬中市中小学生运动会上,我们学校再次夺得第一名,创下了八连冠的辉煌纪录。无人机社团在上周的全国青少年无人机大赛中,五(3)班的韦竣曦同学获得个人赛二等奖,杨竣然、夏钰杰、陆亮节、董思傲、秦子悦获三等奖,祝浩南、郑启尧、杨竣然、夏钰杰获团体赛三等奖。秦子悦、祝浩南、郑启尧获编程赛三等奖。"汉字听写"社团在去年扬中市中小学生汉字听写大赛中,陈苏扬、王腾、郭梓涵、陈叙彤、冯若铭同学一路过关斩将,成了最后留在舞台上的冠军获得者。今年12月份,扬中市第二届汉字听写大赛即将举行,我们学校是承办单位。目前,参赛选手正在紧张地训练中,我们也期待这几位选手再次折桂!

(三)德育课程的落地生根

德育为先,学校是德育的主阵地。我们的德育课程内容更是丰富多彩。实践课程、节日课程、少先队课程、仪式课程、合力课程、好习惯课程、心理课程,共同组成了一棵枝繁叶茂的"德育大树"。本学期,学校德育处依然以评选"好习惯星""好习惯示范班"这一德育活动为载体,持之以恒地抓好学生的习惯养成教育。对于"好习惯星""好习惯示范班"的奖励方法,我们做了改进,利用每周一午间阅读时间带着"好习惯星""好习惯示范班"的全体同学到报告厅观看大片,如《战狼》《奇迹男孩》《放牛班的春天》等经典影片。这样的方式一方面是奖励,另一方面也是一种熏陶,通过观看经典影片进一步启迪孩子,激励孩子。此外,我们还进行了大队委改选,从笔试到面试,大队部又吸纳了一批优秀的大队委。本学期的实践课程依然开展得有声有色。这个秋天,我们带着孩子去了泰州海军博物馆,南京的栖霞山、科举考试博物馆,常州淹城野生动物园,扬州仪征天乐湖。可以说,"读万卷书,行万里路"已经成为我们实小学生坚守的人生信条。在实小,我们还有一个特色实践活动,那就是带着孩子们走出国门,走向国际,让孩子们拥有国际化的视野,进行跨国界的文化交流。很多家长们都知道,我们学校在2014年与澳洲布兰伍德公园小学成为结对友好学校,五年来,我们开展了很多交流互访活动。今年9月,8位澳大利亚学生入住我校结对家庭,得到了家长们的大力支持。11月5日,布兰伍德公园小学贝尔校长来到我校进行了为期两天的交流访问。6号,我和贝尔校长共同参加了在南通举行的国际交流与协作会……每一次活动,对于每一个孩子来说,都是一次历练,一次成长;对老师来说,也是一次国际素养的提升。

**三、乐于栖息的书香校园**

细心的家长一定会发现,在我们厚学楼门厅上镶着这样四排文字:书香校园、丰富课程、多元评价、快乐童年。这是我校内涵建设的四个重要方面。我们之所以把"书香校园"放在首位,那是因为我们坚信:一个有着书香气的学校一定是有着生命力的学校。坚守这样的信念,我们在2017年加固工程建设之后,就开始着手进行书香校园文化建设。

首先,我们新建了两个标准化的、布置精美的学生阅览室,在各个楼层设立了小书亭、小书吧、读书角,我们动员每一个班级设立班级读书角,布置班级读书墙,让校园的角角落落都能见到书的身影。我们力争让校园成为这样的境地:仰首是书的天空,俯视即书的海洋,大千世界尽在书页飘香,自然之景从书中旖旎而来……

其次,我们积极进行整本书阅读课程的开发研究。在我们的整本书阅读课程实施中,老师和学生共读一本书,老师引导学生深度阅读,拓展阅读,比较阅读,让我们的孩子在多样化的阅读实践中形成思辨能力,具备一定的阅读素养。每天的午间阅读时间,老师和学生要么静静阅读,要么共同探讨,要么激烈争辩,要么创作表演剧本,要么制作阅读小报……我们的阅读作业也渐渐趋于了常态化。上周三,学校进行了"优秀学生作业展",我在展览现场看到了许多创意性的作业设计,也看到了许多优秀作业,如五(3)班的安芮樊、三(7)班的周到、六(4)班冯若茗等同学,作业书写工整、字迹美观,甚至图文并茂,很好地体现了扬中实小学生的个人素养。说到阅读,我最感动的是,在扬中实小,还有一群热爱读书的家长陪着孩子一起阅读、一起交流,如五(7)班的刘力元家长、孔令灿家长、四(8)班王科涵家长、周及翔家长……太多太多的家长在家庭中营造了浓浓的读书氛围。他们的家庭教育感动着我们,鼓励着我们。可以说,这一系列阅读活动的开展,让我们的孩子渐渐爱上了阅读,学会了深度阅读。去年12月中旬,我们学校承办了江苏省整本书阅读教学观摩活动,反响非常热烈。今年12月,我们还将承办一场关于"全科阅读"的省级教学研讨活动,到时,全省将会有60个学校的校长、骨干教师聚集我校,共同探究阅读的话题。

各位家长朋友们,学校教育和家庭教育从来不是两根线、两条道,它们向来有着千丝万缕的联系。正如教育家苏霍姆林斯基说过:教育的效果取决于学校和家庭教育影响的一致性,如果没有这种一致性,那么学校的教学和教育过程就会像纸做的房子一样倒塌下来。所以,家长朋友们,教育的路上,只有你我携手,我们的孩子才有可能迈向远方。谢谢大家!

(2018年秋季,在家长会上的讲话)

**各位家长朋友们：**

　　大家晚上好！今天，我们江小三百多名家长汇聚于此，虽然没有庞大的气势，但是，这种感觉极好，就像是一个和乐融融的小家庭，小而精致，人不多却很温馨。

　　江小，从三个月前的一无所有，到目前的欣欣向荣，不得不说，这凝聚了我们江小二十五位老师的辛勤付出，得到了江小三百多名家长的大力支持。来到这里，总有一群人、一些事、一幕幕景打动着我……今天，借此机会简单和大家分享一下。

　　说到江小，首先在我眼前浮现的是一支强有力的师资队伍。在江小，一共有二十五名老师，都是从本部精挑细选出来的有爱心、有能力、有高度责任心的老师。比如，我们的缪文娣老师，学生中午睡不着觉，她把学生搂在怀里入眠；我们的陆智华老师、周红梅老师，能够根据孩子的个性特点给予特别的关爱，特殊的指导……在江小，还有一支精于业务、团结协作的领导班子。我们的王丰轩校长和王泳校长都是扬中小学数学界的"领头羊"，在数学教学上，他们一直在创新实践、孜孜以求，带着老师们用快乐的教学方式，培养孩子的数学思维能力；我们的顾敏主任、李莉主任原是我们集团总部的德育处主任，在工作中，他们肯吃苦、善钻研；本学期，江小的宣传工作、少先队活动也是开展得有声有色，在社会上有着良好的反响；我们的左鸣主任和王校杰主任等，都是行政队伍里的实干家、务实者，他们兢兢业业、默默无闻……我想，正是因为有了这样一支不同寻常的行政队伍和师资队伍，我们江小才会在短短三个月的时间里，一次又一次地创造奇迹，一次又一次地书写辉煌……

说到江小,家长朋友们与老师们之间那种默契配合也让我感动不已。十月份,我们江小开展的"家长义工进校园"活动得到了家长们的鼎力支持。在学校发出征集执勤志愿者的通知以后,很多家长积极主动报名。当我看到家长们穿上"未来岛志愿者"红马甲时,我在心里对自己说:江小能有这样一群以身作则、热爱学校的家长,我们的孩子还怕教不好吗?江小能有这样一批有着使命感、有着奉献之心的家长携起手来配合学校开展工作,江小还愁走不远吗?

说到江小,最让我感动的还是我们的孩子。每次,我到江小来,总有一群天真可爱的孩子围着我,向我打招呼:校长好!孩子们灿烂的笑容、真情的问候让我感觉亲切无比;每一次来,走进江小的课堂,走近我们的孩子,我都能欣喜地发现江小的每一个孩子都在成长……开学初,我们江小的特色活动——"从'未来岛'出发"探索实践课程让孩子们在类似于寻宝的游戏中找到了自信;我们实验小学教育集团的国际友好结对学校——澳大利亚布兰伍德公园小学的校长、老师、孩子来到江小时,孩子们在和澳方师生的交流中表现出极强的表达欲望;当本部的乒乓社团专业指导老师将乒乓运动融入我们江小的活动课程中时,孩子们更是兴奋激昂,活力满满……江小、实小是一家,优秀的师资我们共享,多彩的实践活动我们共同策划,我们的目的只有一个:让江小的每一个孩子在我们扬中实小教育集团"快乐点燃"的办学理念下,在江小的"未来岛"课程实施中,施展个性,发展个性,从而成就个性!

家长朋友们,今天的江小虽然年轻,但魅力四射;今天的江小已频结硕果,但我们的脚步却不止于眼前……走在教书育人的实践之路上,我相信,有了你们和江小老师们这群拓荒者的精诚合作,江小一定能茁壮成长为江洲绿岛上一座深沉厚重、意蕴悠远的学校。

(2018年,在分部江洲小学家长会上的发言)

**尊敬的家长朋友们：**

晚上好！"四月南风大麦黄，枣花未落桐叶长"。美丽的四月，我们再次相聚。每一次相聚，我们倍感珍惜；每一次相聚，我们满怀期待。因为我们相信：家校携手，教育的天空才会明媚灿烂。

今天的家长会上，我想和大家先来回顾一下本学期实验小学教育集团举行的几次大型活动。

三月初，我们集团借助植树节举行了"种下一株花，快乐共成长"的活动。集团共有800多名同学在家长们的带领下，精心挑选花卉，在学校的组织召集下，共同栽植花卉。正是因为有了家长们的大力支持，我们的校园如今成了一片花海。令我感动的是，孩子们不仅种下花木，还能主动精心照顾它们。一天放学，我惊喜地发现三(1)班梅安妮同学主动为校门口的小花们浇水。看着这位孩子专注洒水的模样，我不由得在心中感慨：实小的孩子心中有一片花海，那她的生活也必定是溢满芳香的。

三月份，我们还举行了实小教育集团第一季"校长有约"阅读专题活动。各位家长朋友，阅读，是实小教育集团重点打造的品牌；阅读，也是实小教育集团每一位师生优雅生活的姿态。在第一季的"校长有约"专题活动中，一年级的张萱颜、郭锦芸等28位同学被评为阅读小明星。在聊书活动中，印宸玥、于梓玥、林泊含、孔雅卉、陈昱彤、杨承瀚6位阅读小明星落落大方、见解独到、妙语连珠，赢得了台下观众的阵阵掌声。在"亲子悦读苑"的家长访谈环节，张涵玥、秦格格、张承泽三位家长的亲子悦读经验分享更是带给家长和我们以新的启发，新的思考。潘星睿、丁彦之同学的家长还主动参与了"校长有约"朗读芳草园节目的精彩展示……如果说，以往我们的阅读活动是漫步于曲折蜿蜒的田园小径，那"校长有约"的阅读专题活动则是让我们的整本书阅读走向了神秘的"藕花深处"，迈向了落英缤纷的"十里桃园"。它给我们的孩子提供了展示、交流的舞台，给家庭教育一条通向光明的灯塔，给学校教育再抹一道绚丽的色彩……这段时间，我们正在积极筹备第二季"校长有约"活动。目前，我已邀约四年级的全体师生和我一起共读儿童经典作品《时代广场的蟋蟀》。在共读的过程中，我捕捉到了许多感人的画面：首先，四年级的全体老师共同参与阅读，阅读不再是语文老师的专利，而是全学科教师共同的生活追求。为了让孩子们在阅读中看到文字背后的精髓，感受到经典作品的魅力，我们阅读团队的老师经过了一次又一次思想的碰撞，经过了一次又一次深入地研讨，这一周，他们将

为孩子们呈上精彩的导读微课。其次,我和阅读团队老师深入到部分阅读小明星的家庭走访,发现了一些让人歆羡的书香家庭,比如说四(8)班王科涵的家庭,孩子的书房整理得井井有条,家庭成员能够共同参与阅读;四(9)班何沁潼同学的家庭,妈妈为了激发孩子积累古诗词的热情,每天晚上自己陪着孩子一起背诗、吟诗……走进这些家庭,对我们来说是触动,也是学习。今后,我们的"校长有约"阅读专题活动会一直搞下去,一年四季,一季一次,我们期待在"校长有约"这样的平台,能够有更多的孩子崭露头角,能够有更多的家庭来和我们分享教育经验。

四月份,我们的"小星星"体育节开幕。今年的体育节共有三个部分组成,首先是全员参与体能测试,其次是各班风采展示,还有各种田径项目、球类项目的比赛。这周一的升旗仪式,我们公布了在此次体育节中表现突出的班级名单。在这一次的体育节中,我们欣喜地看到了很多孩子在家长的每日陪伴中体能测试成绩进步了,我们也看到很多家长配合班主任为班级的风采展示出谋划策,我们更看到了家长朋友们请假来校配合老师一遍又一遍地训练走台……这些画面将储存在我们的记忆中,成为实小家校合力育人的美好画卷。

但是,这学期,我在平时的校园巡视、师生访谈、家长访谈中,也发现了一些令人担忧的现象。

首先是学生的自理能力不尽如人意。家长朋友们,每周一,我在校门口值日的时候发现,很多孩子不是自己背着书包来上学,而是爷爷奶奶、爸爸妈妈背着孩子的书包送孩子进校园;我每天在校园巡视的时候经常会发现,很多孩子的红领巾散了不会系,鞋带散了不会系;我走进教室的时候经常看到很多同学的书包里、抽屉里、笔袋里杂乱无序;我们也经常会在教师群里看到老师发来的照片,在寻找衣物的主人……看到这一些,我总是在担忧:当孩子的手脚、头脑总是被书本知识绑架时,那未来的他该如何独立生活,该如何独自面对生活中的大风大浪呢?所以,家长朋友们,孩子将来的路是要他自己走的,希望我们包办得少一些,多给孩子一些锻炼的机会。这个星期,我们六年级的同学将前往镇江世业洲参加"三天两晚"校外社会实践活动,其目的之一就是让孩子远离父母,成长自我。下学期,我们还准备搞"合作教养"活动,通过入住同伴家庭,让孩子去发现同伴在家庭生活中的长处,从而实现共同成长。

其次,我校许多学生的身体素质还不达标。4月底和5月初,学校集中对全体学生进行了体质健康测试,测试后对数据进行了统计、分析,发现了这些问题：

**1. 孩子营养过剩，"小胖墩"增加**

我校学生体能指标始终没有一个质的飞越，其中肥胖、超重成为主要问题之一。原来一个班有两三个，现在一个班有七八个甚至十几个"小胖墩"。究其原因，主要是孩子物质生活条件优越，不良的饮食习惯造成营养过剩，加上孩子不愿意参加强度大的体育运动，致使学生中肥胖者的数量渐增。提供一个体重测量指数给各位家长，大家可以给自己的孩子算一下，BMI＝体重（公斤数）÷身高米数的平方，结果高于22.9便属于过重，越肥胖指数越高。

**2. 不能认真完成体育家庭作业**

除了体育课和大课间活动，学校还根据各个年级实际情况布置跳绳、仰卧起坐、坐位体前屈等体育家庭作业，但有些孩子锻炼的情况不理想。其实，仰卧起坐，跳绳，坐位体前屈这三个项目是能通过锻炼提高成绩的。从本次测试数据和课堂检查反馈情况来看，能坚持每天完成体育家庭作业的孩子，体质测试的成绩都有明显进步。希望家长们排除"重主轻体"的思想，能本着对孩子体质健康负责的态度督促孩子完成每天的锻炼任务，养成每天锻炼的好习惯。

**3. 孩子的近视率上升**

主要原因是孩子近距离用眼时间过长，如长时间使用电子产品，长时间写作业、看书、看电视等，这些已成了影响孩子视力健康的主要杀手。平时，希望家长朋友们要控制孩子在家使用电子产品的时间，控制学生近距离用眼时间，为学生提供有利于保护视力的学习环境，及时纠正不良的用眼卫生习惯，加强体育锻炼，以保护孩子视力。

各位家长，"孩子的教育"永远是一个不老的话题，教育好自己的孩子，永远是家长们一生中最重要的事业。我期待，今天的相聚能够让你我在"教育孩子"这个问题上拥有更多的共同点；我也期待，今天的家长会能够让你在孩子的教育之路上步履更从容、更坚定！

（2019年春季，在家长会上的发言）

## 一起携手，做麦田里的守望者

**尊敬的各位家长朋友：**

　　大家晚上好！很多年前，我一直在想：如果我们的家长会能够借助多媒体技术、通过互联网实现线上交流、网上对话，让我们的家长能够一边做着家务一边参加会议，或者是全家人一边吃着晚饭一边开着家长会，那该多好！也许是我们习惯了传统的行事模式，这么多年来，我们一直没敢尝试。但是，一场疫情让我们不得不打破传统的思维模式，让我们必须学会以一种创新的工作方式迎接挑战。此刻，网络的那一端的你，也许在回家的路上，也许正做着家务，也许正在和家人一起共享晚餐……无论你在干什么，我希望你能够在心里给我们留一方空间，让我们能够在这氤氲着舒缓的音乐声中开启 2020 年的第一次云端对话。

　　也许有些家长读过美国作家杰罗姆·大卫·塞林格创作的长篇小说——《麦田里的守望者》，其中，主人公霍尔顿的那段对个人理想的描述耐人寻味。他说："不管怎样，我老是在想象，有那么一群小孩子在一大块麦田里做游戏……我的职务是在那儿守望，要是有哪个孩子往悬崖边奔来，我就把他们捉住……我只想当个麦田里的守望者。"每次在读到这段文字的时候，我的内心总是激起不小的波澜：如果把学校比作一块麦地，那我们的孩子们就是在其间自由奔跑的天使。我希望每一个孩子可以在这里自由自在地生长，可以在这里找到生命成长的家园。而我们，每一位老师、每一位家长的使命便是在这片麦地里静静地守望！因此，我今天讲话的主题是《一起携手，做麦田里的守望者》。

　　做麦田里的守望者，首先是呵护每一个小生命，守望他们的健康成长。

　　健康是"本"，少了这一根本，再大的梦想终将是泡影。一直以来，我校始终把"安全工作"放在首位，始终坚持"预防为主、防治结合、多管齐下、综合治理"的工作思路。

　　结合今年疫情，开学前，我校在深入剖析的基础上，全面自查、及早谋划，不仅制定了疫情防控各项方案制度，还提前做好了防控物资的储备工作，设置了临时隔离观察场所，对校园环境进行了清理消毒，并且进行了"疫情防控师生晨检"的实战演练。这一切准备工作，其目的就是确保学校疫情防控工作落实落细落地，切实保障全体师生的身体健康和生命安全，维护学校开学各项工作稳定开展。

开学至今已有一个多月,从晨检入校到午检汇报,再到离校消毒,防控工作井然有序,环环相扣,毫不懈怠。为了避免因群体聚集而引发感染风险,我们取消了一切集会,将室外升旗仪式改为室内升旗仪式,将室外大课间活动改为室内课间活动,将食堂就餐改为教室就餐。我们还特别安排了值日教师于课间活动时有序组织学生洗手、如厕。学生离校以后,班主任老师既要对学生的课桌、讲台进行消毒,学校还安排了专门的消毒人员对每一间教室、每一条走廊、每一个角落全面彻底进行消毒,以保障学生每天置身于一个安全、整洁的学习环境中。此外,为了让孩子们全面了解新冠肺炎,帮助孩子们尽快适应学校生活,我校心理组的老师们于每周五利用红领巾广播积极为孩子们做心理讲座,开展心理调适工作。目前,孩子们能够以饱满的热情投入学习,参加到各项活动中来,我们倍感欣慰。

疫情防控,人人有责;生命安全,重于泰山。在这里,也非常感谢各位家长的大力支持。当你们每天为孩子们准备好口罩,准备好纸巾和消毒洗手液时,就是在为孩子的健康成长保驾护航,就是在为学校的防控工作尽责尽力。在疫情防控面前,我相信,只要我们携起手来,人人上心、人人用心、横抓到边、竖抓到底,为学生的生命筑起牢固的安全防护墙,就能够带着我们的孩子在辽阔的知识海洋中,扬起风帆,顺风而行,驶向更远的未来。

做麦田里的守望者,于我们而言,还需要不断地优化德育路径,守望每一个孩子心灵中的圣洁之地。

学校是"孩子们"的学校,学校是孩子们酿造美丽梦想的工厂,学校也应该是流淌着奶和蜜的伊甸园。我们一直在积极打造这样的学校。受今年新冠疫情的影响,我们把一些现场活动改成了线上活动,如"小星星"电视台主持人大赛,从自主报名、班级评选到年级评选,再到全校评选,"小星星"电视台主持人大赛持续共三周。其间,很多参赛选手精心准备,家长积极配合,学校评审组老师认真进行线上评审。可以说,这一个过程不仅锻炼了孩子,也让孩子们看到了:有梦想就会拥有展现自我的舞台,有舞台就会有实现梦想的空间。我一直觉得,活动的意义从来不是一张荣誉证书所能衡量的,不是一句褒奖所能涵盖的,因为,孩子们所走的一小步都是他们成长的一大步,都值得我们遥遥守望、静静欣赏。

疫情是一场灾难,但同时,也是对学生进行心灵洗礼的良好契机。寒假里,我们举行了"扬中实小娃的抗疫宝典"系列作品展活动,很多学生在家长的引领下搜集疫情信息,了解防疫进展,创作了内容丰富、形式多样的抗疫作品。一份份作品展现的是实小学子的学习风貌,表达的是实小学子的家国情怀。其中,五(8)班周及翔同学创作的词作——《水调歌头·敬钟南山院士》被多个媒体公众号登载;孩子们的真情朗诵《武汉,我们等你》在扬中教育微信上转发;洋溢着实小学子梦想与激情的诗歌朗诵《你的样子,就是中国的样子》让人为之动容……这一系列的德育活动不是作秀,不是跟风,它恰恰是涵养学生品格,滋养学生心性的脉脉清泉。

接下来,我们还将借助扬中市创建全国文明城市的契机,积极建设文明校园,利用班队课开展灵活多样的主题活动,让我们的校园真正成为学生心灵可以栖息的圣洁之地。

做麦田里的守望者,我们还需要不断打造学习的新时空,守望每一个孩子精神世界的蓬勃生长。

2020年寒假,我校为孩子们量身定制了一套旨在涵养性情、滋养生命,引导学生传承优秀传统文化的诗词探究作业——《携着诗词度寒假》。我知道,很多家长陪伴着孩子走过了一系列诗词实践探究的历程。让我感动的是有些家长能和孩子每天坚持积累一首古诗词;有的家长和孩子能围绕一首诗词共同查阅资料,引导孩子绘制思维导图、创作"文包诗";有的家长陪伴着孩子坐在电视机前一次次感受"诗词大会"的魅力绽放,"经典咏流传"的诗词韵味……当我们通过各种途径看到了家庭里共同学习、共同进步的美好画面时,我们真的体会到了"陪伴是最美的教育"这句话的真谛所在。开学初,我校专门成立了寒假作业评审组,认真对孩子们的寒假探究作业进行评审,共选出了165份优秀作业。在今年的"六一"庆祝活动中,学校将择优展示孩子们在诗词百花园中实践探究的成果,同时,为孩子们创设施展才情的舞台,开展"诗意童年·润泽你我"的诗词朗诵活动。

受疫情的影响,开学延期直至四月初。两个多月的"超长假期",给很多家长朋友带来了不同程度的烦恼。通过微信,我不止一次地看到家长在朋友圈里发表家教感言,求取家教经验。那一刻,我们从来没有如此迫切地期盼开学,我们也第一次真切地感受到:学校也许是孩子童年生活最好的去处。我一直觉得,教育于你、于我,于我们每一位老师而言,都是一门糅合着耐心、细心与爱心的艺术。为了正确引导孩子们充实度过这一长假,帮助家长朋友们消除疑虑,解决困惑,我们积极配合市教育部门妥善安排好各类网络课程,及时发送课程视频并跟踪了解学生网络学习情况,定期完成网络学情调查报告。开学后,我们还专门用了两周左右的时间带着孩子们进行"网络复习回头看",以帮助孩子们查漏补缺,夯实基础。目前,学校的各科教学已稳步进入新授课的学习中。

开学至今虽然只有一个多月,但我们的各项教学工作正在有计划、有组织地开展。还记得去年植树节,很多家长和孩子们来到校园里"种下一株花"的场景。令人惊喜的是,今年的春天,这些花儿在孩子们的精心守护中绽出了最美的容颜。特别是校园里的月季花,品种繁多、姿态万千、色彩各异。当看到孩子们在一株株月季花前驻足流连时,我们设计并开展了遵从儿童心灵需求的实践探究课程——以"月季花开,芬芳五月"为主题的"校园里的月季花"综合实践探究活动。这段时间,孩子们正在老师的带领下自主确定研究主题,小组合作开展探究,反复商讨汇报方式……家长朋友们,当我们的孩子把身边的花花草草当作珍贵的探究对象时,我们的教育就在这里慢慢发生,慢慢发酵,进而溢出香甜的芬芳沁入孩子的心灵啦!

这个"五一"假期,我们又在校园里为孩子们植下了许多果树。我们期待,来年的秋天,这里硕果累累,果香四溢,让我们的校园成为每一个孩子童年的乐园,让我们的校园成为孩子们精神世界可以自由生长的美丽家园。

本学期,细心的家长一定还会发现,我们的课程设置由原来的一天七节课调整为六节课。这是在严格遵照省规范办学相关规定,在保证国家课程开齐开足的情况下,为切实减轻学生的学业负担而作出的举措。同时,为了积极回应广大家长关切,提升学校教育服务水平,努力办好人民满意教育,根据江苏省、市相关文件精神,结合我校实际情况,从5月11日起,我校将开展学生课后服务工作。前段时间,我们已经发放了告家长书,各位家长对课后服务的内容及安排已经有了一定程度的了解。我们希望:这一课后服务能切实帮助家长解决无人接送、无人托管的忧虑。同时,也请家长朋友们明白一点:课后服务不等于完全服务,课后服务不等于完全放手。我希望,有了课后服务,你和你的孩子有更多的时间可以走进生活,放眼自然,慧心实践。因为,放飞的鸟儿才能振翅高飞,心灵自由的儿童才会走得更远!

做麦田里的守望者,激励着我们不断地去开辟阅读的新天地,去守望生命的缕缕书香。

说到阅读,大家会想到我们学校的"校长有约";说到阅读,大家还会想到一批批阳光自信、散发书香的阅读小明星。没错,"阅读"已成了扬中实小令人心醉的校园文化。用文化滋养每一个儿童,让儿童构筑校园文化,这是我校文化建设的理念。

开学初,有家长问我:这学期的"校长有约"阅读活动还开展吗?从家长关切的眼神与语气中,我能感受到他们对"校长有约"活动的期盼。可是,特殊时期,不能有大规模的集会,那"校长有约"活动如何开展呢?我们想到了"线上阅读"。4月23日,世界读书日,我们的第一期线上"校长有约"阅读活动借助学校微信公众号对外开放。这一期,我们选择的是美国经典绘本《100万只猫》,故事看似浅显、荒诞,但寓意深远、耐人寻味。据我了解,线上"校长有约"开播以后,很多家长陪着孩子静静聆听,互相交流,在家庭中营造了一个温馨浪漫的亲子阅读氛围。很多班级也在老师的组织下认真开展讨论,讨论中有争辩,有哲思,有思想的升华……令我感动的是还有一些同学给我寄来了书信,在书信中表达了自己的阅读见解。更有同学主动走进了我的"校长书屋",和我快乐交流,向我借阅图书。总之,"书"已经成了我们实小孩子的最爱,"读书"已经成了孩子们每日离不开的美餐。

为了满足孩子的阅读诉求,这学期,我们将在校园里增设电子图书馆。前段时间,我们对孩子们"最爱的图书"进行了调查,也组织家长朋友们积极推荐优秀儿童读物,目前,我们的统计工作正在进行。最终,我们将会把学生、家长、老师推荐的好书置放于电子图书馆中,孩子们只要凭借手中的一张磁卡就能自主借阅、自主归还图书。同时,电子图书馆还能对孩子们的阅读情况进行统计,进行一定的数据分析,如此,便能帮助我们更好地开展阅读活动。

各位家长朋友们,曾经的我们,也是从儿时那片金黄的麦田里而来,今天,我们又置身于一片充满欢歌笑语的麦地。同是一片广阔无垠的麦田,但我们的身份却发生了变化,职责却不尽相同。今天的你不再是那个欢呼雀跃的麦地里的儿童,而是这片写满生机、写满希望的麦田里的守望者。我们所做的一切,将会因为坚守、执着、真爱而听到孩子们在这块麦地里"拔节抽穗"的声音。

让我们一起携手,一起快乐地做麦田里的守望者!

(2020年春季,在家长会上的发言稿)

## 牵手向前　风景无边

**尊敬的家长朋友们：**

　　大家晚上好！今天我们召开一年级线上家长会。我知道，家长们选择了实小，是对我们这所百年老校的信任与期盼，是对实验小学教育集团二百多名教职工的肯定与欣赏。作为在这所学校工作了12年的校长，我倍感欣慰！

　　在今天的主题发言之前，我想首先向各位家长朋友介绍一下实验小学教育集团。目前，我们采用的是一种集团化办学模式，集团内有两个校区：实验小学和江洲小学。对于这两个校区的管理，我们采用的是："一套班子集中领导，教育教学同步规划，师资队伍合理流动，资源成果共创共享"的管理模式。两所学校分别确立了"快乐点燃""知行合一"的办学理念，在这两大理念的引领下，实验小学教育集团通过课程育人、文化育人、活动育人、实践育人、管理育人等五大育人途径齐抓共管，强势推进，催动集团两校富有个性地成长。下面，我来介绍一下集团内校长班子成员……

　　各位家长，今天家长会的主题是"牵手向前 风景无边"。在每个人的一生中，有很多次美丽的"牵手"：牵手志同道合的朋友，于是，你们便拥有了一段至纯至真的友谊；牵手你的爱人，于是，你们便有了一段美丽浪漫的佳话；牵手孩

子呢,你们却担起了更多的责任,面临着更多的挑战。今天,你们即将牵着孩子的手把它交到小学老师的手中,在这里,将开启一段新的奔跑,开始一段新的航程。这一路的奔跑不是让孩子撒开腿任性地奔跑,不是家长不管不问让其肆意地奔跑,如何让孩子们在小学的六年生活中跑出他们的风采,跑出一个绚丽多彩的童年,我想给大家四个建议:

**一、陪着孩子慢慢走,习惯培养莫放手**

家长朋友们,孩子从幼儿园跨入小学的大门,面临的是一个新的环境,新的群体,还有新的学习任务,可能一开始不太适应,对于老师布置的学习任务处理起来还不是那么得心应手。也许,他们读完一篇课文需要来个三四遍才能熟练;也许,一排阿拉伯数字需要写了擦,擦了写才能达到你的要求;也许,汉语拼音拼读了几遍还是面露"为难之色"……总之,你会碰到各种各样在幼儿园里不曾遇到的情形。这个时候,你可能会非常着急,其实,这正是我在孩子入学之前要告诫大家的一点:切勿因为你的急躁而浇灭了孩子活泼泼的求知欲望。我相信,每一个孩子站在他即将生活六年的新学校,一定是充满好奇,自信满满的,作为家长,万万不能因为急于求成而给孩子施加过重的压力。你们要知道,兴趣是最好的老师!把你的爱心转化为耐心,不焦急,不训斥,让孩子始终保持一种高度的学习热情,比什么都重要。所以,我希望:日后,当你的孩子读书读得不够流利,甚至是结结巴巴时,你不是大声训斥,而是坐在他身旁,陪着他一起高声朗读;当你的孩子写了再擦,擦了再写还不如你意时,我希望你能抓着他的手,告诉他:"别着急,写字呀要想好了再动笔,尽量不用橡皮。"当你的孩子在为一道在你看来简单得不能再简单的题目而发愁时,你能凑近他的小脸神秘地告诉他:"这道题目可简单啦!只要你动动脑筋想一想,一定能攻破它!"……总之,对于你的孩子多一些耐心,多一些智慧的引导,牵着她的手在学习的小道上慢慢走,沿途之中,你和孩子将会收获意想不到的风景。

牵着手,慢慢走;陪着他,款款行……这是我们实小教育集团很多家长遵守的教育信条。但是,家长朋友们,陪伴不是"溺爱",陪伴不是"包办",陪伴的最终目的是让孩子养成良好的、终身受益的习惯。

有人说,小学是培养习惯的关键六年,好的习惯能成就一个人的一生。我觉得这句话说得一点不错,不过,我还要补充一点,那就是小学一年级是整个小学阶段习惯养成的最重要的阶段。那么,有哪些习惯需要在一年级着重培养呢?

  首先是自己的事情自己做的习惯。很多有经验的班主任通过调查发现:优秀的学生都有一个共同的特点,那就是"自理能力"非常强。自理能力有哪些呢?比如自己的铅笔自己削,自己的书包自己收拾整理,自己的衣服自己穿,自己的书包自己背……我们做教育的最不愿意看到的就是父母捆绑了孩子的手,包办了孩子该做的事。就拿背书包这件事情来说,我们在校门口值日时经常看到很多孩子的书包是由爸爸妈妈、爷爷奶奶背到校门口的。有的到了校门口还执意要送进教室才罢休,唯恐这小小的书包把孩子压坏了。因此,为了培养孩子的自理能力,也为了校园安全治理的需要,实验小学会在园丁路东西两端,江洲小学会在民主路两端设立卡口。每个上学日,卡口处分别有老师轮流值日、引导。希望各位家长把孩子送到卡口处,让你的孩子自己背着书包走进校园,开启一天的学习生活。

  其次是放学以后自主学习的习惯。学校每学期会举行家访活动,在平时的家访过程中,我们发现一些孩子回家以后先是玩个尽兴,乐个尽兴,最后在夜幕时分才开始写家庭作业。有的孩子因为白天疲劳,到了晚上就打不起精神,这就造成了很多学习任务不能按时完成。因此,我希望这里的每一位家长朋友们不妨和孩子在入学前定个"学习规则",在个人"学习规则"中明确写出:放学以后,及时完成老师布置的作业。这样的学习习惯若在一年级就能养成,那么在他今后的学习之路上,将会大大地减轻你的负担。

  **二、伴着孩子静静读,启智慧心唯好书**

  我经常听到很多这样的声音:老百姓千方百计把孩子送到实小来,不仅因为这是一所百年老校,这里有很多优秀的教师,更重要的是因为实小的阅读氛围浓厚。没错,"阅读"是实验小学教育集团一直在精心打造的课程品牌,是实小学子经过六年熏陶以后所能形成的独特文化气质的精神命脉。

  有一首小诗是这样写的:"你或许拥有无限的财富,一箱箱的珠宝与一柜柜的黄金。但是你永远不会比我富有,我有读书给我听的爸爸妈妈。"家长朋友们,阅读,给予孩子的财富是无法用金钱去衡量的,而阅读的种子最初是在家庭里播下的。我给大家的第二点建议——"伴着孩子静静读,启智慧心唯好书"也就是要让我们在座的各位家长明白：读书是丰富心灵、开启智慧最好的钥匙。

可能有些家长要说：如果我的孩子最终要回到一座平凡的城，打一份平凡的工，读那么多书有何意义？今天，我要告诉家长的是：我们阅读，就算是最终跌入繁琐，洗尽铅华，从事同样的工作，却能拥有不一样的心境；我们阅读，可以让同样的家庭，拥有不一样的情调；我们阅读，可以让同样的后代，拥有不一样的素养。

那么，怎么读书呢？不是随便买一本书给孩子，言辞命令："快去读书！"或者是"老师说了，一定要多读书！"从心理学的角度来讲，一切命令式的表达都会拉远彼此之间的距离，而且，很容易让人产生抗拒的心理。在我们的教育过程中，我希望家长朋友们慎用"命令式表达"。就阅读习惯的培养而言，让孩子爱上阅读的第一步是：亲子阅读。在我们实验小学教育集团，有很多在"亲子阅读"方面做得特别好的家长，比如刚刚毕业的王科涵同学的家长，妈妈虽然在银行上班，工作很忙，但是却能每天坚持和孩子一起阅读、一起交流；再如三年级张涵玥同学的家长，妈妈特意把客厅布置成一个开放的书房，孩子随手便能拿到一本书快乐地读起来，而这个读的过程，也时常会有妈妈在一侧共读的身影……还有很多"阅读小明星"的家长，他们都是孩子阅读之路最亲密的陪伴者。因此，我想对我们所有一年级的家长朋友们说：每天晚上，不论你有多忙，希望你能够抽出不少于20分钟的时间给孩子读读绘本，读读童话，让你的朗读声成为孩子心灵深处最动听的音乐，让你的阅读陪伴成为孩子终生最温馨的记忆。

"亲子阅读"让孩子爱上阅读，如果要让"阅读"成为孩子终身戒不掉的爱，我们自己首先要能成为"阅读者"。我曾经读过一个故事，讲的是一个父亲爱上读书的故事。这位父亲是当地很著名的企业家，平时很忙，不是请人家吃饭，就是人家请他吃饭，跟自己的女儿没有很多接触。孩子上了小学后，老师定期给孩子父母亲写信，每周一封信。其中一项就是要求父母和孩子一起读书，不仅是母亲读，父亲也要读。这个父亲5年里和孩子一起读了184本书。他说一开始没感觉，读了一个月之后，发现阅读比喝酒有意思得多，于是就开始主动拒绝应酬，跟孩子一起读书。他说："这5年里，孩子上了小学，我上了大学。"后来他跟孩子在一起无话不谈，而媒介就是书。如今有很多年轻的父母酷爱打游戏，喜欢"刷抖音",这很正常,但是要想让孩子走得更好,走得更远,就必须克制自己的行为。上学期,我们学校向全体家长推荐了李小萌的"儿童友好善意养育指南"——《你好,小孩》,很多家长读过以后反观自己的教育行为,进行深切的反思,不断调整自己的教育方式,取得了一定的成效。这学期,我们将邀请部分家长、老师开展共读交流会,届时,将通过微信公众号或期中家长会推出活动报道和相关内容。这学期,我也把这本书郑重地推荐给一年级的家长,在孩子入学之时,在你的案头备上一本《你好,小孩》,让它为你的家教之旅点亮一盏灯,指明新航向。

关于"阅读",在实小教育集团,还有一档深受学生、老师、家长喜欢的阅读节目,那就是"校长有约"。什么是"校长有约"呢?就是校长在学校推荐的阅读书目中,挑选一本书认真阅读,精心设计阅读课程,然后在校园里通过海报宣传的方式发出邀请,全校师生、家长看到"校长邀约"以后给予回应,开启共读模式。在这一共读之旅中,各班语文教师介入学生的阅读旅程,和他们一起阅读、一起交流、一起讨论……把原本属于个体的阅读行为扩大至一个快乐、融洽的群体行为。这个过程,校长还向备课组组长,教研组组长了解年级阅读进展与情况,评选"阅读小明星""翰墨书香家庭""最美阅读家长",邀请他们走上我们的"校长有约"舞台,与全校师生、家长共同开启一段奇妙的阅读分享之旅……前面,我们一共开展过五期"校长有约"阅读活动,从《花婆婆》的绘本阅读,到《时代广场的蟋蟀》经典故事的阅读,再到红色阅读,诗词阅读,音乐阅读,学校涌现出了一大批阅读小明星、最美阅读家长。这学期,我们还将举行"美术阅读"校长有约活动,我们期待,这一届的六百多名学生,六百多个家庭有一天也能够走上"校长有约"的舞台,交流你们的亲子阅读经验,分享你们的阅读陪伴之乐。

**三、引着孩子向善行,美言雅行净心灵**

现在,大家一定瞧见了我身后的彩绘墙。这是上学期,我们为孩子精心雕绘的阅读彩绘墙。墙上绘有很多古老的中国故事,比如《九色鹿》的故事教育孩子从小学善、求真、向美;《后羿射日》《愚公移山》《精卫填海》教育孩子从故事人物身上汲取为民造福、乐于奉献的美德,炼铸坚持不懈、持之以恒的精神。在我们的江洲小学,也有这样的物态文化,如"陶陶农场"里种植了一千多平方米的绿色植物,其中,长势喜人的葫芦娃娃成了江洲小学孩子们的校园"宠物",他们精心呵护、细心浇灌,让可爱的葫芦娃娃成了校园里一道亮丽的风景线。我们打造"陶陶农场"的生态环境,就是要让"知行合一"的育人理念进驻孩子的心田,激发他们的劳动热情,增强他们的主人翁意识,培养他们热爱自然、敬畏生命的美德。总之,无论是实验小学还是江洲小学,我们的校园文化建设力求让每一个孩子们受到德性的熏陶与感染。

我平时喜欢和孩子们闲聊,也喜欢和家长们聊家庭教育。通过交流,我了解到很多家长把孩子送到学校,每天回家以后,问得最多的话语就是:作业写好了吗?上课老师讲的,都听得懂吗?每天上学的路上,千叮咛万嘱咐的话也就是:上课要好好听讲,不要思想开小差,不要做小动作,认真完成老师布置的作业……每一天的叮嘱,每一句的唠叨都不难看出家长们"望子成龙、望女成凤"心切,但"成才先成人""立人先立德",品德是一个人素养中的核心部分,可以说,它是一个人成长的灵魂!在实验小学教育集团,我希望家长朋友们在关心孩子学习的同时,还能够每天去问一问孩子:"今天和伙伴们相处得愉快吗?""你和小伙伴们分享你的快乐了吗?""看到同学、老师,你主动问好了吗?""同学有困难时,你给予帮助了吗?"……诸如此类的话语问多了,说多了,它就会像甘泉一样滋养着孩子的心灵,进而渗透到他们的一言一行中,让你的孩子在未来之路上一直与快乐相随。

**四、领着孩子快乐游,广闻博览自优秀**

这里的"游"啊,你可以把它理解为"游戏""旅游""游览"……在实验小学教育集团,"游"是一种备受大家青睐的学习活动。

首先,实小的"游学"活动有声有色。什么是"游学"呢?就是带着一定的学习任务走进更广阔的世界去探索,去觅知。每学期,每个假期,我们都会组织孩子走出校门,远游探索。我们曾经带着孩子前往桂林,去感受"桂林山水甲天下"的魅力;我们曾经带着孩子去南京栖霞登山览景,去感受"霜叶红于二月花"的奇丽;我们曾经带着孩子去大草原,感受"天苍苍,野茫茫,风吹草低见牛羊"的壮美;我们也曾带着孩子们去境外;我们还曾多次带着孩子进行三天两晚的社会实践活动……孩子们在宽广的学习天地里,看到了自然世界的千姿百态,中国文化的源远流长,世界文化的奇异多样。这一学期,学校还会极力创造机会,让孩子们走向广阔的天地去学习更多书本里没有的真知。

其次,实小的"游戏"课程别有滋味。说到"游戏课程",很多家长会想到这是幼儿园的事。其实,"好玩"是孩子们的天性,在六年的小学生涯中,我们也紧紧抓住这一天性来设置校本特色课程。比如,我们学校的"社团"就特别安排了"机器人""轮滑""街舞"等孩子们喜闻乐见的游戏味较浓的课程;比如说,我们的低年级课堂上,经常会有一些游戏活动贯穿其中;再比如说,我校的阳光大课间活动,各种体育运动项目,也是以形式多样的游戏活动激发孩子们运动的热情……总之,让孩子们在玩中学,在学中玩,是我们实小课程特色的彰显。大家都知道,今年暑期,国务院办公厅出台了《关于进一步减轻义务教育阶段学生作业负担和校外培训负担的建议》,希望各位家长能根据孩子的自身特点为他们选准特长发展的方向,引导孩子多多参加能够提升思维品质、锻铸精神品格的实践课程。

最后,实小的"游考"活动有情有趣。自 2017 年以来,为了全面考察学生的素养,激发孩子的学习热情,我们针对低年级学生的年龄特点、心理特点悉心制定了带有实验小学课程特色的"游考"方案。这学期末,你们在座的每一位家长将亲自见证孩子们在"游考"中的快乐成长。

各位家长朋友,陪着孩子慢慢走,习惯培养莫放手;伴着孩子静静读,启智慧心唯好书;引着孩子向善行,美言雅行净心灵;领着孩子快乐游,广闻博览自优秀!这就是我对你们——即将成为实小教育集团家长群中的一员,提出的四个建议。如果把每一句话的首字连起来便是:陪伴、引领!在孩子的成长过程中,陪伴着他们一路前行,你们也会领略到一路的美好风景;引领着孩子向着光明前行,我相信:风景无边!

(2021 年秋季,在一年级新生家长会上的发言)

**亲爱的同学们，老师们：**

感恩开学，让我们再次相遇；感恩秋天，让我们总能在丰收的守盼中迎来一年级的小精灵；感恩祖国，让我们相聚于迎接新中国七十年华诞的高光时刻，共同分享喜悦与无限荣耀。

孩子们，环顾我们身边的笑脸，遥望那远方的秋光，我经常会感慨：这是多么美好的土地！我记得伟大的诗人艾青曾说过："为什么我的眼里常含泪水？因为我对这土地爱得深沉……"是啊，我们所生存的这片土地给予了我们引以为豪的黑眼睛、黄皮肤；我们所生存的这片土地，让我们明白了革命先烈用血肉之躯换来幸福生活的不易；我们所生存的这片土地更让我们看到了新中国毅然崛起的光辉足迹！

七十年前的旧中国是一个令你们无法想象的模样，山河破碎、满目疮痍，民不聊生、流离失所……七十年来，我们的祖国在一代又一代人的艰苦卓绝的奋斗之下，创造了许多举世瞩目的成果，正因为这样，我们才可以如此深情地拥抱这眼前的一切美好。

孩子们，我们的祖国给予我们太多美好，作为新时代的少年，应该以什么回报我们的祖国，回报给予我们幸福安宁的这片土地呢？

首先，我想对今年入学不久的一年级小朋友说：自立自强，是你人生奔赴美好的开始！跨入了小学的大门，就意味着你从"幼儿"向"少年"身份的转变。从此，妈妈不再喊你宝宝，开始呼唤你的名字；从此，爸爸不再无休止地陪着你玩乐，开始陪伴你读书、学习；从此，老师也不再哄着你入眠，牵着你如厕，而是告诉你："自己的事情要学着自己做！"孩子们，不要感觉美好离你远去，其实，你恰恰是在担起责任、履行职责中去奔赴美好，迎接绚烂。这一学期，我们的"校长有约"阅读活动将从红色读本开始。前段时间，学校为每个年级精心挑选了一套红色读本，其中有《小英雄雨来》《小英雄王二小》《闪闪的红星》等故事，希望同学们认真阅读，在小英雄的身上学习如何担当，树立远大抱负，从而汲取前进的力量。

接下来，我还要对二至六年级的同学们说：自尊自爱，是你实现人生价值的前提与基础。"自尊"就是尊重自己。把自己看作是有着崇高追求的生命个体，把自己看作是与集体、国家利益息息相关的一分子，不做有损于自己，有损于父母,有损于国家的事,这样的人就是有着民族脊梁的人,他在尊重自己的同时也必然会受到别人的尊重。"自爱"不是自私,更不是奴颜婢膝,而是在挺直腰杆做人的同时让自己的身心实现健康成长。

孩子们,再过三周即将是我们伟大祖国母亲的生日;再过30年,也就是2049年,届时新中国百年华诞,而那时的你们,也将是36岁至42岁的中年人啦!已是祖国的中流砥柱,社会主义建设者啊!你们参与见证的是富强、民主、文明、和谐、美丽的社会主义现代化强国。我期盼,30年后共和国百岁,八十多岁的奚校长和大家愿意站在校门口,和你相约——倾听你们作为祖国忠诚的儿女,怎样将自己积极地融入这个时代,为中华民族的伟大复兴积蓄应有的力量,把我们,把时代,把祖国,带向一个更美好的2049。

最后,在教师节这样一个特殊的日子里,我还要对我们所有的老师说:记住来时的路,奔赴未来的梦,把初心揣在怀中,把信仰落到行动,让这群孩子们的人生因为我们的加入而魅力生动!老师们,祝你们一路高歌一路行,收获芬芳桃李满天下!

(在 2019 年教师节升旗仪式中的讲话)

**亲爱的同学们、老师们、家长朋友们：**

已经数不清有多少次拿起话筒跟孩子们讲话了，可是像今天这样，在我们合唱团专演中讲话，还是第一次。这是我校"快乐合唱团"自成立以来的首场专演，所以，我的心情也如这六月里的映日荷花一般"别样红"。

孩子们，不知你们有没有想过为什么要进合唱团？为什么要参加各级各类的合唱演出？有人说，我就是爱唱歌！真好！爱唱歌的孩子他心里一定住着一个温暖的太阳。也有人说，是老师选我进合唱团的！那么，你们真幸运！因为能够进合唱团的孩子一定是有音乐天赋的孩子。看到你们今天一个个打扮得光彩照人，又即将展开歌喉，尽情欢歌，我有几句话要送给你们。

**第一句话：欢唱吧，每一首歌都藏着一个动人的故事。**我相信你们在唱歌的时候一定细细品味过每一首歌的歌词。这歌词啊，连起来就是一首小诗，就是一幅幅画，就是一个美妙动人的故事。你们在唱歌，其实就是在"阅读"；你们在唱歌，其实就是在讲故事，在描绘一处又一处令人流连的佳景。曾经听你们唱过《自由自在》，当"蓝蓝的天空，绿绿的大地，清澈流淌的小溪，汇成爱河的旋律"这句歌词回响在我的耳边时，我仿佛置身于蓝天碧水间，享受着大自然的芬芳，看到很多可爱的孩子在天地间自由自在地奔跑……听你们唱《敕勒川》，"敕勒川，阴山下，天似穹庐，笼盖四野……"你们的歌声一次又一次把我带向那辽阔的大草原，看成群牛羊悠闲吃草，赏牧民骑马驰骋绿野……每一次听你们唱歌，总是有无数个"感谢"充盈在心间：感谢可爱的孩子们让我们在歌声中感受人世间的美好，感谢可爱的孩子们让我们在歌声中看到世界的奇妙。

**第二句话：欢唱吧，每一首歌都在表达一份美好的情感**。孩子们，当一首歌那悠悠的旋律飘溢在空气中时，不管你是哪个民族的，哪个国家的，这歌曲所要传达的情感一定能沁润你的心田。今天，我们即将要欣赏到的《茉莉花》，那清丽婉转而又不失激情坚定的旋律就是在表达中国人热爱生活、热爱自然的淳朴情感；我们即将要欣赏到的《想你的365天》，曾经是国产动画《宝莲灯》的主题曲，在深情缠绵的曲调中我们能感受到情在心中而不得相见的期盼与美好祝愿……情到深处自然浓，相信我们合唱团的孩子在万千种情感的品味中一定能够拥有灿烂美好的人生。

**第三句话：欢唱吧，每一次排演都是一种意志的磨练**。"台上三分钟，台下十年功"，这句话对于你们来说，并不陌生。我知道，孩子们今天能站在这个舞台上纵情放歌，这背后一定付出了很多汗水，历经了很多挫折。我们没有办法在这里一一历数，也不必慨叹，因为每一粒种子都要经过破土而出前的黑暗，每一只蝴蝶必须经过破茧的痛苦蜕变。

**最后一句话：欢唱吧，每一次表演都是童年之花的魅力绽放**。有人问我：童年应该是什么样子的？我说：童年应该像冰雪那般无瑕，像溪流那般叮咚欢唱，像彩虹那样五彩斑斓，更应该像歌曲里唱的那样——"光着脚丫在树上唱歌，吹着口哨在树上唱歌"，总之一句话：想唱就唱！

(2019年6月，在合唱节上的发言)

**尊敬的各位领导、各位来宾,亲爱的朋友们:**

大家晚上好!

今晚,我们在城北公园欢聚一堂,一起参加"活力教育,锦绣三茅"2018年扬中市中小学、幼儿园艺术教育进社区文艺演出活动。在此,请允许我代表扬中市实验小学、江苏省扬中高级中学(简称"省扬高中")、第一中学、第二中学、外国语中学、第一幼儿园、实验幼儿园对前来观看演出的领导、朋友们表示热烈的欢迎与衷心地感谢!

艺术是德行的宝库! 近年来,扬中市各中小学、幼儿园在教育局"活力教育、生态校园、幸福师生"的办学理念的指引下,非常重视艺术教育。各学校一校一品,呈现出一种百花齐放、多姿多彩、各具特色的艺术教育风貌,并取得了丰硕的艺术教育成果。省扬高中近三年,有三名学生考入清华大学美院,大批学生被知名艺术院校录取,学生的篆刻作品曾获得国务院原副总理李岚清的称赞。扬中市第二中学有大批艺术生考入全国各大院校,并于今年计划招收成立"美术特色班"。外国语中学合唱团多次在文艺汇演中脱颖而出,学生海报作品《和平女神的召唤》参加全国巡展。扬中市第一中学在全国中小学校园文学艺术大赛中获优秀团体奖,多人次在省市艺术竞赛中获奖。扬中市实验小学在不断打造艺术教育特色品牌的同时,经过不断地探索,形成了以管乐、合唱、舞蹈、棋类、版画、装饰画等艺术门类齐头并进的特色专业化建设格局。其中,舞蹈《我们班》代表镇江市参加2015年江苏省第五届中小学生艺术展演获特等奖;

管乐《银色的小溪》参加镇江市小学生文艺汇演获一等奖。扬中市第一幼儿园被评为"中国儿童绘画教学先进单位",幼儿园师生多次在各级各类艺术竞赛中创造佳绩。扬中市实验幼儿园舞蹈《大海的颜色》在江苏省绿色学校生态文明文艺表演大赛中获优秀奖。这些成绩的取得充分说明"艺术"的种子已在我们的教育园地里扎下了根,"艺术"的馨香已融入了我们每一位师生的血脉……

今天,我们把艺术带进社区,一方面是展现学校艺术教育的成果,给学生提供校外艺术实践的舞台,同时,也是让大家对我们的学校教育有进一步深入的认识和了解,因为学校教育有了社会力量的注入,才有可能走向远方,这也是我市精神文明建设的重要窗口。衷心祝愿今天的艺术进社区活动能给大家带来一个愉快的夜晚,也真诚地希望我们的艺术之花开遍小岛的每一寸土地。

最后,预祝文艺演出圆满成功!谢谢大家!

(2018年6月,在艺术教育进社区活动中的讲话)

**亲爱的同学们：**

　　小城四月，正如萧红说的那样："天气一天暖似一天，日子一寸一寸的都有意思。"春夏之交，草木繁茂，万物蓬勃。这样的时节啊，我们身体里的每一个细胞似乎也受到了雨露的滋养，阳光的激活，总是期盼到一个广阔的天地里释放内心的激情，展现生命的活力。应着同学们心底的呼唤，双眼的渴盼，我们再次相聚到一起，共同举行2021年扬中市实验小学"小星星"体育节运动会。

　　"一腔热血难自控，豪气云天少年郎"。此时此刻，看到你们身着五彩的服装，手持七彩的丝带，弥漫阳光的笑脸，我的内心也是激情澎湃、快乐涌动。今天的开幕式上，我们依然会欣赏到各班富有个性的展示、同学们矫健有力的身姿以及实小少年特有的意气与风采！我相信，无论是集体舞表演，还是真情放歌，或是健身操、韵律操展示，这些都是你们童年应该有的姿态，都是七彩童年永葆活力的根本。我真心希望同学们不论何时何地，都能守住童年的这份纯真，都能记住童年的这份美好……因为，童年是人生中最美、最富温情的一段经历。

　　今天的绿茵赛场上，我们还将看到同学们团结拼搏的身姿。三年级的"车轮滚滚"、五年级的"旋风跑"、二年级的"花式传球"等团队大作战项目不仅是力与美的结合，更是气质与精神的展现！每年的运动会上，我感动于同学们在发令枪响后一齐奔向终点的步伐，感动于接力赛中传递接力棒时你追我赶的身影，感动于你帮我一把，我为你呐喊的暖心画面……赛场上太多太多的感动，我把它凝成一句话：我们在运动赛场上遇见了更棒的自己！

　　今年的"小星星"体育节，我们还将对同学们进行体能检测。所谓体能，就是身体的运动能力。平时，咱们的老师在课堂上带大家练习仰卧起坐、坐位体前屈、跳绳等，都是在锻炼同学们的体能。通过平时的体能训练，我们期待同学们的耐力、协调能力、柔韧度不断提升；通过平时一点一滴的能量积蓄，我们期待同学们拥有如山之健美、如水之柔韧的身体！

　　同学们，运动，不是为了证明什么，而是一种生活的态度。我真心地期望大家能把运动纳入我们的日常生活，让它和吃饭、睡觉一样，成为每日的必修课，成为你们终身戒不掉的爱……在扬中实小，"文明其精神，野蛮其体魄"应该成为每一个学生的人生追求！谢谢！

（在2021年春季运动会上的发言）

## 在书香中浸润与成长

**老师们、同学们：**

大家好！今天我要和大家共同交流和分享关于读书的话题。关于读书，我最喜爱的一句话：要么旅行，要么读书，身体和灵魂，必须有一个在路上。一个人生命延续的方式有三种：读书、旅行和健身。旅行是一个不断吸收养分的过程，每多去一处，你的眼界便会开阔一分；而读书则可以与旅行产生许多共鸣，阅读不同的书籍犹如浏览不同的风景，你通过阅读所获得的阅历，会改变你的惯性、颠覆你的成见、抹去你的刻板印象，让你一直处于"超乎想象之外"的状态。所以有人说，读万卷书，行万里路。

电影《美丽人生》中曾有过这么一句台词："没有什么比非必需品更必需"，书籍虽然看似生活的非必需品，但是它往往比必需品更为必需。有人说："一个不重视阅读的学生，是一个没有发展的学生；一个不重视阅读的家庭，是一个平庸的家庭；一个不重视阅读的学校，是一所乏味应试的学校；一个不重视阅读的民族，是一个没有希望的民族"。那么，一个崇尚读书的民族，一定是一个理性的优秀民族；一个崇尚读书的校园，一定是一个健康而充满生机的校园。我们的学校是一所拥有百年厚重历史底蕴的学校，她的美不应该仅仅是广袤、整洁、气派，更应该洋溢着浓浓的书香气息。"书香校园"不应该只是一个口号，而应让其成为我们老师和同学的生活状态，成为我们精神的必需品，成为浸染整个校园的沁人芬芳。有了书香熏染，我们的人生才能美得更加明媚深刻，更加端庄大气！

那么，我们应该怎么读书呢？

首先是读书环境的营造。季羡林的弟子卞毓方说过，应该把自己的书桌摆在七个地方：第一，把它放在天安门的城楼上，让学习与祖国连在一起；第二，把它放在太平洋的一座孤岛上，让自己安静下来读书；第三，把它放在南极上，通过读书开发人生能量；第四，把它放在帝国大厦顶端，人比摩天大楼还要高，让阅读垫高我们的脚跟；第五，把它放在巴黎圣母院里，让读书纯洁而高尚；第六，

191

把它放在俄罗斯的庄园里,与大师为邻;第七,把它放回故乡的大地上,让自己找到归宿。而我要说,要想读好一本书,首先需要一个安静的环境。我们需要一个安静的处所,一本好书,一个安静的时刻。只有在这样的安静之中,我们才能抹去浮华与喧嚣,与真实的自我相遇。从今天开始,学校将在每天中午12:50—1:20开设阅读时光,希望同学们能用好这段时间,静心阅读,潜心会文,当你进入书的世界,你会发现,读书可以让我们连接亿万个未知,与伟大的灵魂对话,收获更广袤的生命。因为读书,我们可以在有限的生命里,体会一万种情感;因为读书,我们在故乡的风土里,寻回自己的"根系";因为读书,我们无论身在何处,心灵总有归宿。

其次是要边读边思考。朱熹认为,"泛观博取,不若熟读而精思"。曾国藩一生读万卷书,学富五车,他告诫后人,读书就像掘井,不在于挖很多口井,关键是要专心如一地深挖一口,挖出水来才能取之不竭……在这个快速变化的时代,对个人而言,读书应该成为一种生活态度,一种精神需求,一种生命常态。只有这样,才能提升精神境界,塑造高尚人格,凸显民族精神,用清醒的认识、深入的思考,成就精彩的人生。

同学们,有人说:"通过阅读获得的思想与自己心中萌发的思想相比,正如史前植物的化石遗迹与春天里蓬勃茂盛的植物相比一样。"著名哲学家叔本华说:"真正独立思考的人,在精神上是君主。"越阅读,世界越小;越阅读,世界越大。同学们,让我们捧起书来,沉浸到书籍的世界中去,阅读、思考、收获,做精神上的君主,成为一名精神的贵族!

最后,为了使阅读活动更好地开展,我提议,让我们一起宣誓:(请同学们右手握拳,举过头顶,班主任站在学生队伍前方,与学生一起宣誓)

  书香飘逸——我们阳光灿烂

  净化心灵——我们热爱读书

  开阔视野——我们博览群书

  积累能量——我们勤奋读书

  追求幸福——我们终身读书(宣誓完毕,手放下)

同学们,热爱读书吧,让我们以书为友,成就精彩人生;让我们的校园添一脉书香,在书香中绽放文明!

(2017年,在学校整本书阅读动员大会上的讲话)

**亲爱的同学们：**

　　最是一年春好处，绝胜烟柳满皇都！早春时节，万物开始萌动，心情也随着枝头那一抹抹绿逐渐舒展开来，我相信大家一定和我一样，对这个春天有着一种特别的期待……这种期待不仅有你坐在书桌前书声琅琅、奋笔疾书的身影，不仅有你和同学们在操场上尽情奔跑、游戏欢笑的身影，不仅有你漫步校园、俯首捡拾纸屑的身影，还有今天我们800多名同学即将在爸爸妈妈的带领下为校园植下一抹绿，种下一簇红得动人的身影……

　　我相信同学们在寒假里一定看过中国这部风靡全球的电影——《流浪地球》。其宏大的场面，精良的特技制作，令人深思的主题只是《流浪地球》获得成功的部分原因。其实，美国波士顿大学研究人员还发现了中国的另一个壮举：他们通过检视NASA卫星发现全球绿化面积"逆势上涨"，增加了5%，相当于多出了一个亚马孙热带雨林的面积。这是什么原因呢？那是因为中国和印度这两个国家对其作出了巨大贡献。其中，中国比印度更能称作绿植增加的主力，因为"中国新增绿化主要是靠森林，印度则主要靠农田"。

　　同学们，植树造林，功在当代，利在千秋！今天，我们将手中的一株花种在了校园的角角落落，明年春天，我相信我们的校园一定是一番姹紫嫣红的景象。同学们走进了校园，就像是走进了一片令人心旌荡漾的花海，这是一件多么美妙的感觉啊！若干年后，当扬中实小的后来人迈入校园后，置身于这片花海，看到你制作的卡片，赏着你种的花儿，嗅着你孕育的花香，他们一定会说：谢谢你，让我在这繁花似锦中品味知识的芬芳！孩子们，这就是：赠人玫瑰，手有余香！这就是：前人栽树，后人乘凉！这就是高尔基所说的：给，永远比拿愉快！

## 校长有约·下篇

在今天这个特殊的日子里,我还要向大家介绍一位新朋友。它是谁呢?它就是屹立在我们校园前广场的这棵树?知道它是什么树吗?——柚子树!同学们吃过柚子未必见过柚子树,见过柚子树未必看到过柚子树结出柚子的喜人景象。这是学校送给大家的礼物。你们可以想象,今年秋天,或是明年秋天,这棵柚子树上结出了大大的柚子,像一盏盏灯,似一个个胖娃娃,到那时,学校还要邀请大家一起赏柚子,品柚子,你们开心吗?

同学们,那就让我们好好呵护它,精心照顾你手中的这株花,我相信,明年这个时候,我们的校园一定是:最是一年春好处,繁花簇拥校园路!一定是:鲜花簇簇开有主,可爱深红爱浅红?也一定是:实小校园花满蹊,千朵万朵压枝低!

(2019年3月,在植树活动中的发言)

**亲爱的同学们：**

　　我不止一次地登上十岁成长礼的舞台，这里是你们梦想启航的舞台，我们给它取了个好听的名字——"青葵剧场"。每次接过主持人递来的话筒，我都有一种重回童年、青春焕发的感觉。我记得儿童文学作家冰心奶奶说过："童年呵，它是梦中的真，是真中的梦，是回忆时含泪的微笑。"今天的你们，被一切的温暖、甜蜜包裹着，不断地编织梦想，又不断地拾光远航，童年里的这段时光注定会成为一颗圆润晶亮的珍珠嵌在你们每一个人的记忆深处。

　　那么，十岁，它到底意味着什么？

　　首先，它意味着人生的列车到达了一片山岭，你需要登上山峰，去回望呱呱坠地以来的这一段童年生活旅程。你会看到在来时的那条路上有阳光铺满地的温和，也有暴风骤雨后的急流；有奋斗跋涉的快乐，也有踯躅不前的忧愁；有一个一个让你偷着乐的小确幸，也有一点一点让你藏在心里的小羞涩……无论怎样，它们都是你十岁成长路上动人的音符，起起伏伏、嘈嘈切切，才是最为真实而又美妙的童年之歌！

　　十岁，它要告诉你，走过的路不长，但你欢蹦着一路走来，亲人的左右陪伴，给予的爱却无法用长度来衡量。今天，看到好多同学的爸爸妈妈来到学校，要和你们共同见证这一重要时刻，我想到了一句歌词："好想好想和你在一起，和你一起数天上的星星，收集春天的细雨……"孩子们，你们成长路上的点点滴滴，正如天上的点点繁星，正如春天里的丝丝春雨，爸爸妈妈总是在你不经意间替你小心地收集着，珍藏着，因为，在他们心里，没有什么比你的点滴成长来得宝贵。我听说在这次十岁成长礼的准备过程中，好多同学的爸爸妈妈悉心策划，精心组织，用心排练，有的甚至外聘老师对节目进行精雕细琢。比如，封凯俊同学的爸爸特地邀请了中国龙狮运动之乡——西来桥的舞龙大师来校指导；赵卓航同学的妈妈和三(2)班部分家长为我们布置了漂亮的舞台……在我看来，他们都是了不起的筑梦者，他们总是在创造舞台为你们的理想插上翅膀，期待着你们有一天可以乘梦飞向光明的远方！我想，今天，你们应该选择一个合适的机会对爸爸妈妈说一声:"谢谢你们!谢谢你们为我扬起梦想的风帆!"

十岁,还意味着什么?意味着你会更加快乐地走向"至善、智慧、自治"的美好未来。走上十岁的舞台,在迈向下一个十年的岁月里,你的主意会变得越来越多,你的思维会越来越开阔,你的心思会越来越细腻,你渴望独自飞翔的愿望越来越热烈……无论怎样,我真心地期望你们走过的每一段路程,都飘逸着书香;脚下的每一步,都投射着书影……此刻,我站在台上放眼望去,欣喜地发现台下有很多常来"校长书屋"与我交流的小读者们:王清玄、赵卓航、封凯俊、陈思予、叶子凡……在和你们的交流中,我看到了书籍给予十岁孩子的自信和胆识,一种从容和潇洒,一种纯真与赤诚,因为你们的到来,我的"小书屋"里童趣盎然、书香沁人。下学期,我期待有更多的同学与我约读,与老师、同学、家长在书的世界里翩然起舞,我一直相信,用书铺就的人生道路决定了一个人未来的人生高度。读得多,站得高;站得高,看得远;看得远,才会走得更稳!

孩子们,人生的每一个十年都有着特殊的含义,迈过十岁的门槛,希望你们依然能够意气风发地奔赴人生的每一个站点,无惧风雨,心中有光,坚毅果敢,心正行朗!最后,我代表扬中市实验小学教育集团两百多名教职员工祝同学们生日快乐!

(2021年,在学生十岁成长仪式上的发言)

**亲爱的同学们：**

　　夏天的晚风似乎特别通人性、懂人情，虽然只是偶尔扑向你，但总是带着一股你无法抵御的热情；夏天的夜空似乎也特别辽远，特别神秘，它总会带着满天的星星，在蝉噪蛙鸣的合奏中给你带来浪漫激情……总之，"夏天"，是一个特别适合与大自然来场拥抱，来场约会的季节。于是，跟随物候变迁的步伐，踩着季节变换的鼓点，我们精心组织了这次让很多同学翘首企盼了许久的远足——毕业旅行。

　　孩子们，有些地方不是你来过一次，就无须再踏足，或者永不再去触碰。正像这次"世业洲"的重游，和同一群伙伴，在差不多的时节，踏上同一片江心绿岛，就好像在重温一本你曾经读过的书，同样的文字，同样的结构，但随着时间的洗涤，它会带给你不一样的震撼：可能，那株开在池塘边的一株小花在去年的这个时候，曾经多么热烈地召唤你和它低语，可是，因为你的匆匆步伐而错过了与它细语；可能，那只盘旋在这片水域上的水鸟曾经多么热切地召唤你欣赏它的舞姿，可是，因为你和同学的交流而错过了它的剪影。而今天，你又一次来了，还是那株花，那只鸟，你注意到了，你被惊喜到了，你会在那一刻叹然：原来，这个我曾经来过的地方还有这等美妙的风物！没错，世间万象变迁，没有哪一天是在重复昨天的故事，那些曾经去过的老地方常再去走一走，擦亮双眼去感受，你定会有不一样的收获。

　　孩子们，"造物无言却有情"。作为你们的大朋友，我不希望你们的学习局限在学校那方小小的天地，我希望你们的脚步能够踏遍祖国的山川河流，去饱览世界的各个角落，在每一天的日升日落中感悟时间的匆匆，在每一寸的轻盈

漫步中倾听万物与心灵的低吟邂逅；在每一次俯仰天地间去触摸文明的脉流……这就是咱们学校一直倡导的"大阅读""行走中的阅读"坚守的理念。孩子们，大千世界是一个孕育梦想的课堂，而你，就是这个课堂里可以不断酿造梦想的主人。今后，无论你年龄多大、学习工作多忙，请不要忘记背上行囊，带上安静的心与轻快的脚步，在春花烂漫、夏云奇峰、秋叶飘零、冬雪飞舞中，不停地遇见，不停地思考，不停地放飞自己的梦想，不停地装饰自己的人生年华……

同学们，天上的星星虽然不说话，但是它们却用丝丝微光装点着黑色的天幕；池塘里的鱼儿虽藏在水底，但它们却用一圈一圈的涟漪为平静的水面增添美丽……这世间很多曼妙的风景都在以独特的方式告诉你：我们是如此温柔有趣的存在，快快把我拥入你宽广的胸怀！

（2022年6月在学生外出实践中的讲话）

老师们：

　　一年将尽时，才觉岁月深。2021年就这样在忙碌与充实中即将离我们远去了，可能你还没有来得及细品生活里的那些小美好，还没来得及整理那些心底漫出的点点情愫，它们就这样悄无声息地消逝于你的视野，如一缕青烟，袅娜而悠然……

　　"回忆"，向来是件快乐而浪漫的事！我非常喜欢在每一个年末和大家细数风雨同行中那些一起经历的温馨瞬间，那些共同写下的浪漫往事。

　　2021年，和大家一起奔跑在和暖的春光里是件浪漫的事！记得2021年的开学典礼上，我们以"奔跑在春天里"吹响了奋斗的号角。于是，这一年，我欣喜地看到老师们满怀赤诚、不断奔跑的美丽姿态：有一群老师没有特别的称号，却不计较名利得失，一心向着孩子，初心奉献教育，用朴素的爱写下了动人的诗行；有一群临近退休的老师甚至已经退休的老师，黑发浸染着尘霜，身体虽不如年轻时健朗，但是却能想学校所想，急学校所急，依然奋战在教学一线倾心施教，用忘我的精神谱写了优美的乐章；有一群老师在学校师资紧缺的情况下甘挑重担，把两个班甚至三个班的教学任务扛在柔弱的臂膀上，埋头苦干、任劳任怨，用责任与担当折射出耀眼的光芒……我们的队伍中还融入了许多新生的力量，他们在师傅的带领下，携手迈步，创造了许多不可思议的辉煌。此时此刻，我想说：你们都是一群了不起的奔跑者！因为有你的存在，学校的角角落落才会有欢声笑语激情回荡！

　　2021年，和大家一起助力"双实"课堂，共探"双减增效"是件浪漫的事！我

一直认为,课堂始终是我们生命绽放的地方,它是一方希望的原野,你撒上种子,给予爱的阳光和雨露,它便会奉上一片生机盎然的春光。这一年,我不断地走进老师们的课堂,感受着145位老师的教学风采,捕获着老师们的教学思想,观察着孩子在课堂里的每一处生长……我渐渐明白:"双实"的意义不仅在于课程目标、学科素养的双线落实,还在于我们和孩子在课堂这片沃土上的共同成长——你推动着我向前迈步,我跟随着你不断向前,所谓"教学相长"的美妙境界就在于此吧!这学期,在"双减"改革背景下,我们更是把作业设计作为教学改革的一项亮点举措来抓,我们运用多样化的作业引导学生走向更广阔的实践舞台,促发他们拓宽学习的视野,进行跨学科主题作业的实践探究,我们还在全市联盟教研活动上积极推广我校富有创意具有实效的作业设计经验,把学校的研究成果辐射四方,用务实的工作态度芬芳了扬中教育的杏坛画廊。

2021年,和大家一起品味书香里的多彩人生是件浪漫的事!令我非常欣慰的是,在学校"快乐点燃"办学理念和"沉浸阅动"品格提升项目指引下,我们的老师能够自发投入到各项阅读文化活动中来。我忘不了每一次在"声音图书馆"里,老师们手捧一本书动情朗读的模样;忘不了和老师们在半亩书房就"儿童善意养育"进行的深度交流;忘不了和老师们在版画室围绕美术阅读的"醉美"对话;忘不了咱们海棠诗社姚老师那一声声热情的召唤;忘不了青年教师成长营每一位老师阅读思考后的珍贵感言……阅读的涟漪在我们心间一点点漾开,动人的画卷也在眼前一幅幅铺陈展开……

2021年,我看到了无数微光闪耀,正是那点点微光,最终汇成了璀璨的星河,迸发出无限大的力量,指引着我们不断向前向上!即将迈进2022的征程大道,我相信,我们对教育那份朴素又坚贞的爱会激励着我们去创造更多的绮丽风光,去共享更多用"浪漫"手笔绘就的辉煌!

最后,祝老师们新年快乐,阖家幸福,虎年大吉,万事胜意!

(在2022年元旦教师联欢活动中的讲话)

## "五心"修德为 同心向未来

**各位领导、老师们：**

2018至2019年,我们在耕耘沃野的同时听到了很多教育之声："立德树人""劳动教育""思政教育",还有近期中共中央、国务院印发的新时代推进教育现代化、建设教育强国的纲领性文件——《中国教育现代化2035》的出台,这些都让我们深刻感受到"风声雨声教育声,声声入耳"。在这样的教育大背景、大环境下,扬中实小人不忘初心,同心同德,与时俱进,于2018年下半年集团化办学以来创造了一个又一个辉煌的业绩。如果让我用一句话来概括,那便是："五心"修德为,同心向未来。下面,我将从五个方面向大家做具体汇报。

### 一、服务暖心,把每一位师生的"幸福感"放在心上

后勤服务工作是学校开展各项工作的基础,是做好教育教学工作的前提和保障。在实验小学,有一个优良的服务传统,那就是：想你所想,急你所急。2018年暑期,实验小学翻新了西操场,给予孩子们一个崭新的自由奔放的天地；我们在两栋教学楼之间的天井处还新建了硅PU地面排球场,让师生们的课余生活又多了一份运动的乐趣。我们全面出新了教学楼外墙,精心对校园进行了整体的绿化设计；在江洲小学整体建成并投入使用的一年间,我们多次与相关部门协商、洽谈,争取资金,进行新校区环境、文化的整体布置……其目的就是要让每一位师生能够拥有最自然、最绿色的工作、学习环境。在集团每一次的大型活动中,总务部门更是吃苦在前、任劳任怨,无论是活动物资的提供,还是活动过程中的服务,都做到了尽善尽美、温暖贴心。

这一年,我校的食堂管理再创新高,优质化的食堂管理吸引了多个学校领导、老师以及其他部门工作人员来校参观学习。今年5月,人大代表视察我校食堂,给予高度评价。令人欣喜的是我校学生食堂被江苏省市场监督管理局评为"江苏省2018年度餐饮质量安全示范食堂"。荣誉的背后是食堂工作人员的默默付出,是所有后勤人员的辛勤耕耘,他们以暖心的服务让每一个孩子、每一位老师在这里享受到了"家"的幸福与温暖。

### 二、管理安心,把每一位学生的健康成长放在心上

安心的工作环境、学习环境是我们在管理工作中积极营造的。2018年下

半年以来,我们高度重视学校的安全工作、规范办学管理工作、心理健康教育、法治教育。我们的目的就是要让这里的每一个孩子健健康康地成长。具体来说,可分为以下三个方面。

(一)安全工作常抓不懈

这一年,我们依然把安全工作作为学校工作的重点内容,常抓不懈。如每月进行一次疏散演练,通过大课间活动强化疏散路径;每月组织人员进行安全隐患排查,实小总部和分部分别邀请消防中队来校开展119专题活动;2018年10月份,交巡警大队在江小对全体师生进行"关注自身安全 远离大货车"的实操演练;老师们利用班会课对学生进行交通、消防、防溺水的安全教育,同时,借助安全教育平台的授课、学生作业,积极开展平台移动端周末安全提醒内容的推送;这学期,我们还邀请了空军指挥学院陈洪教授对学生进行国防教育……通过这些不同形式的安全教育活动,有效提高了学校的防范能力,确保了学校教育教学、生活秩序的稳定。

(二)规范办学真抓严管

"没有规矩,不成方圆"。在学校的教育教学管理工作中,我们制定了《扬中市实验小学教育集团违规办学行为专项治理实施方案》。在全体教职工大会上,我们组织全体老师认真学习并签订《教师拒绝有偿家教承诺书》,班主任通过家访向家长宣传义务教育学校违规办学行为专项治理活动。学校教导处每两周进行一次违规办学行为专项治理自查,每周围绕开展的治理活动制作《实小专项整治工作简报》,并上报教育局。通过这一系列的督查、整改,让"减负""规范"不再是徒劳的呐喊,而是学校实施规范办学的切实行为。

(三)法治宣传及时有效

教育学生知法、懂法、守法,做新时代合格小公民,是我校德育工作的一项重要内容。2018年下半年以来,我们开展了一系列法治教育宣传活动:在宪法日和禁毒日,结合国旗下讲话,我们组织学生围绕"宪法在我心中""珍爱生命 拒绝毒品"的主题,对全校学生进行宪法知识的宣讲和禁毒教育;为做好校园欺凌预防工作,我们利用班会课、红领巾广播、家长会开展以"扫黑除恶,预防校园暴力,构建和谐校园"为主题的教育活动;我们还利用中队课开展法治主题教育活动,组织学生制作法治宣传小报,教育学生人人争做守法好公民。今年5月,五(2)班的同学在学校组织下前往静思园开展实践、体验活动……这一系列活动的开展在孩子们的心里构筑起了一道坚固的"法律城墙"。

三、课程凝心,把每一位教师的专业成长放在心上

"把每一个教师引上进行研究的幸福之路""使每个教师都成为善于思考、勤于钻研的研究者",这是苏霍姆林斯基培养教师的心得,也是学校拥有活力的关键。作为一所百年老校,我们深刻认识到,只有一代又一代富有创造力的卓越教师才能让我们的学校在教育改革的洪流中激流勇进、永葆活力。因此,站在新时代的起点上,我们在新形势、新任务下,重新规划了学校的课程发展体系,将学校的课程建设纳入学校新时代发展的目标任务中,我们期待通过多样的课程建设来推动教师的专业成长,从而造就一支适应新时代发展的朝气蓬勃的生力军。这一年,我们的老师走出去,学起来;捧起书,读起来;同时,在教育教学实践中不断反思,形成了多个富有时代气息的研究课题,如《指向儿童自主发展的小学整本书阅读校本课程的开发研究》成功通过江苏省"十三五"规划课题审核。去年11月,江苏省教育科学规划领导小组办公室彭刚主任、镇江市教育科学研究中心赵联主任会同扬中教师发展中心相关领导来到我校进行了这一课题的开题论证工作。今年上半年,我们将老师们的前期研究成果汇编成册,出版了整本书阅读教学专著——《让每一间教室透出阅读之光》。今年3月份,我校《全景式阅读:"正心朗行"的儿童品格提升行动》在扬中市品格提升工程方案评比中获一等奖,即将参加镇江市品格提升工程方案评比。2018年12月份,我们的省立项课题《"快乐点燃"理念下的班本小作文实践研究》顺利结题,并出版了《小题大作》一书。此外,顾敏老师主持的《滋养心灵:基于陶行知"生活教育思想"校本实践》成功申报镇江市"十三五"规划"陶行知"专项课题;陆俊老师主持的《增强少先队员光荣感和组织归属感的研究》成功申报镇江市"十三五"规划课题;郭霞老师主持的《小学低段道德与法治教学中开发与应用绘本资源的研究》成功申报扬中市小学组立项小课题……这一年,还有很多老师的论文在各级各类论文评比中获奖,在各类报纸杂志上发表……在课题研究的路上,我们相信,只有尊重教师的专业生命,才能促使教师满怀激情地打开自己的改变之门,才能在认识自己、成就自己的过程中,不断跳出优美的"舞姿",从而给学校不断注入新的活力。

**四、课堂育心，把每一位学生的素养发展放在心上**

课堂，是立德树人的主阵地。这一年，我们继续加强教研组、备课组建设。各教研组的备课活动侧重主题式探究，如在语文教学中，对于民间文学"教什么""怎么教"的探讨，课外阅读深度性、广泛性的研究；在数学教学中，"做数学、玩数学"的拓展课程教学研究；在英语教学中，关注"文本阅读"的整体性探讨；在美术教学中，"模块教学""80分钟大课堂"主题探讨……老师们在研讨中加强学科认识，改进教学方式，提升业务素养。其次，我们的课堂发生了根本性的变革。2018年暑期以来，我们结合近几年来"四学五问"教学模式的开展情况进行了深入的分析与思考，进一步丰富了"四学"的内涵，重点打造着眼于学生核心素养发展的"四学"式课堂，即自学、互学、导学、延学。学生带着思考走进课堂，生生合作、师生合作，小组合作探究学习，老师在疑难处、关键处适时点拨，课后再带着一定的收获和思考进行延伸性、拓展性学习实践活动……在这样一种"有向开放""互动生成""回收提升"的循环递进式"四学"课堂教学中，实小学生的综合素养、教师的教学能力得到了显著的提高。

这一年，老师们在各级各类竞赛中取得了丰硕的果实：郭凯艳老师在扬中市小学语文优质课选拔赛中荣获一等奖；林玲、方文慧、钱丽老师在镇江市小学道德与法治新秀杯赛课中获一等奖；张金岭、朱益成老师在扬中市音乐教师技能竞赛中荣获一等奖；王校杰老师在扬中市小学信息优质课选拔赛中荣获一等奖；高煜老师在扬中市小学科学优质课选拔赛中荣获一等奖；张丽娟老师在扬中市小学数学优质课选拔赛获一等奖；王婷老师、李红慧老师在扬中市语文教师基本功选拔赛中荣获一等奖；林敏老师在镇江市小学劳动与技术优质课选拔赛中荣获一等奖；顾敏老师在江苏省小学心理健康教育优质课展评活动中荣获一等奖……

12月份，我校承办了扬中市第二届汉字听写大赛，冯若茗等5名参赛选手再次夺冠！

这些成绩的取得充分说明我们的老师在教学改革的路上没有止步不前，他们且行且思，不断创新，精诚合作，让扬中实小的课堂教学与时代同步共进，于每一个时期展现不一样的魅力风采。

### 五、活动润心,把每一位学生的快乐成长放在心上

苏霍姆林斯基曾经说过:学校应当像一块磁石,以自己有趣而丰富的生活吸引学生。在我们看来,学校生活需要变化,在变化中实现创新,这样,才能让师生充满期待。因此,我们结合学校新的课程规划体系,开展了一系列丰富而有特色的活动。

(一)"校长有约",书香弥漫沁人心

今年春季,我们的阅读专题活动"校长有约"经过了半年的酝酿终于和大家见面。"校长有约"不仅仅是一台节目,一次活动,它更是我们教育集团文化发展的命脉,课程建设的品牌。我们的初衷是:以校长阅读带动团队的阅读,以团队的阅读带动教师群体的阅读,以教师群体的阅读带动学生的阅读。从春季、夏季的"校长有约"活动开展情况来看,反响热烈。我们的老师对整本书阅读有了更深刻的认识和理解,对整本书阅读的指导策略有了更准确的把握。在这样的活动中,我们的学生读书不再是浅尝辄止,不再是朝三暮四,而是在师生共读、生生互读中不断提升自我的阅读素养。

(二)"社会实践",研学芬芳恰自来

陶行知先生提出,"生活即教育,社会即学校"。这学期,我们在以往社会实践活动的实施方法上做了改进,将"社会实践活动"与"研究性学习"结合起来,形成了富有本校特色的"研学旅行"实施方案。5月份、6月份,我们分别组织五年级、六年级学生前往镇江世业洲开展研学活动。我们提出了"四步走"的研学实施步骤,即"行前有准备",让学生有备而来;"行中有记录",让我们的研学不流于形式,避免"边学边丢"的问题;"行中重体验",让学生参与其中,动手实践,获得直观体验、培养实践能力;"行后有总结",让学生通过制作小报、撰写作文、小组交流等形式,分享研学收获。我们发现,在研学中,"知行合一"不只是书本知识与鲜活文化的交汇,更是规则礼仪、自律坚持、团结互助等优秀品质的真正内化。

(三)"班队活动",传统文化润心田

上好每一节班队课,让班队课成为思政教育的活力场,这是我校德育工作一贯坚守的思想。6月初,四(4)班的同学在"陆俊名辅导员工作室"的指导下,

在中队辅导员祝艺嘉老师的精心策划与组织安排下,结合"八礼四仪"中的"餐饮之礼",围绕《我与我的筷子朋友》这一主题从"筷子的起源""筷子的使用""筷子文化""文化传承"四个方面进行研究,并成功向德育共同体领导、辅导员老师以及家长朋友们进行汇报。我们深刻感受到:在这样的班队活动中,优秀的传统文化得以传承,学生的文明礼仪悄然形成。

(四)"合唱音乐会",踏歌逐梦流溢彩

这一年,我们在艺术教育上也取得了极为丰硕的成果。去年下半年,我校"快乐合唱团"演唱的《敕勒川》《青蛙歌》在江苏省中小学生艺术展演中荣获一等奖。今年,快乐合唱团的老师们又精心策划了"乐在心中 踏歌逐梦"专场音乐会。孩子们将自己在合唱团学习的歌曲一一向家长、老师做了精彩的汇报展示。此次音乐会为孩子们的努力付出提供了展示自我的舞台,让合唱团的家长见证了孩子们的美丽成长。看着孩子们欢快自信的笑容,听着来自社会各界的赞誉之声,幸福之感充盈在我们心间。

(五)"体育嘉年华",阳光少年逞英豪

让"体育"为每个孩子的幸福人生奠基,这是我校体育工作的目标。这一年,我们在抓好阳光大课间活动的同时,举行并参加了多个体育项目活动,成绩卓越:在2019年江苏省第十九届小学生乒乓球冬令营比赛中,我校分别取得男子团体、女子团体赛冠军,并产生了两名个人冠军;在扬中市中小学生运动会上,我校夺得第一名,创下了八连冠的辉煌纪录;今年5月,我们举行了"小星星"体育节活动,开幕式上,班级富有特色的展示,孩子们阳光自信的表演,都让我们深刻感受到运动是孩子们健康快乐的源泉。

各位领导、老师们,这一年是满载硕果的一年,是充满激情的一年,也是催人奋进的一年。今后的工作中,我们将高标准定位、大力度推进,进一步提升教育现代化建设水平。我们相信,在上级教育行政主管部门的关心和支持下,在全体教职员工的共同努力下,我们实小人定能克服艰难险阻,勇敢面对各种挑战,办好人民满意教育,让我们的教育之梦再续新辉煌!

(2019年6月在学期工作总结大会上的发言)

## 做温情教育　办温度学校

**各位领导、各位老师：**

曾经有一位教育专家这样说："忘记所学到的东西,剩下的就是教育。"当有一天我们开始怀念校园生活时,我们更多的是怀念校园里曾经发生的故事,以及故事背后的冷暖人生。翻开中外教育史,孔子、苏格拉底、苏霍姆林斯基、陶行知等,这些教育家的身上无不散发着迷人的故事,汇聚着炽热的温度。因此,基于百年老校"快乐点燃"的办学理念,扬中市实验小学教育集团始终在做温情教育,努力办一所让孩子们留念、让家长们放心的有故事的学校。回顾这一年的历程,温情弥漫心间,温度凝聚笔端,今天,我想以"做温情教育 办温暖学校"为题,带大家从三个方面一起来回望来时的路。

### 一、有温度的管理

"有温度"的管理,能引导学校成为一方快乐的麦田,而教师就是麦田里的守望者。

**(一)温暖培育,提升教师专业能力**

教师是学校最为重要的财富。去年暑期,在市教育局"县管校聘"工作机制的引领下,我们根据学校教师队伍结构情况,精心制定了《扬中市实验小学教育集团"县管校聘"工作方案》。8月中旬,在自主申报的基础上,学科教师竞聘、班主任竞聘、中层干部竞聘等工作有条不紊地开展。这一过程有效避免了以往"被动式安排"的尴尬,极大地调动了全体教师的工作积极性,增强了教师的职业使命感和责任感。

这一年,学校高度重视教师专业素养的提升,不断地创造机遇,搭建平台,通过多样的培训机制普惠每一位生长周期内的教师。2020年下半年,我们借助联盟校共建机制,携手丰裕中心小学、油坊中心小学、西来桥学校、三跃中心小学组建了"'联动阅读'好教师团队",在教师发展中心的引领下,多次组织培训,以提高教师的专业成长步伐。今年4月,为深入推进"生本＋双实"课堂的改革,全面提升教师教学理念,转变教师教学行为,提高教学效果,我校举行了"'双实'课堂 生本表达 联盟推进"的主题教研活动。为保证教研活动效果,让教师安心学习,静心研讨,学校提前印发告家长书,让学生休假半天,同时,邀请省内各地不同学科的特级教师、骨干教师来校亲自授课,给予面对面指导。活动中,9个学科,9个会场同时开课,全体联盟校教师全程参与,共同研讨。这一活动的开展不仅让老师们对"生本课堂"的样态形成了正确清晰的认识,同时,也让老师在研讨交流中探索到了学科教学的密码,明晰了今后教学的方向。

这一年,学校多次组织教师外出参加各级各类业务培训,培训达一百多人次,占全校总人数的85%以上,各门学科线上学习人数达100%。2020年,我校被评为"江苏省教师发展示范基地校"。

(二)红色引领,提升教师职业幸福感

"以'红色'引领教师专业成长,提升教师职业幸福感",是我校教师队伍建设的重要途径。这一年,为进一步深化教师队伍建设,激发教师内生动力,我校党总支把"党建引领 赋能成长"作为年度"书记项目",通过发挥党员先锋模范作用,点燃了高质量发展的"红色引擎"。去年9月,学校党总支举行了"立德树人践初心 春风化雨润思政"主题党日活动,通过书记大讲堂、思政课堂大家谈等活动,引导全体教师立足"思政课程",创新工作理念,以育人育才为中心。今年,在中国共产党成立100周年之际,我校党总支结合学校实际扎实开展了党史学习教育活动,在"一个主线""两种形式""三个平台""四个融合""五项活动"的"一二三四五"工作机制引领下,持续推动全体教师学党史、讲党史、懂党史、用党史,让红色基因的种子在教师内心深处生根发芽,激励他们在平时的教育教学工作中时时做好表率,不忘初心、爱岗敬业。

此外,我们还积极拓展学校思政教育阵地。去年9月,学校党总支与麦田网络党支部签订了合作协议,依托党建联盟,积极打造"公益1+1"党建品牌项目,力求通过党员引领,师生共同参与,在公益活动中践行社会主义核心价值观,落实立德树人的根本任务。我们还利用"党员先锋岗在行动"这一活动载体,引导全体党员立足岗位履职尽责,开展新时代文明实践服务工作,如关爱孤寡老人,参与"路长制"等,这一系列活动不仅提高了学校党组织的建设水平,也让全体教师在思想上得到了全面洗礼,提升了他们的职业幸福感。去年,学校"悦党建"品牌荣获扬中市"十佳党建文化品牌"。

（三）温情涵养，提升教师职业境界

教育的温度是教育的手段，也是教育的目的之一。一直以来，我们引领教师带着敏感而丰富、细腻而多情、博大而幽远的精神气象，在诗意阅读中做一个智慧的教育人。这一年，结合学校"阅读"品牌建设，我们为全体教师制定了"阅读书单"：《你好，小孩》一书让老师们在一个又一个鲜活的案例中重新认识儿童，结合自己的教育实际深度解读儿童，从而将"善意教养、对儿童友好"作为自己的核心认知和教育规范；《学习共同体，走向深度学习》一书让青年教师在共读研讨的过程中，看到了"生命课堂"的样态，激励着他们能够从儿童发展的视角、未来人才需求的角度不断地反思自己的教育教学；还有那些经典的儿童读物、古典诗词，更是让老师们在与儿童携手阅读、共品书香的同时，看到了童真的诗意与美好……在实验小学教育集团，我们欣喜地看到很多因为"热爱阅读"而自发组建的"教师阅读联盟"。

这一年，学校"书香教师团队建设"成效显著，我也多次应邀前往无锡、南京等地作"'心吻书香 共享成长'书香教师团队建设"的经验汇报，学校多次接待省内外学习团队来校参观学习。可以说，在实验小学教育集团，阅读让教师有了"温度"，让学校的办学"温度"真正地沁入人心。

**二、有温度的环境**

一个被称作校园的地方，它给孩子们带来的不仅是知识，更是自信快乐和健康成长。而有温度的学校无论是"物型环境"还是"教育场境"，都应该是暖意融融、爱意流淌的。

（一）阅读的蜜，温润儿童精神

基于百年老校的文化底蕴，2020年，我们依然致力于打造"书香校园"文化。为了更好地满足学生的阅读需求，学校图书馆根据教育部推荐的"小学生课外阅读书目"进一步充实了书库，共增添了四千多册图书。同时，我们在校园内增添了三台电子书柜，学生能够不受时空限制借阅图书。去年下半年，结合"华夏经典 音乐之声"主题阅读活动，学校组织各班精心布置班级外墙壁，学生每一天都能在书香氤氲的真实场域中实现精神成长。学校校长室还特别开辟了儿童阅读区，校长、教师、儿童的阅读故事在"校长书屋"里不断发生……今

年,围绕"书香校园"文化建设方案,我们在厚学楼前喷绘"故事墙",在香樟林里安置"阅读大巴",在花圃里树立阅读标语牌……可以说,校园里的每一面墙,每一道楼,每一处花圃,都成了会说话的书本,它们就像一盏盏路灯给予每一个生命以快乐奔跑的光亮,让每一位学生可以随时随地与周围的环境对话。

(二)生活的美,加深儿童体验

"生活处处有学问",一所温暖的学校,其校园的文化场景,应该成为学生难忘的美好记忆。这一年,我们开展了很多基于儿童生活,激发儿童潜能的实践探究活动。金秋时节,柚子飘香,学校再次组织全体学生采摘柚子,感受丰收的喜悦。11月份,总部组织全校同学开展"巧手做家务,快乐展技能"活动,引导学生自觉参与劳动、热爱劳动,人人争做"劳动小达人"。分部江洲小学围绕"知行合一"的办学理念,以"劳动助成长"项目为引领,建立了"陶陶农场"劳动基地,学生在劳动基地种蔬菜,精心打理蔬菜园,采摘蔬菜,并开展美食节活动,感受到了耕耘的快乐,体悟到了劳动带给自己的满足。今年植树节,学校重新规划了绿化区,为孩子们专门开辟了月季、海棠种植区,组织全校学生开展了"我为校园添新绿,我与小树共成长"的主题活动。活动中,亲子共植,同伴共植,师生共植,孩子们不仅获得了有关绿植的知识,掌握了种植的基本技能,同时,也感受到了共建绿色校园的快乐与美好……这一系列的活动让教育与学生的生活场景联系起来,构成了他们童年生活里一幅幅温暖喜悦的图景。

(三)学校的暖,丰盈儿童心灵

有温度的学校,一物一景皆为儿童。去年暑期,为解决教育集团内部"一校挤、一校空"的矛盾,实现教育资源的优化重组,学校各年级进行重新分班,并将六年级学生分流到江洲小学。面对儿童心理上的不适应,我们在新学期开学典礼上给全校孩子上了《从"新"出发》一课,并通过召开家长会,呼吁家长一起携手做好孩子的心理调适工作。2020年12月,应着孩子们心底的期盼,联盟校举行了"传汉字魅力 承中华文化"汉字听写大赛,进一步激发了他们热爱中国优秀传统文化的热情。今年,学校还举行了"校园卡拉OK大赛",从班级海选,到年级评选,再到学校初赛与决赛,我们让更多的孩子拥有了展现自我、放飞梦想的舞台。此外,入队仪式、十岁成长礼以及对外开放的主题中队活动、班队活动都赢得了家长的纷纷点赞。可以说,在实小,我们把"温暖"写在了校园的每一个地方,将"温情"体现在了每一处细节中。

三、有温度的课程

这一年,我们秉持"快乐点燃"的办学理念,着力构建起了以国家课程为主干,以校本课程为枝叶的"全景式阅读"课程体系。通过融通整合国家课程与校本课程,培养具有"真学力、真德行、真内涵"的新时代少年。

(一)基础性课程发展"真学力"

让教育有温度地落地,首要的是国家课程的有效实施。这一年,通过不断的学习与研究,我们对国家课程有了新思考、新举措,教学业绩也有了新突破。

语文学科,我们尝试进行了单元统整教学,结合单元训练要素,帮助学生重建语文知识体系,有效提升学生的语文素养。这一年,学校借助"语文乡村骨干教师培育站"以及"联盟校共建机制"开展了"让表达成为课堂主流"的习作教学及阅读教学研讨活动。刘红美校长执教的习作课《科学童话》,我执教的阅读课《桥》以及各学科"镇江市骨干教师"执教的展示课都是基于单元主题视角下的统整教学,语文课堂在单元统整教学理念下更加立体,更为灵动。这学期,郭凯艳老师在优质课赛课中荣获扬中市一等奖,下学期将代表扬中市参加镇江市优质课比赛。

数学学科,我们引导学生自主设计操作工具,将动手操作融入数学课堂,极大地提高了学生的学习兴趣,增强了学生的学习体验,启迪了学生的智慧。我们还在低中高年级开展了《指向核心素养的小学生数学质疑能力培养的实践探究》,通过问题单、问题角引导学生学会有理有据地分析和思考,提出自己的问题,表达自己的理解。这一年,我校张丽娟老师在江苏省数学优质课竞赛中荣获一等奖。

英语学科,我们高度重视课堂教学情境的创设,以游戏促学,同时注重语篇教学的整体把握,引导孩子进行课本剧表演、英语趣配音,有效激发了学生学习英语的热情,增强了他们的表达欲望……2020 年,学校被江苏省教育厅评为"教育国际合作与交流示范校"。

这一年,我们还通过富有创意的作业设计来撬动教师教学方式的改革和学生学习方式的变革。我们利用备课组活动、教研组活动围绕"绿色作业"这一主题经常开展研讨活动,建立了我校独具特色的"'沉浸阅动'探究作业库"。2020年暑期,结合学校"阅读"课程体系建设,我们为学生量身定制了"从阅读到'悦读'"的实践探究作业,丰富了阅读内涵,让学生在"全景式"阅读活动中看到了更广阔的天地。国庆假期,结合学校开展的音乐阅读活动,我们特别设计了"沐音成长 阅享双节"的阅读探究作业,引领孩子通过聆听"'乐'读吧"音乐,查找音乐背后的故事,寻找生活中的音乐,去感受音乐之美。2020年寒假,学校围绕"年"这一主题精心设计了《我与新年相约》《我与新年共舞》《我与新年对话》不同年龄段的阅读手册,孩子们在手册的陪伴下完成各项"悦读"挑战,集齐"悦读"之星,展现"悦读"风采。"五一"劳动节,学校还特别开发了以"五爱"为主题的"五一"劳动探究作业,引导学生在全景式阅读中接受劳动教育,培养劳动意识,增强劳动技能。今年暑假,在中国共产党成立100周年之际,学校从全科育人的角度出发,以"做党的好孩子"为培养宗旨,设计并开发了"读红色故事""诵红色诗词""唱红色歌曲""探红色科技"等一系列"悦读"实践探究作业……可以说,"悦"读实践探究作业的设计引发了我们对学科教学的深入思考,促发了我们以服务未来的眼光不断创新课堂教学的方式。

(二)拓展性课程培养"真德行"

有温度的学校,要重点发展儿童的道德素养。这一年,我们以道德与法治课程为基础,通过多种形式的具身体验帮助学生"扣好人生的第一粒扣子",引导他们形成正确的人生观、价值观、世界观。上学期,我校冯琳老师将劳动教育与思政教育进行整合,以"这些事我来干"为主题引导儿童实践体验,帮助学生树立正确的劳动价值观,增强劳动意识,提高劳动审美能力。此课获得了扬中市道德与法治课赛课一等奖。这学期,钱丽老师执教的道法课《屹立在世界的东方》在扬中市教师发展中心组织的"生动党史,浸润课堂"教学竞赛中荣获一等奖。此外,我们积极探寻学生品格养成的规律与密码,对各类活动进行课程化设计,把原本单一的、独立的教育活动的点连成线、形成面,最终构建了《沉浸阅动:阳光儿童"正心朗行"的品格提升行动》方案。去年10月,此行动方案成为江苏省内涵建设项目之一,12月正式开项。

**（三）"全景式阅读"课程练就"真内涵"**

"通过全景式阅读涵养学生的性情，练就真内涵、优品行"是我校阅读课程的理念。生活处处有阅读。近年来，我校的阅读课程已经从纸质阅读逐渐延伸到生活阅读、实践阅读，阅读的视角更为开阔，阅读的内容更加丰富。上学期，我们从学校"阅享悦心"课程出发，发动全体音乐组老师和其他学科教师共同构建音乐文本，借助学校微信公众号，向学生推出了8期不同主题的华夏经典音乐。每一期的微信公众号不仅有音频、视频文件，还有教师的解读音频。学生在一系列经典华夏音乐的熏染中，感受到了民族艺术的魅力，获得了心灵与精神的生长。结合"天籁润童心"音乐学科的拓展阅读，学校举行了第五季"校长有约"活动。在这一季活动中，联盟校不同身份的教师代表在"阅读团亮相"中讲述音乐阅读故事；在"阅读明星秀""快乐聊书吧"中，阅读小明星畅谈"乐"读收获；在"亲子阅读苑"中，书香家庭同台分享亲子"乐"读经验；在"经典小剧场"中，退休教师、家长、年轻老师、学生通过情景剧共同演绎华夏经典音乐的魅力……在"全景式阅读课程"体系下"悦泽童年"的课程实施中，我们还组织学生开展了"我的绿岛我的家"研学活动，不同年级的学生带着一定的研学任务，探寻家乡红色文化，感受家乡风情；学校大队部先后两次组织大队委前往新坝立新村，用自己的双眼和敏锐的心灵去探秘全面小康路。这些活动不仅激发了学生爱祖国、爱家乡的情怀，也让"至善、智慧、自治"的美好品格渗透于心，美化于仪。2020年，学校大队部荣获"全国优秀少先队"称号。这学期，学校还组织六年级、五年级学生前往如东实践基地和镇江世业洲实践基地进行为期三天两晚的实践活动，丰富多彩的实践课程拓宽了学生的视野，培养了学生的生活自理能力和团队协作精神。

各位老师，做温情教育，办温度学校，不仅是一种办学愿景，更是一种教育情怀与境界，是扬中市实验小学全体师生共同经历的一段生命旅程，也是我们共同构建的美丽风景线。回首过往，皆是美好；展望未来，我们只争朝夕，心有所往。

（2021年6月在学期工作总结大会上的发言）

# 让"美"成为学校生活的底色

**尊敬的各位领导、老师们：**

大家下午好！一年来，我一直在思考这样一个问题：理想的学校生活是怎样的？随着学校美术阅读活动的不断推进，跟着老师们一起行进在教育教学改革探索的道路上，特别是陪伴着孩子静静地阅读各类书籍，我找到了这个问题的答案：以美启真，以美储善，理想的学校生活应该是"美"的乐园！在这座"美"的乐园里，不仅有丰厚隽永的文化之美、和谐交融的关系之美，还有守正创新的行动之美、蓬勃葳蕤的内生之美……总而言之，那是一种教育的大美姿态，至臻之境！因此，"让孩子们'一边学习一边美'，让老师们'一边教书一边美'"成了我这一年来的管理格言。今天，我就以"让'美'成为学校生活的底色"为题，带着大家来共同回望这一年来的寻美之行。

**一、再塑审美场域，打造情趣盎然的"醉美"校园**

校园是学生生命成长的体验场。对于孩子而言，空洞的说教远远比不上校园环境的无形影响。因此，给校园的一墙一壁、一花一木、一边一角镀上生命的色彩，让学生每一天都能与"美"真实相遇，这是我校在书香校园文化建设理念指引下的具象举措。

一年来，我们不断地丰富着校园的厅文化、柱文化、墙文化、廊文化，精心打造优美的校园环境。如"小树林阅读吧"的建立、"海棠苑小舞台"的建设、"百花阅读苑"的开辟、"小自然"植物园的打造、"最美家乡情"河豚文化墙的美绘、家长阅读墙的设计……漫步校园，每一个置身其中的孩子都能呼吸到扑面而来的书香，都能感受到一景一物蕴藏的童趣之美、书香之美。其次，我们还将校园物态环境建设与学校固有的历史、文化建立联系，精心打造了"校史长廊""'三风一训'文化墙"，以及"全景式阅读文化墙"，让大家既能看到这所百年老校人文与自然的和谐之美，同时，又能感受到历史与现实的统一之美。此外，我们的校园环境还呈现出了一种开放包容的共创之美，教师、家长、学生都能参与其中，对校园文化进行个性设计，如"墙壁上的美术馆"班级文化墙的布置、班级蔬菜园的种植、"香樟树穿彩衣"的学生彩绘、教师阅读墙"三言两语感言秀"等。这一切行动在提升校园审美品质的同时，也在滋养每一个生命个体的精神世界。

## 二、淬炼师德师能，建设向阳而行的"和美"团队

教师，是教育这项美的事业中永续发展的核心竞争力。"共同经历，彼此成长"成就了一批又一批实小人；"人在一起不是团队，心在一起才是团队"成了扬中实小不断向前、生生不息的永恒动力。一年来，我们始终把师德师能建设作为学校一项重点工作来抓，通过"三心"建设激发教师成长之美，辐射奉献之美。

（一）不忘初心，用"红色"引领教师砥砺前行

2021年下半年以来，我校党总支在教育局党委的正确领导下，积极打造"悦管理、悦环境、悦德育、悦教学、悦评价"的"五悦"党建文化品牌，坚持党建与业务同频共振，不断推动学校高品质发展。首先，我们以党史教育为抓手，紧紧围绕"宣传党的二十大"这一主线，借助"党员名师大讲堂"深入学习贯彻习近平新时代中国特色社会主义思想，通过贯彻《中共中央关于加强党的思想政治建设的意见》，开展"对党忠诚"大讨论，推动党员群众深刻认识"两个确立"的重要意义。其次，我校在加强党性锤炼工作上高度注重知行合一。我们充分发掘"赤诚江洲"红色文化，创新党史学习方法，积极开展"学先进·为校奋斗50年"教育活动。多种主题实践活动进一步激发了青年教师有干劲，老年教师献余热，掀起了全校教职工勇实践、办实事、开新局的热潮。在今年四月的小岛疫情防控工作中，我校瞿旭梅、陈斌、王子凡等一批新老教师奔赴疫线，勇挑重担，用无私和大爱书写了新时代的"爱'扬'说"。复课后，为配合市疫情防控领导小组做好全校师生常态化核酸检测工作，学校23位行政于繁忙的工作之余承担了每日检测扫码工作，用无怨无悔、责任担当展现了新时代志愿者的最美风采。第三，我校党总支始终旗帜鲜明地站在意识形态工作第一线，加强组织领导，明确主体责任，把牢政治方向。一方面，我们高度关注网络阵地，巩固壮大主流思想舆论，切实维护网络意识形态安全和政治安全；另一方面，我们严守思政课堂阵地，借助《读本》与道法课程做好师生的思想引领，如班班宣讲"伟大中国梦"，行先辈路悟革命史——"红领巾寻访"活动，举行"请党放心·强国有我""喜迎二十大·筑梦向未来"系列教育实践活动以及"新思'金'课堂"学习活动等，通过不同主题、不同形式的活动弘扬时代强音，守好意识形态"主阵地"。

（二）编织匠心，用满腔的热忱进行教育创新

"匠心之美"是学校之美的重要组成部分。对于一个学校而言,拥有一群"匠心之师"将是学校一道亮丽的风景线。一年来,我们高度关注教师业务能力的发展,积极创造锤炼师能的平台,推动教师与时俱进,勇敢进行教育创新。

首先,我们提倡:"读书的教师最美!"我多次在教师会议和各种主题的阅读沙龙活动中强调"阅读"对于一个教师的专业成长有着巨大的推动力。为了帮助教师实现自我跨越式成长,我们精心开发了"扬中实小教师阅读'地图'",将教师必读书目推荐上墙,并定期开展阅读沙龙活动,如"走近孩子·互养成长"阅读沙龙、"美读会——邀你聆听'醉'美的对话"美术阅读沙龙,不同主题的沙龙活动撬动教师的教育思想不断向纵深发展。此外,借助校本课程建设推动教师进行专业阅读也是我校教师专业成长的重要途径。2021年下半年,我们借助《翰墨油韵》"阅享悦心"校本课程的建设,组建了以美术教师为主力军的校本教材编写团队。教材编写组教师围绕美术阅读,广泛阅读美术专著,精心撰写阅读文本,这一过程大大促进了教师阅读能力与专业水平的双翼齐飞。

其次,我们稳步推进"青蓝工程"建设。青年教师是学校发展的生力军,是"美"的传播者和缔造者。2021年,学校成立了"青年教师成长营",充分发挥学校骨干教师的模范带头作用,以"一对一"师徒结对方式加强对集团内36名新分配青年教师的培养力度。同时,我们通过"六个一"工程(即"一本书""一节课""一篇论文""一个小课题""一次交流")助推教师队伍从"专业化"走向"精干化"。"长江后浪推前浪""雏凤清于老凤声",一年来,我校青年教师在各级各类教学竞赛中崭露头角:10名教师在县市级教学竞赛中荣获一等奖,张丽娟老师即将走向全国数学教学竞赛舞台。

第三,我们通过多元化培训提升教师的专业素养。随着互联网和信息技术的发展,同时,受新冠疫情的影响,我校积极探索教师培训工作的转型增效策略,从以"集中培训"为主的传统研修形式逐步走向"线上+线下"混合型研修模式。2021年10月,我校承办了镇江市基础内涵建设项目实施推进观摩研讨活动。活动中,我就学校《沉浸阅动·校本课程的建构和实践研究》向与会教师做了专题介绍,镇江市教育科学研究所许国良主任以"内涵建设项目推动教师专业成长的步伐"为题做了报告。11月份,我校邀请了镇江市教师发展中心徐明主任就"青年教师是发现闪光的X"这一主题做了专业培训,给所有青年教师指明了前进的方向。12月份,我们还邀请了教师发展中心教科部薛安民部长对全体教师做了"扬中市实学课堂专项课题"培训,激发了教师进行课题研究的热情。目前,我校在研课题研究项目共19个,省级课题2个,镇江市级课题13个。今年四月,我还参加了江苏省名校长工作室申报和线上答辩工作,申报的研究项目"全景阅读:书香校园文化建设探析"成功入围。后期,我们将携手周边地区骨干教师、校长共同参与到"全景阅读"的课题研究中来。

(三)怀揣爱心,用博大的胸怀悦纳家庭携手同行

"爱心对学生,暖心对家长",这是我校教风建设的核心内容。在我们的团队建设中,不仅关注教师的专业素养发展,还想方设法地将"家长"这一可贵的教育资源融进我校的"育人"团队,实现学校教育与家庭教育的同频共振。2021年,在《中华人民共和国家庭教育促进法》的指引下,我们开发了一系列家校协同育人的新举措:一方面,结合我校"阅动"课程建设,精心制定"扬中市实验小学教育集团家长必读书单",在各年级家长群中招募"阅读导师",形成了一支学校之外的专业精干的新型伙伴队伍;另一方面,在"双减"背景下,我校积极挖掘家长资源,定期邀请不同行业的家长利用社团活动、课后服务进校上课,将各自领域的专业知识浓缩提炼并进行传授,成为学校教育教学的有益补充。同时,我们积极倡导"定期召开家庭会议",发挥家庭成员互帮互促的育人功效。这些举措的有效落实使得家长的整体素质越来越高,家庭教育的品质不断提升,家校协同育人也逐渐趋于"和美"之境。2021年下半年,我校荣获镇江市第三批"家校共育"试点工作先进学校。

### 三、立足生命成长,构建绿色生态的"智美"课程

课程之美是学校之美的另一个重要组成部分。它美在开放、美在渗透、美在恰当。一年来,我们立足学生的生命成长,用丰富的课程启智增慧,培养学生的审美情趣,努力使每一位学生成为面向未来的"全人"。

(一)以美赋能,谱写"实学"与"双减"合奏的课改之音

与时俱进,主动应变,才能成就课改之美,铸造课程之美。2021年下半年,在"双减"政策号角下,我校积极落实"立德树人"的根本任务,聚焦学生关键能力和必备品格的培育,努力发挥学校教育主阵地的作用。一方面,我们借力"双减",在新课标理念指引下,努力提高课堂教学效率,通过"校长进课堂""行政蹲

点听课""校本教研活动"等加强对"五问四学"实学课堂教学模式的深入探究；另一方面，我们借力"双减"，努力提高作业设计质量，语文、数学、英语学科从大单元整体教学的视角重新架构作业体系，整合作业内容，丰富作业形式，切实减轻了学生的作业负担，有效提升了学生的综合素养。6月15日，市人大常委和教育局领导来校听取了我校"双减"工作落实情况，对学校课后服务、作业设计、阅读活动等工作给予了高度赞扬。

（二）以美育人，丰盈"沉浸阅动"校本课程体系

我们将美育嵌入学校的多元课程体系，基于"至善、智慧、自治"的品格提升目标，从"沉浸阅动"场景建设、"沉浸阅动"课程内容、"沉浸阅动"评价层级三个维度，构建了"醉阅底色""阅享悦心""领航相悦""悦泽童年"四个板块的课程体系，旨在让每一个生命绽放光彩。这一年，我们以"遇见你·读到美"为主题，组织美术教师将经典的名画、书法作品、雕塑作品等带到学生面前，深入挖掘经典美术作品背后的故事，分"金石书香""印痕艺术""塑形魅力"等七个板块编订校本教材《翰墨油韵》，同时，引导学生沉浸阅读，以"故事再创造""剧本小创作"为活动形式具身体验，激发每一个学生感受美、欣赏美、表达美、从而创造美。在本月27号，我们将举行第六期"校长有约"美术阅读汇报活动，借助这一平台进一步满足每一个儿童的心理诉求，满足每一个儿童阅动成果的表达，让在场的每一位儿童相互欣赏、相互激励、滋润心智、自由生长。此外，在学校推荐共读书目的基础上，我的"校长书屋"还专门推出了11本儿童必读书。孩子们走进我的校长书屋，分享阅读给予他们的美丽滋养，让我欣喜地看到了阅读赋予儿童的自信之美、童真之美。一年来，校长书屋接待小读者达1000多人次，因阅读交流精彩而获得"校长特别奖"的达56人。

新媒体时代，积极开发网络微课程，探寻美育建设新路径，是我们在疫情背景下的新思考、新实践。今年四月，疫情来袭，我校"停课不停学"，有效利用信息化资源拓宽学生的阅读视野，积极开发基于儿童品格生长的校本课程《光影梦工厂》，以"生命""亲情"为主题推出了12部优秀影片，并根据学生的年龄特点和电影特质，关联学生的生活情境，精心设计各年级"观影研读单"。电影课程的开发丰富了学生的居家生活，发展了学生的阅读思维，电影中蕴藏的美育因子通过这种视听语言的艺术形式潜移默化地涵养着学生的心性。

### （三）以美育德，融合开展丰富多彩的主题实践活动

世界是美的，生活是美的，让每一个孩子充分感受到生活之美、身体力行之美，是我们孜孜不断的追求。2021年下半年至今，我们充分挖掘学生生活中美的元素，常态化开展了各类主题的实践活动。如楼顶植物园的名称征集，种植区的包班到户，植树节里"巧手种春风"……让每一个孩子充分感受到了自然之美、劳动之美、收获之美。再如，重阳节里的敬老爱老，元宵节里的美食共享，学雷锋日里的"小桔灯"志愿服务，十岁成长礼中的梦想起航，"梨花风起话清明"中的节日哀思……让每一个孩子充分享受到了节日文化之美和成长之美。又如，疫情期间集团共同开展的劳动技能云上大赛"我是快乐的劳动小达人"、江洲小学开展的"江小陶爱劳动"，让每一个参与实践的孩子感受到了劳动之美。还有，全校师生通过视频直播的方式聆听"天宫"课堂里的科技之音，让每一位孩子看到了祖国发展之美、探索之美。今年暑期，我们将以"'醉'美家乡情"为主题设计各年级暑期研学手册，引导学生在8个主题的探究活动中去感悟家乡之美。

### （四）以美创美，支持儿童自主组建的社团活动

学生是课程的受益者，同时也是创造者。2021年，在学校现有43个社团项目的基础上，五年级学生在课后延时自发组建了如历史、国学、轮滑、漫画、篮球等13个社团。从社团申请报告的书写，到社团活动的方案制定、社员招募，到活动备课、制作课件等，学生自主社团的成立为孩子们提供了彰显个性、展现自我、自由探索的广阔天空，也让我们看到了新时代少年向阳生长的最美模样。

## 四、唤醒使命担当，培植胸怀天下的"至美"情怀

一所美的学校，不仅能引领学生领略世间的美，还要能够创造出世间的美，让美有源头活水，让美成为每一个孩子走向未来的创造力。因此，我们在帮助孩子提升自我、拓展自我能力疆域的过程中，也在帮助他们不断调试与他人、社会、世界的关系，协助他们一步一步拓展出一个更辽阔的美的精神世界。

一年来，我们看到了一群有梦想、有担当，有志于唤醒更多少年儿童担起民族复兴大业、同绘中国梦的新少年。他们成立《新少年》编辑部，用一份份《新少年》报刊发出了新时代少年最美之音。我们看到了实验小学教育联盟的孩子在党的二十大的召唤下，童心向党、携手创美，用画笔谱写的爱国爱家的最美乐

音;我们也看到了一群老师带着孩子走进幼儿园,去探索幼小衔接、合作育人的博爱之美。我们更看到了一群老师为拓宽学生的阅读视野,积极申报国际合作交流项目,让我们的孩子拥有了走向世界的眼光、传播民族文化的至美深情。

　　以美建校,美美共生!扬中实小之美,是一种极致的真与善之上的美,内外兼修、朴实内敛,美在每个细节都体现出教师和学生生命成长的关爱;实小之美,是一种感性与理性融合之美,美在把简单的事用心用情做到极致,在朴素平凡中做到卓越;实小之美,是一种心无旁骛的执着之美,美在"趋合时代,适应潮流,传承文明,培根铸魂"的不断精进与实践反思。面向未来,实小人将在守正创新的路上笃定前行,在且歌且行中不断探索超越,以生命之力点燃至高无上的教育之美。

（2022年6月在学期工作总结大会上的发言）

## "琴"系教育，一往情深

张俊平

《江苏教育》，有"江苏基础教育第一刊"的美誉。我在这本教育专业期刊编辑部工作25年，在此期间，曾经主持对苏派名教师、名校长"成长密码"的研究，也因此"阅人（名教师、名校长）无数"。奚一琴校长就是这"无数"中的"一个"。我的脚步不止一次走进她"领衔主演"的学校生活现场，她的脚步也不止一次应邀走进我们主办的研讨活动现场，通过眼睛观察、耳朵听闻、嘴巴对话、心灵感受，我对奚一琴校长有了具体和立体的认识：

热爱。这是奚一琴校长精神的底子。著名人文学者乔治·史坦纳在《大师与门徒》中指出，各个领域杰出人物有一个共同的特征——爱欲。在江苏教育界，无论是"爱满天下"的陶行知，还是"童心母爱"的斯霞，都为乔治·史坦纳的论点提供了实证。奚一琴深受苏派教育这一文化传统的影响，几十年如一日，她把自己的身心完整地安放在江心洲，安放在扬中实小，安放在这所小学的儿童中间，与儿童一起呼吸，与儿童一起律动，与儿童一起欢笑……不管外部有多少诱惑，她都"风雨不动安如山"，用一种温暖的教育爱，书写出一部温馨的教育诗。

见独。奚一琴校长不用借便有一双慧眼，表现在她的教学与办学生活中，就是常常能"见人所不见"。她倡导"快乐点燃"的办学理念，激发师生的内在激情，努力把学校办成师生向往、适合成长的"温馨家园、生态乐园、书香校园"；她倡导学生读好书，读"整本的书"，以扩大阅读视域，提高阅读素养；她倡导儿童"以我手写我心，以我心吐真情"，带领老师进行文本化、生本化、师本化的"班本化小作文"研究；她倡导体验式教育，鼓励孩子亲近自然，走向社会，在体验中感悟，在快乐中成长，等等。她的这些教学和办学的实践探索，无不体现她对教学与办学的独立思考和独到见解，既让同行者，也让旁观者和研究者拍案惊奇，肃然起敬。

细致。奚一琴是一位知性的女性校长，在她的教学和办学上表现出来的又一鲜明特征便是细致。奚一琴的细致突出表现在两个方面：一是细心——对学生、教师关怀备至;二是细腻——对学生、教师无微不至。正如她在本书下编导语中"自说自话"的那样:开学伊始,为学生送上一段揉着春风的寄语;毕业典礼,为学生奏响拨动理想的琴音;文艺展演,为学生编织一件飞向艺术殿堂的彩衣;还有家长课堂、教师大讲堂,一次次摇响携手育人的银铃……不断更换的约会时光成了她与儿童记忆里熠熠生辉的泥上指爪,不断更换的约会地点成了她与儿童共筑教育之梦的蓁蓁桃林。

坚韧。奚一琴校长身上有一种鲁迅先生盛赞的"韧的精神"。在教学与办学中,只要她认准、认定的事情,就一定会"咬定青山不放松",矢志不渝,坚定不移,直至做成、做好。她深知艺术对农村儿童身心发展的重要意义,尽管条件简陋,师资匮乏,依然想方设法去做;她深知阅读对儿童核心素养培育的重要意义,不仅提出"阅动"读书的思想,而且通过搭建"阅动"大舞台,融阅读、表达、交流、反思、具身表演为一体;她深知教师、校长应当也必须在儿童中间,做儿童成长的引导者、陪伴者和推动者,于是频频主动与儿童约会,她的"我们的约会时光",便是她与儿童心灵之约的春华秋实。"友谊之歌·唱响童年","遇见你·读到美","诗意童年·泽润你我",等等,奚一琴做这些事情,都不是一时心血来潮的冲动,而是经过深思熟虑后的永动。因为她能够坚守,能够坚持,因此,无论是教学还是办学,她往往都能笑到最后,而且是笑得最甜的人。

奚一琴校长,情系教育,更是一往情深:无论是语文课堂教学上的孜孜探求,还是对学校管理的潜心研究,躬耕不辍,她在江苏小学教育界已然走出了一条属于自己的路,创造了属于自己的神奇,为苏派教育提供了一个不可多得的样本。江苏教育,正是得力于像奚一琴这类校长的实践探索,才有了苏派教育灼灼其华的气象。

(作者简介:张俊平,笔名孔陶,江苏教育报刊总社《江苏教育》杂志原主编、编审,现任未来先生学社社长、江苏省教育新闻工作者协会秘书长、江苏省教育学会教育管理专业委员会副理事长和江苏省教育学会班主任专业委员会副理事长;江苏省十二五重大课题"苏派教育的理论与实践"的主持人之一,先后获评江苏省教育科研先进个人、江苏省新闻出版领军人才、江苏省"五一劳动奖章"、江苏期刊明珠奖优秀主编和江苏省政府优秀新闻出版人物奖。)